# 은유의 도서관

은유의 도서관: 철학에서의 은유

**초판 1쇄 발행** 2013년 5월 30일
**초판 2쇄 발행** 2014년 7월 10일

**지은이** 김애령

**펴낸곳** (주)그린비출판사 | **주소** 서울 마포구 동교로17길 7, 4층(서교동, 은혜빌딩)
**전화** 02-702-2717 | **이메일** editor@greenbee.co.kr | **등록번호** 제313-1990-32호

ISBN 978-89-7682-408-0 93100
이 도서의 국립중앙도서관 출판시도서목록(CIP)은 서지정보유통지원시스템 홈페이지(http://seoji.nl.go.kr)와 국가자료
공동목록시스템(http://www.nl.go.kr/kolisnet)에서 이용하실 수 있습니다.(CIP제어번호: CIP2013009255)

**나를 바꾸는 책, 세상을 바꾸는 책** www.greenbee.co.kr

클리나멘총서
CLINAMEN 009

Library of Metaphor

# 은유의 도서관

## 철학에서의 은유

김애령 지음

그린비

그러더니 온갖 풀잎으로 뒤덮인 칙칙한 땅바닥을 향해 허리를 굽히면서, [할머니는] 옛날옛날 하나님이 노하셔서 홍수를 내려 모든 생물이 물에 잠기게 했노라는 이야기를 들려주었다.

"하지만 성모 마리아께서 모든 씨앗을 거두어 숨겨 놓으셨단다. 그런 다음 햇님에게 부탁하셨지. '지상의 모든 땅을 말려 주세요. 그러면 사람들은 모두 그대를 찬양할 것이오'라고 말이야. 햇님이 땅을 모두 마르게 하자 성모께서는 감추어 둔 씨앗을 지상에 뿌렸단다. 하나님이 지상을 내려다보니 지상에는 다시 모든 생물이 소생하지 않았겠니! 풀도, 가축도, 사람들도 모두 다시 살아났더란 말이야. …… 그래서 이게 과연 누구 짓이냐, 누가 내 뜻을 거역하여 이런 짓을 하였느냐고 물으셨지. 그러자 성모께서 고백하셨단다. 하지만 하나님도 이미 황폐한 지상을 내려다보시고 마음이 언짢으시던 터라 '잘했소!' 하고 말씀하셨던 거야."

이야기가 마음에 들긴 하였지만 나는 다소 놀라운 점이 없지 않아 진지하게 외할머니에게 물었다.

"그게 정말이에요? 성모께서는 홍수가 난 오랜 후에 태어나지 않으셨어요?"

이번에는 외할머니가 놀라워했다.

"누가 그런 말을 하던?"

"학교에서, 책에 쓰여 있던 걸요……"

이 말이 외할머니를 다소 진정시켜 주었는지 이번에는 가라앉은 목소리로 말했다.

"그런 건 이제 잊어버려라, 책들이란 온통 거짓말투성이야!"

그리고는 부드럽게 미소 지으며 밝게 덧붙이는 것이었다.

"바보들이나 그런 생각을 해내는 거란다! 하나님이 계신데 그 어머니가 안 계시다니, 원! 그럼 하나님은 어떻게 태어났단 말이람?"

—고리키, 『세상 속으로』, 60~61쪽

# 들어가는 말

오늘날 은유와 더불어 무슨 일이 벌어지는가?

은유를 근거로 무슨 일이 벌어지는가? 은유가 없다면 무슨 일이 벌어
질까? 이것은 아주 오래된 주제이다. 마음을 빼앗고, 서구를 지배하고,
독점하고 있으며, [우리는] 거기에 거주하고 있다. 혹은 독점당하고 있
다. 그것은 마치 거대한 도서관처럼 보인다. 그 도서관 안에서 우리는
경계를 인식하지 못하면서 움직인다. 우리는 길 위에 있다. 역에서 역
으로, 걸어서, 한 걸음 한 걸음, 혹은 버스를 타고(우리는 이미 버스를 타
고 한 바퀴 순환했다. 우리는 버스라고 부른다. 왜냐하면 번역에서, 그리고
그 각각의 요소들에 의해, 전이Übertragung와 번역Übersetzung 사이에서,
소위 현대 그리스어로 모든 교통수단은 'metaphorikos'로 표시된다). 메
타포라(metaphora)는 도시를 가로질러 달린다. 그것은 그 도시의 거
주자인 우리를 실어 나른다. 다양한 구간들, 신호등들, 일방통행로들,
교차로 혹은 갈림길들을, 속도 제한과 규정들을 가지고. 우리는 어느
만큼은 — 물론 은유적으로, 그리고 거주의 방식으로 — 이 운송 수
단이 담고 있는 내용, 은유에 의해 이동하며 은유에 의해 감싸여 있는
승객들이다.[1]

오늘날 은유와 더불어, 은유를 근거로 무슨 일이 벌어지는가? 은유가 없다면 어떨까? 모든 것은 은유와 더불어 일어난다. 그리고 은유가 없이는, 아무것도 일어나지 않는다. 우리는 은유 없이 아무것도 할 수 없다. 우리는 언어를 배울 수도 가르칠 수도 없다. 한마디의 말도 나눌 수 없고, 어떠한 의사소통도 가능하지 않다. 우리가 언어와 더불어 살 수밖에 없으므로, 우리는 언어 없이는 살 수 없으므로, 우리는 아마도 은유 없이는 살 수 없다. 우리가 그 안에서 움직이고 있는 이 거대한 은유의 도서관은 그 경계를 알 수 없다. 우리는 그 바깥으로 나갈 수 없다.

은유는 흔히 수사학적 문채(文彩)로 정의된다.[2] 그리고 은유에 대한 논의는 이 협소한 정의를 출발점으로 삼아 시작한다. 그러나 은유는 은유적으로 정의될 수밖에 없다는, 아리스토텔레스 이래 모든 은유 이론에 공통된 딜레마는, 은유가 단지 특수한 언어 현상이 아니라 언어 현상 일반의 일이라는 사실을 인정하게 한다. 언어가 문제 되는 곳에서 은유로부터 자유로운 공간은 단 한 구석도 없다. 언어의 영혼은 은유 안에 있다. 사실 은유 없이 말하는 것은 불가능하다. 언어가 일상적으로, 문학적으로, 철학적으로 사용되는 모든 곳에서, 은유는 주제화될 수 있으며 되어야 한다.

"은유와 더불어, 은유를 근거로" 무슨 일이 벌어지는가? 데리다의

---

1) Jacques Derrida, "Der Entzug der Metapher", ed. Volker Bohn, *Romantik: Literatur und Philosophie: Internationale Beiträge zur Poetik*, F/M: Suhrkamp, 1987, p.317.

2) "은유(metaphor)는 meta(over) + phora(carrying) 즉, 의미의 이동과 전환을 의미한다. '-같다', '-듯하다'와 같이 비교를 나타내는 말을 숨기고 압축된 직유의 형태를 취하기 때문에 은유라고 한다"(한국문학평론가협회 엮음, 『문학비평용어사전』, 국학자료원, 2006). "은유는 서로 전혀 다른 두 가지의 관념을 어떤 유사한 요소에 근거하여 결합시키는 비유의 방법이다"(권영민 엮음, 『한국현대문학대사전』, 서울대학교출판부, 2004).

이 질문은 역동의 관점에서 은유와 더불어 벌어지는 '사건'에 주목할 것을 요구한다. 이 책에서 다루게 될 작업들은 이 질문으로부터 시작한다. 이 책은 수사적 문체의 차원이 아닌 은유화 과정과 움직임 전체를 주제화하면서, 은유를 둘러싼 더 넓은 맥락과 관계를 탐구한다.

철학자에게 은유는 매혹적인 동시에 위험한 언어 현상이다. 은유는 언어의 의미론적 규칙을 파괴한다. 철학자들은 수사적 문체가 아름다운 치장을 한 '여자처럼' 우리를 유혹하고, '밀수꾼처럼' 개념들을 원래 그것이 속하던 자리에서 다른 자리로 경계를 무시한 채 팔아넘긴다고 경고한다. 은유는 그 인식론적 위험 때문에 언제나 경계되고 제어되어야 할 대상이다.

그러나 은유의 위험은 불가피할 뿐 아니라 불가결하다. 은유는 언어가 새로이 기술되고 의미가 증대될 수 있게 하는 의미론적 혁신의 원동력이다. 언어의 규칙은 유한하지만, 언어의 사용은 무한하다. 언어는 무한히 새로워질 수 있다. 그것을 가능하게 하는 힘은 은유다. 은유의 도서관은 거대하다. 그 거대함은 "바벨의 도서관"처럼 무한히 증식한다.[3] 그리고 "아무리 '도서관'이 거대하다 할지라도 똑같은 두 권의 책은 없다".[4] 언어의 무한한 생성은 은유로 인해 가능하다. 언어가 살아 있기 위해 끊임없이 혁신을 필요로 한다면, 언어는 은유 안에서 살아간다고 말할 수 있다.

---

3) "각 육각형 진열실의 각 벽마다 다섯 개의 책장이 놓여 있다. 각 책장에는 똑같은 모형으로 된 서른두 권의 책이 꽂혀 있다. 각 책은 410페이지로 되어 있다. 각 페이지는 40줄, 각 줄은 흑색 활자로 찍힌 약 80개의 글자로 구성되어 있다"(호르헤 루이스 보르헤스, 「바벨의 도서관」, 『픽션들』, 황병하 옮김, 민음사, 1994, 132쪽).

4) 같은 책, 135쪽.

은유에 대한 철학적 관심은 은유라는 특수한 언어 현상을 분석하고 설명함으로써 그 위험을 제어하고자 하는 욕망에서 출발한다. 은유는 두 개념을 연결하여 하나의 새로운 의미를 발생시키는 언어 현상이다. "사람들 사이에 섬이 있다." 우리는 이 문장을 은유로 이해한다. 그러나 '섬'이 은유하는 것은 무엇인가? 이 은유는 의미를 발생시킨다. 설명할 수는 없지만, 어떤 관점과 통찰이 제공된다. 그러나 그것을 설명할 수 없다면, 은유의 위험을 어떻게 제어할 수 있을까?

현대 언어철학자들은 은유라는 언어 현상을 구조의 차원에서 설명하거나 의미론의 차원에서 분석함으로써, 은유 만들기의 한계를 확정하고자 시도한다. 은유를 안전하고 유용한 문채로 통제하기 위한 이들의 노력은 그러나 충분히 성공적이지는 않았다. 의미론적 분석과 구조주의적 설명은 살아 있는 은유의 역동성을 충분히 드러내지 못하기 때문에, 은유 현상의 고유성을 모두 파악하지는 못한다.

살아 있는 은유의 역동성을 들여다보기 위해서는 해석이 필요하다. 은유를 떠받치고 있는 것은 해석들 사이의 갈등이다. 은유는 해석 안에서, 해석을 통해서 존재한다. 사전 안에는 살아 있는 은유가 없다.[5] 은유는 하나의 생애를 갖는다. 은유는 살아 있는 구체적인 맥락 안에서 담화로 생겨난다. 새로운 은유가 만들어져 반복적으로 사용되면 낡아지고 죽는다. 새롭게 만들어진 살아 있는 은유가 처음에 제공하던 날카로운 긴장과 경이로움은 반복적인 사용을 통해 무뎌진다. 그것은 점차 익숙해지면서 낡아 가고 은유로서의 생을 마감한다. '책상다리'나 '바

---

5) Paul Ricœur, *Interpretation Theory: Discourse and the Surplus of Meaning*, Fort Worth: Texas Christian University Press, 1976, p.52 [『해석 이론』, 김윤성 옮김, 서광사, 1998].

늘귀' 같은 죽은 은유는 다의성의 목록으로 사전에 담긴다. 죽은 은유는 더 이상 은유가 아니다. 은유는 오직 낯섦을 유지하는 한에서만 살아 있다. 살아 있는 은유의 토대는 사전적 의미로 환원되지 않는 해석적 긴장이다. 그러나 낡은 은유, 죽은 은유도 다시 살아날 수 있다. 새롭게 해석되어 새로운 낯섦을 획득하게 되면 새로운 긴장 안에서 은유는 살아난다. 그리고 그 긴장을 담아낼 수 없다면 은유에 대한 그 어떠한 설명도 부족하다.

은유는 사태를 평범하지 않고 독특하고 새롭게 기술하는 것이다. 아리스토텔레스는 『시학』에서 은유를 미메시스와 뮈토스와 연결 지어 설명했다. 아리스토텔레스에 따르면 미메시스를 통해 경험은 언어화되고, 뮈토스를 통해 그 언어화된 경험은 통일성을 가진 하나의 이야기가 된다. 은유는 비극의 요소들 중 하나인 조사(措辭, lexis)에 속하여 뮈토스와 나란히 놓인다. 은유는 조사 가운데 가장 훌륭한 것이다. 살아 있는 은유는 대상과 경험을 익숙하지 않은 관점에서 기술하여 평범하고 익숙한 언어 사용을 뒤흔들고 배움과 경탄의 즐거움을 일깨운다. 은유가 일깨우는 언어 표현의 생생함은 그것이 어떤 사태를 '눈앞으로 가져오기' 때문에 가능하다. 은유는 추상적인 것을 구체적으로 묘사한다. 은유는 영혼이 없는 것에 영혼을 불어넣는다. "다른 그 무엇보다도 죽은 사물을 생생한 것, 살아 있는 것으로 보여 주는 은유야말로 관계들을 가시화하는 능력을 가지고 있다."[6] 은유는 사물들 간의 관계를 생생하고 적합하고 생기 넘치게 가시화하기 때문에 탁월한 언어 형식이다.

그 독특하고 생기 있는 은유를 이해하기 위해서, 우리는 하나의 '이

---

6) Paul Ricœur, *Die lebendige Metapher*, München: Wilhelm Fink Verlag, 1986, p.34.

야기'를 필요로 한다. 이야기가 없이는 은유는 만들어지지도 이해되지도 않는다. 은유가 무언가를 생생하게 가시화하고 다른 관점에서 들여다보게 하며 새로운 관점에서 해석할 수 있게 하는 가능성은, 하나의 은유가 밝혀지지 않은 하나의 이야기를 가지고 있기 때문이다. "아킬레우스는 사자다"나 "이 세계는 신이 써 놓은 책이다"와 같은 간단한 은유 문장조차도, 그 문장이 담고 있는 긴 이야기가 없이는 만들어지지도 이해되지도 않을 것이다.

이 책은 위에 제시한 단초들을 숙고한다. 우선 1부에서는 은유에 대한 철학적 설명과 분석의 다양한 시도를 정리할 것이다. 은유에 대한 철학적 접근은 아리스토텔레스의 고전적인 은유 이론으로부터 시작한다. 아리스토텔레스의 은유 이론이 '고전'인 이유는 그것이 가장 오래되었기 때문만이 아니다. 그 이후에 제출된 은유에 대한 그 어떠한 정의도 아리스토텔레스를 넘어서지 못한다. 아리스토텔레스의 정의 위에서 우리는 현대 구조주의와 언어분석철학의 설명과 분석을 검토한다. 이 검토는 흥미진진한 설명 가능성만큼이나, 분명한 한계를 보여 준다. 그 이론들이 보여 주는 한계가 바로 은유라는 독특하고 역동적인 언어 현상을 입체적으로 이해하는 데 중요한 출발점이 된다.

2부는 은유와 경쟁하는 문채들을 함께 비교함으로써, 은유가 단지 하나의 문채가 아니라 언어 현상 전반에 깔려 있는 언어의 본질이라는 사실, 그리고 더 나아가 사유와 인지와 해석을 구조화하는 상징체계의 기본 형식이라는 사실을 밝힐 것이다. 그리고 환유나 알레고리와 같이 은유와 병행하며 경쟁하는 문채들을 살피면서, 모든 수사적 문채의 배후에 은유적 작용이 있음을 살펴볼 것이다. 은유는 다른 문채들과 나란히 놓이는 '하나의' 문채가 아니라 '바로 그' 문채이다. 아무리 차이를 강조한다 해도, 은유를 통해 모든 수사적 문채의 구조화 원리가 해명될 수 있다.

마지막 3부는 철학과 은유, 은유와 이야기, 철학과 이야기의 관계를 살핀다. 플라톤 이래로 철학은 은유를 경계해 왔다. 그러나 철학은 은유로부터 자유롭지 않다. 은유 없이는 철학이 가능하지 않다. 하이데거의 '고향'과 '숲길', 플라톤의 '동굴', 장자와 데카르트의 '꿈', 니체의 '춤', 그리고 '벌집', '요새', '피라미드', '거미줄' 등은 철학자의 은유들이다. 하나의 은유가 사유의 체계를 가시화할 수 있는 이유는 그것이 하나의 이야기를 담고 있기 때문이다. 은유는 이야기의 세계 안에서 살아간다.

# 차례

1부

**움 직 이 는  말**

우리가 방금 수족관에 대해서 얘기했는데, 전에(früher) —— 올 초(Frühjahr)
가 아니라 —— 전에 내가 젠들링어가(街)에 살았을 때, 아니 젠들링어가 안
이 아니라, 그래 그렇다면 그건 웃기는 얘기겠죠, 늘 전차가 가로질러 다니
는 젠들링어가 안에서는 아무도 살 수가 없을 테니까, 어쨌든 나는 젠들링어
가에 있는 집에서 살았었는데, 아니 그 거리에 있는 모든 집에서가 아니라,
그 중 한 집에서, 다른 집들 사이에 끼어 있는, 한 집에서 살았는데, 당신이
그 집을 아는지 모르겠네요. 그리고 나는, 그러니까 그 집 전체가 아니라, 2
층에서만 살았어요. 3층 밑에 있고 또 지층 위에 있는, 거기서 3층은 한 계단
올라가야 하고, ……[1]

정확한 문자적인 의미로만 단어들을 사용해야 한다면, 우리는 단 하나의 문
장도 만들어 낼 수 없을 것이다. 우리의 일상적인 언어 사용은 '전용된' 의미
들로 가득 차 있다. 협소한 사전적 의미로만 언어를 사용하는 것은 불가능하
다. 만일 비은유적이고 비전용적 의미 사용이 애초에 불가능하다면, 문자적
인 언어와 수사적인 언어를 구분하는 것 자체가 불가능하지 않을까? 만일 언
어 사용에 언제나 의미 전이가 개입되어 있다면, 우리는 어디에다 흔들리지
않는 의미의 닻을 내릴 수 있을까?

은유 이론은 아리스토텔레스로부터 기원한다. 은유에 대한 아리스토
텔레스의 설명은 은유의 역설을 고스란히 담고 있다. 은유의 역설이란, 은유
는 은유적으로밖에 정의할 수 없다는 것이다. "현대의 사전들은 보통 은유

---

1) Karl Valentin, *Sturzflüge im Zuschauerraum*, München: Piper, 1969, p.23. Gerhard Kurz,
   *Metapher, Allegorie, Symbol,* Göttingen: Vandenhoeck & Ruprecht, 1993, p.12~13에서 재
   인용.

를 정의하는 데 있어서 어려움을 겪고 있다. '한 대상의 이름을 다른 대상에게로 유추관계를 통해서 전이시키는 것', '하나의 적절한 용어를 문채(文彩)적 용어로 대체하는 것', '…… 하나의 축약된 직유',[2] 이 정의들은 모두 아리스토텔레스가 남겨 준 정의의 변형들이다. 아리스토텔레스는 은유를 '이동'(epiphora)으로 정의했다. 은유란 '한 사물에 속하는 단어를 다른 사물에다 옮겨 놓는 것'이다. 이 고전적인 은유의 정의 자체가 은유적이다. 단어들 사이에 벌어지는 은유 현상이라는 사건은 은유적으로만 묘사된다. "은유에 대해서, 그리고 그 밖의 모든 비유들에 대해서 마치 눈앞에 놓여 있는 하나의 놀이처럼 관찰할 수 있을 만한, 은유로부터 완전히 자유로운 장소는 없다."[3] 은유에 대해서 비은유적으로 말하는 것은 불가능해 보인다.

은유의 역설에 저항하며, 수사학자들은 문채들의 세심한 분류와 규정을 통해 은유를 지배하면서 통제하고자 노력해 왔고, 언어철학자들은 은유의 기능과 작용을 분석하여 설명하고자 시도해 왔다. '은유에 대해서는 은유적으로밖에 정의할 수 없다'는 역설에 대한 저항이 아리스토텔레스 이래의 은유 이론의 역사를 관통한다. 현대의 수사학자들 그리고 언어철학자들은 은유에 대한 기호학적 체계화, 화용론적 이해, 해체적 독법을 통해 은유의 역설에서 벗어나고자 했다. 그러나 그 시도들이 은유를 기호체계 안에 쪼개어 구조화하고, 언어 사용의 다양한 기능으로 분석했지만, 은유의 작용이 담고 있는 역동적 힘을 성공적으로 드러내지는 못했다. 그 이유를 묻는 것이 은유에 대한 철학적 숙고의 출발점이 될 것이다.

---

2) 움베르토 에코, 『기호학과 언어철학』, 서우석·전지호 옮김, 청하, 1987, 144쪽.

3) Ricœur, *Die lebendige Metapher*, p.23.

# 1장

# 의미의 전이 : 아리스토텔레스의 은유 이론

은유 이론에 대한 철학적 접근이 아리스토텔레스로부터 출발해야 하는 이유는, 아리스토텔레스가 은유 현상을 철학적 사유체계 안에서 다룬 첫번째 철학자라는 사실 때문만은 아니다. 그보다는 은유 현상에 대해 논의하는 모든 곳에서 아리스토텔레스의 정의(定義)가 늘 다시금 소환된다는 사실이 더 중요한 이유가 된다. 은유에 대한 논의의 전(全) 역사가 아리스토텔레스가 터 잡아 준 범위에서 크게 벗어나지 못했다. 그런 의미에서 은유 현상을 숙고하기 위해 "이제는 고전이 된 아리스토텔레스의 규정으로부터 시작하는 것은 언제나 유익하다. 은유에 대한 설명이나 특징화에 관한 질문을 받게 될 때면, 우리는 가장 먼저 어느 정도는 아리스토텔레스적인 설명으로 환원하는 그런 설명을 떠올리게 된다. 또한 비판적이라고 하는 현대의 은유 이론조차도 여전히 아리스토텔레스적인 설명 모델을 따르고 있다".[1] 아리스토텔레스 은유 이론의 전제를 비판하기 위해서라도, 바로 그가 처음 지목한 '의미의 전이'라는

---

1) Kurz, *Metapher, Allegorie, Symbol*, p.8.

그 지점으로부터 시작해야만 한다. 그러면서 아리스토텔레스적인 은유의 정의는 점점 더 견고해진다.

> '은유학'(metaphorology)에서 접하게 되는 적지 않은 모순 중 하나는 은유에 대해 서술한 수천에 달하는 페이지들 중에서 아리스토텔레스가 언급한 두세 개의 근본 개념에 본질적인 어떤 것을 추가하는 것이 거의 없다는 사실이다. 사실, 말해져야 할 모든 것이 있는 곳으로 보이는 현상에 대해서는 거의 아무것도 말해지지 않았다. 은유에 대한 논의의 역사는 몇 가지의 동어반복(tautology)에 대한 일련의 변화형들의 역사, 아마도 한 가지의 동어반복, 즉, '은유란 은유적으로 말하는 기술이다'에 대한 변화형의 역사인 것이다.[2]

아리스토텔레스는 은유를 『시학』과 『수사학』에서 다루었다. 이 두 저작은 전혀 다른 의도를 가지고 있다. 수사학은 '웅변의 기술'을 다룬다. 그 기술은 설득하기 위한 것이다. 반면 시 예술(詩作, poiesis)은 설득하고자 하지 않는다. 시는 경이나 공감과 같은 감정의 순화를 목적으로 한다. 언어적 표현(조사)의 문제로서 "은유는 이 양쪽 영역에 각각 하나씩의 발을 담그고 있다. 구조의 차원에서 보면 은유는 단어 뜻의 전이(轉移)라는 단일한 사건 안에서 생겨나지만, 기능의 차원에서 보면 은유는 웅변과 비극이라는 서로 다른 운명 아래 놓여 있다. 따라서 은유의 **구조**는 단일하지만, 그 **기능**은 두 가지이다. 그것은 **수사적 기능**과 **시적 기능**이다".[3]

---

2) 에코, 『기호학과 언어철학』, 141쪽.

웅변은 설득을 목적으로 한다. 그러나 시 예술의 목적은 설득이 아니다. 시는 묘사하고 기술할 뿐, 설득하거나 증명하지 않는다. 웅변의 기술을 숙고하는 수사학은 아리스토텔레스에 따르면 "증거를 발견하거나 만들어 내는 기술"이다. 반면 시의 의도는 모방(mimesis)에 있다. 시는 "인간 행위의 본질적인 묘사"이다.[4]

웅변이나 시작은 모두 언어적 표현을 수단으로 한다. 아리스토텔레스는 언어를 잘 사용하는 법을 탐구하는 과정에서 '은유'의 문제를 다룬다. 아리스토텔레스에게 은유는 일상적이고 관습적인 언설 방식이 아니다. 은유는 특수한 언어 사용이며, 의미의 변형이다. 은유는 가장 훌륭한 언어 사용의 예이지만, 잘 통제하여 적절히 사용할 수 있어야 하는 예외적인 의미론적 현상이다. 투명하고 명료한 언어 사용이라는 철학적인 이상에서 벗어난 은유라는 특수한 언어 현상은, 잘 통제할 수 있을 때 가장 효과적인 언어 사용의 모범이 될 수 있다.

여기에서는 아리스토텔레스가 보여 주는 은유 개념의 정의와 특징들을 살펴볼 것이다. 아리스토텔레스는 은유가 언어의 기본적인 의미론 단위인 '단어'의 차원에서 시작하면서도, 왜 언어적 표현의 범주를 넘어 더 넓은 영역인 '이야기'의 차원에서 숙고되어야만 하는지 보여 준다. 은유 문제에 대해 아리스토텔레스는 하나의 완결된 이론이 아니라, 여전히 열려 있는 물음의 출발점을 제공한다.

---

3) Ricœur, *Die lebendige Metapher*, p.19.
4) *Ibid.*, p.19.

## 1) 은유의 시적 기능

### 은유의 정의

아리스토텔레스가 처음으로 은유를 정의한 곳은 『시학』이다. 『시학』은 시 예술 연구를 목적으로 한다. 아리스토텔레스가 밝히고 있는바, "우리의 주제는 시학(작시 기술)이므로 나는 먼저 시의 일반적 본질과, 그 여러 종류와, 각 종류의 기능에 관하여 말하고, 이어서 훌륭한 시가 필요로 하는 플롯(mythos)[5]의 구성과 시의 구성 부분의 수와 성질과, 그 밖에 이 연구 분야에 속하는 다른 사항에 관하여 논하고자 한다".[6]

아리스토텔레스에 의하면, 시는 "언어라는 수단을 통한 모방"이다. 언어를 통한 모방의 양식들을 연구하는 『시학』은 세 부분으로 이루어져 있다. 먼저 시 예술의 일반 이론이(1장에서 5장), 그리고 뒤이어 시 예술의 두 가지 양식인 비극(6장에서 22장)과 서사시(23장에서 26장)가 다루어진다.

'은유'는 비극에 대한 논의 안에서 언급된다. 19장에서 22장 사이에서 아리스토텔레스는 비극의 수단인 언어적 표현, 즉 조사(措辭, lexis)를 분석한다. 21장에서는 은유가 조사의 일부로서 정의되고, 22장에서는 은유의 특징이 서술된다. 우선 "조사는 전체적으로 볼 때, 문자와 음절과 접속사와 관사와 명사와 동사와 격(格)과 문(文, logos)으로 구성된다".[7] 조사 중에서 의미의 가장 작은 단위는 '명사'와 '동사'이다. "명

---

5) 뮈토스(mythos)는 영어 '플롯'(plot)으로 번역된다. 리쾨르는 뮈토스를 하나의 활동, 즉 개별적 행위들을 결합시키고 논리적이고 시간적인 연속에 의거하여 질서 지우는 행위로 이해한다. 그래서 그는 영어 번역어 '플롯'을 좇아 뮈토스를 '줄거리 구성'(mise en intrigue)이라고 부른다.
6) 아리스토텔레스, 『시학』, 천병희 옮김, 문예출판사, 1996, 23쪽.

사는 시간관념을 포함하지 않는 유의미한 복합음"이고, "동사는 시간의 관념을 포함하는 의미 있는 복합음"이다. 명사와 동사는 그것의 부분이 독자적으로는 의미를 가지지 못하는, 분할되지 않는 '의미의 단위'이다. 반면 문자, 음설, 접속사, 관사는 독립적인 의미의 단위가 되지 못한다. 그리고 은유는 명사에 속한다. 아리스토텔레스에 따르면, "모든 명사는 일상어이거나, 방언이거나, 은유이거나, 장식어이거나, 신조어이거나, 연장어이거나, 단축어이거나, 변형어이다".[8]

이러한 지형 안에서 아리스토텔레스는 은유를 다음과 같이 정의한다. "은유는 유에서 종으로, 혹은 종에서 유로, 혹은 종에서 종으로, 혹은 유추에 의하여 **어떤 사물에다 다른 사물에 속하는 이름을 전용(轉用)하는 것이다**."[9] 즉 은유란 하나의 단어가 원래 속하는 자리를 떠나 다른 단어의 자리에 들어간, 즉 한 단어의 의미를 다른 단어의 의미로 치환하는 언어 현상이다. 은유는 "어떤 사물에다 다른 사물에 속하는 명칭을 부여"하는 것이다. 그리고 그것은 곧 "그 명칭에 고유한 속성의 하나를 부정하는 것"이 된다.[10] 자리 옮김을 통해서 원래 그 단어가 가지고 있던 어떤 속성은 부각되고, 또 다른 속성은 감추어진다.

이후의 수사학자들과 달리 아리스토텔레스에게 은유는 여러 가지 다른 문채들 사이에 놓인 하나의 문채가 아니라, '수사적 문채 그 자체'이다. 은유는 '개념 전용'의 전 영역을 포괄한다. 은유는 모든 종류의 수사적 언어 사용방식이 그 안에 포섭되는 종개념이다. "아리스토텔레스

---

7) 아리스토텔레스, 『시학』, 111쪽.
8) 같은 책, 116쪽.
9) 같은 책, 116쪽. 강조는 인용자.
10) 같은 책, 118쪽.

에게 은유라는 말은 결코 다른 문채들 아래에 있는, 즉 후대의 수사학적 체계에서 그런 것처럼 제유나 환유와 나란히 놓여 있는 하나의 문채가 아니라, 모든 개념 전용에 해당한다. 따라서 은유의 분석은 **문채 그 자체에 대한 포괄적인 성찰을 준비한다.**"[11] 데이비드 쿠퍼는 현대 수사학에서 '비유들', '문채들', '수사적 표현들'이라는 말 대신 '은유 등'(metaphor etc.)이라는 말의 사용을 선호하는 경향이 나타나고 있음에 주목한다. 포괄적인 의미로 '은유'라는 개념을 사용한 아리스토텔레스의 용례가 되살아나는 이유는, 그 이후 문채를 세분화한 수사학적 용어들이 오히려 수사학적 언어 현상을 잘 포착하지 못하기 때문이다. "'은유 등'이라는 말이 지시하는 것은 전통적인 문채들의 긴 목록에 비해 나쁘지 않아 보이며, 오히려 더 진지해 보인다. 전통적인 수사들의 긴 목록들 사이에 분명한 구별 짓기가 있다는 생각은 환상에 불과하다."[12]

### 은유의 유형

아리스토텔레스는 『시학』에서 은유를 다음의 네 유형으로 나누어 제시했다.

① 유에서 종으로: "유에서 종으로 전용한 예는 '여기 내 배가 서 있다'는 표현에서 볼 수 있다. 왜냐하면 정박한다는 것은 어떤 특수한 사물이 서 있는 것을 의미하기 때문이다."

② 종에서 유로: "종에서 유로 전용한 예는 '오디세우스는 실로 만가지 선행을 행하였다'는 표현에서 볼 수 있다. 왜냐하면 다수의 일종인

---

11) Ricœur, *Die lebendige Metapher*, p.22.
12) David E. Cooper, *Metaphor*, Oxford: Blackwell, 1989, p.15.

만이 유인 다수 대신 사용되고 있기 때문이다."

③ 종에서 종으로: "종에서 종으로 전용한 예는 '청동으로 생명을 푸면서'라는 표현이나 '불멸의 청동으로 베면서'라는 표현에서 볼 수 있다. 여기서 '푼다'는 말은 '벤다'는 의미로, '벤다'는 말은 '푼다'는 의미로 사용되고 있는데, 이는 다 무엇을 제거하는 것을 의미하기 때문이다."

④ 유추에 의하여 : "유추에 의한 전용은 A에 대한 B의 관계가 C에 대한 D의 관계와 같을 때 가능하다. 왜냐하면 그럴 때에는 B 대신 D를, 그리고 D 대신 B를 말할 수 있기 때문이다. 예컨대 잔(B)이 주신 디오니소스(A)에 대하여 가지는 관계는 방패(D)가 군신 아레스(C)에 대하여 가지는 관계와 같다. 따라서 잔을 '디오니소스의 방패'라고 말하고, 방패를 '아레스의 잔'이라고 말할 수 있을 것이다".[13]

처음 두 가지 유형은 후대의 수사학에서 '제유'(synecdoche)로 분류할 수 있는 것들이다. 제유는 '하나의 개념이 더 좁거나 더 넓은 개념을 통해 해체되는 수사법'으로서, 전체가 부분을, 부분이 전체를, 종이 유를, 유가 종을, 단수가 복수를, 혹은 그 역으로 복수가 단수를 대신하는 것이다. 이 두 유형이 부분과 전체의 관계를 보여 주는 한, 오늘날의 수사학자들이 말하는 제유에 속한다.

반면 세번째와 네번째 유형은 '유사성'에 근거한다. 세번째 유형에서 아리스토텔레스는 두 가지 예를 들고 있는데, "청동으로 생명을 푸면서"라는 표현과 "불멸의 청동으로 베면서"라는 표현이 그것이다. 이때 '퍼내는 것'과 '베어 내는 것'은 모두 제3의 개념인 '제거하는 것'과 연관된다. 그리고 이 세 개념들 사이의 유사성이 은유의 근거이다. 비유의

---

13) 아리스토텔레스, 『시학』, 116~117쪽.

두 축이 되는 개념들 사이에 하나의 숨겨진 개념, 즉 유사성의 근거 개념이 놓여 있다. 이 유형이 "'산의 이'(the tooth of the mountain, 봉우리와 이는 '날카로운 형태'라는 속屬에 포함된다), 그리고 '그녀는 자작나무였다'(She was a birch, 소녀와 자작나무는 '유연한 몸'이라는 속에 포함된다)와 같은 표현들을 설명해 준다".[14] '산'과 '이' 사이에 '날카로운 형태'라는 유사성의 요소가, 그리고 '그녀'와 '자작나무' 사이에 '유연한 몸'이라는 유사성의 요소가 감추어져 있다.

네번째 유형의 은유가 바로 후대의 수사학자들이 다른 수사적 문채들 사이에서 '하나의' 문채로 규정하는, 좁은 의미의 '은유'에 해당한다. 이 네번째 유형은 유사성의 관계를 통해 특징지어진다. 첫번째 개념과 두번째 개념 사이의 관계와 세번째 개념과 네번째 개념 사이의 관계가 서로 유사할 때, 유추(analogy)를 통한 개념의 대체가 가능해진다는 것이다.

아리스토텔레스가 분류한 은유의 네 유형이 동등한 중요도나 가치를 지니는 것으로 여겨지지는 않는다. 또한 아리스토텔레스가 사용하는 예들이 적합한지도 의문이 남는다. 아리스토텔레스는 네번째 유형에 따른 은유의 예로 '디오니소스의 방패'와 '아레스의 잔'을 가져온다. 여기서 이 은유들이 자연스럽고, 또 바람직한 은유로 채택되는 이유는 분석적이지 않다. 은유를 지탱하는 유추적 관계는 논리적인 관계인 것처럼 보이지만, 실상 우연적이고 관습적이며 맥락적이다. 은유적 연결고리는 화자와 청자의 직관에 의존한다.

아테나에게 창은 디오니소스에게 잔이 갖는 것과 유사한 관계를

---

14) 에코, 『기호학과 언어철학』, 149쪽.

가짐에도 불구하고, '아테나의 창' 대신 '아테나의 잔'이라는 은유는 만들지 않는 이유는 무엇인가? 혹은, '케레스의 밀짚단' 대신 '케레스의 방패'라는 은유를 사용하는 것이 어색해 보이는 이유는 무엇인가? '디오니소스의 방패', '아레스의 잔'이 너 자연스러운 A/D, B/C의 유추 관계를 이루게 되는 이유는 논리적인가, 관습적인가? '잔'과 '방패'의 형태적 유사성 때문에, 즉 이 둘이 모두 형태적으로 둥글고 오목하기 때문에 이 유추적 관계의 설정이 다른 것('아테나의 잔'이나 '케레스의 방패')보다 더 용이해진 것일까? 움베르토 에코는 유추에 의한 은유 구성에 아리스토텔레스가 간파하지 못한 감추어진 '다른' 작용력이 있음을 지적한다. "그리스 신들의 신전에서는 그 신들의 서로 다른 성질이 그들을 통일시켜 준다. 기쁨과 평화로운 예식의 신인 디오니소스 그리고 죽음과 전쟁의 신인 아레스. 그렇다면 이것은 '유사성'이 '상이성'과 함께 서로 섞여 있는 것이다."[15] 에코에 따르면, '디오니소스의 방패'와 '아레스의 잔'이 다른 경우들과 달리 자연스럽고 좋은 은유가 되는 이유는 유사성에 의한 유추 못지않게, 신화 이야기 구조 안에 있는 '상이성'이 작동하기 때문이다. 그렇다면 하나의 은유를 만들고 이해하는 과정에는 유사성 못지않게 다름이, 근친감 못지않게 거리감이 필요하다. 또한 이 모든 관계를 이해할 수 있게 할 '이야기'에 대한 선이해가 필요하다.

　　그러나 아리스토텔레스의 은유 분류가 부정확하고 은유의 예들이 부적합하다는 비판은 그의 이론에서 결정적인 결함이 되지 않는다. 수사적 문채를 분류하고 정돈하는 일은 아리스토텔레스의 관심이 아니었기 때문이다. 후대의 수사학자들, 기호학자들, 언어철학자들과 달리, 아

---

15) 에코, 『기호학과 언어철학』, 153~154쪽.

리스토텔레스에게 문학적 수사법을 정교하게 다루는 일은 중요하지 않았다. 그의 관심은, 은유로 대표되는 수사적 문체들이 어떤 특징을 가지고 있는지, 그리고 그것들을 어떻게 하면 적절하게 사용할 수 있는지를 밝히는 것이었다.

### 은유의 위치

적절한 언어의 사용이라는 관점에서, 아리스토텔레스는 은유를 일상어와 대립시킨다. "일상어란 한 지방에서 보편적으로 사용하는 말"이다.[16] 흔히 사용되는 익숙한 말인 일상어는 명료하지만 새롭지는 않다. 그렇기 때문에 그것은 시 예술의 언어로는 부족하다. 아리스토텔레스에게 최상의 언어 사용은 명료하면서도 저속하지 않은 것이다. "일상어로 된 조사는 가장 명료하기는 하나 저속하다. …… 이에 반해 생소한 말을 사용하는 조사는 고상하고 비범하다. 생소한 말이란 방언과 은유와 연장어와, 일상어가 아닌 모든 말을 의미한다."[17] 물론 '생소한 말'의 사용은 적당히 제어되어야 한다. 전부 생소한 말로만 이루어진 시는 수수께끼나 야만족의 말이 되고 말 것이기 때문이다.

　아리스토텔레스는 은유를 단어 차원에서 단어와 더불어 일어나는 언어 현상으로 파악했다. 은유는 일상적이고 익숙한 의미 영역에서 비유적인 의미 영역으로 전이된 단어이다. 은유에 대한 이와 같은 사유는 하나의 단어는 하나의 사전적인 의미에 속한다는 언어 모델을 전제한다. 하나의 단어가 속하는 하나의 '의미 장소'라는 일의론적 전제 위에

---

16) 아리스토텔레스, 『시학』, 116쪽.
17) 같은 책, 121쪽.

서, 아리스토텔레스는 은유를 'epiphora'로 정의했다. 'epiphora'는 '전이, 이동'을 의미한다. 따라서 아리스토텔레스에게 하나의 단어를 '다른 사물에 속한 단어의 자리로 이동시키는 것'이 은유이다. 은유는 단어를 그것이 원래 속한 자리에서 다른 자리, 즉 '생소한, 낯선'(allotrion) 자리로 이동시키는 언어적 사건이다. 리쾨르는 아리스토텔레스의 정의에 포함된 '생소한, 낯선'이라는 단어에 세 가지 생각이 결합되어 있다고 해석한다. 그것은 익숙한 언어 사용으로부터의 '일탈', 원래 의미 영역으로부터의 '차용', 그리고 흔히 사용되는 익숙한 단어에 대한 '대체'가 바로 그것이다.[18)]

아리스토텔레스의 은유 이론은 가장 오래되고 가장 대표적인 은유 대체이론으로 받아들여져 왔다. 만일 은유가 수사학적 자극을 주기 위해 한 단어의 자리에 다른 생소한 단어를 가져다 넣는 '대체'라면, 은유는 일상어의 진부함을 벗어나기 위한 장식적인 변용 이상의 의미를 갖지는 못할 것이다. 은유는 언제든지 일말의 의미론적 손상도 없이 일상어로, 익숙한 단어로 되돌릴 수 있다. 이 설명에 따르면 예를 들어 '아킬레우스는 사자다'라는 은유는 '아킬레우스는 용맹하다'라는 일상적 표현과 의미론적으로 동위다. 대체이론에 의하면 '아킬레우스는 사자다'라는 은유는 단지 '용맹하다'라는 일상어의 진부함에서 벗어나게 하는 수사적 장식 어법일 따름이다. 은유가 전달하는 의미론적 정보 내용은 그것이 대체한 일상어의 그것과 다르지 않다. 따라서 은유는 언제든지 원래의 의미로 명료하게 해석될 수 있고, 그 장식적 가치를 제외하고는 어떠한 손상도 없이 일상어로 풀이될 수 있다.

---

18) Ricœur, *Die lebendige Metapher*, p.22.

그러나 아리스토텔레스의 은유 이론은 대체이론 이상의 함의를 갖는다. 은유는 장식적 가치만을 지니는 자리 바꾸기에 불과한 것이 아니다. 은유가 지닌 '그 이상'의 의미는 아리스토텔레스가 다루는 시 예술 전체의 맥락에서만 밝혀질 수 있다.

## 2) 은유의 수사적 기능

### 수사학의 범위

아리스토텔레스의 『수사학』은 논증의 이론, 어법의 이론 그리고 주장 구성의 이론이라는 세 가지 대상을 다룬다. 이 대상들에서 알 수 있는 것처럼, 수사학의 근본 관심은 말의 장식보다는 설득에 있었다. 그러나 아리스토텔레스 이후 수사학의 역사는 점차 수사학이 지닌 철학적 의미를 상실해 가며 장식적 언어를 다루는 영역으로 축소되어 왔다. 수사학의 역사는 축소의 역사였다. 그러면서 수사학은 점차 어법의 이론에서 수사적 표현법의 이론으로 한정되었다.[19]

수사학은 그것이 생겨난 이래로, 철학적 사유의 적으로 간주되어 왔다. '아름답게 말하는' 기술은 일반적으로 늘 '참을 말하고자 하는' 지향의 반대편에 서 있는 것으로 여겨졌다. 이에 반해 아리스토텔레스는 수사학을 철학의 바탕 위에서 체계화하고자 했다. 철학적 수사학의 가능성은 "효과적인 단어의 적절한 사용방식을 제한하고, 사용과 오용 사이의 구분선을 긋고, 수사학과 철학의 적용 범위를 철학적으로 확립하는 것"에 있다.[20] 아리스토텔레스에게 수사학은 설득력 있는 언어 사용

---

19) 롤랑 바르트, 김성택 옮김, 「옛날의 수사학」, 김현 엮음, 『수사학』, 문학과지성사, 1992.

을 위한 것이다. '설득'이 수사학의 목적이고, '아름답게 말하기'라는 장식적 언어 사용은 이 목적에 부합할 때에만 의미 있는 것이다.

'웅변의 기술'은 필연성의 영역에 속하는 문제가 아니라 개연성의 영역에 속하는 문제이다. 수사학은 엄밀한 과학이 아니다. 과학이 고유의 전제와 원칙에서 출발하여 보편적이고 필연적인 결과를 기대하는 반면, 수사학은 어떤 논제를 대중적이고 이해할 만한 방식으로 다룬다. 수사학은 논증에 있어서 보편적인 원칙을 요구하지 않는다. "그러므로 수사학은 정치학이나 윤리학 등과 같이 사회 안에서의 인간 그리고 개인으로서의 인간을 고려하며, 그들의 동기와 감정, 행위, 습관과 경향성, 선과 악을 고려하는 영역들과 연관된다."[21] 아리스토텔레스는 설득의 수사학적 개념과 개연성의 논리학적 개념 사이의 연관성에 천착했고, 이 관계에 근거해서 철학적 수사학을 수립하고자 했다.[22] 아리스토텔레스에게 수사학은 개연성의 논리학과 연관되며, 따라서 또한 변증법과 연관된다. "웅변의 이론은 변증법에 어울리는 짝이다. 왜냐하면 이 둘은 동일한 방식으로 대상을 다루기 때문이다."[23] 수사학과 변증법은 늘 다른 가능성을 향해 열려 있는 '개연성'을 다룬다. '있을 법함'과 개연성은 이 두 분과의 재료이자 영역이다. 그러나 형식과 본질의 측면에서 이 둘 사이에는 차이가 있다. 변증법에는 질문과 답변 과정에서의 논증, 그리고 동의를 얻기 위해 대립하는 상대방이 포함되어야 한다. 변증법은 과

---

20) Ricœur, *Die lebendige Metapher*, p.16.
21) Edward Merdith Cope, *An Introduction to Aristotle's Rhetoric: With Analysis Notes and Appendices*, Hildesheim: Olms Verlag, 1970, p.68.
22) Ricœur, *Die lebendige Metapher*, pp.17~18.
23) Aristoteles, *Rhetorik*, p.7.

학적인 방법이며 모든 물음에 적합한 개연성의 논증이다. 이에 반해 수사학은 정치학과 윤리학의 실천적인 물음들을 다룬다.[24] 수사학은 정치적 집회나 법정에서의 판결, 공적인 찬양이나 비난과 같이 구체적인 상황에서 사용되는 것이다. 변증법과 달리 수사학은 개별적인 사안들에 대한 판단에 사용된다.

### 수사학적 은유의 역할

아리스토텔레스의 『수사학』은 논증, 어법, 주장의 구성이라는 세 가지 대상을 가지고 있다. 그리고 아리스토텔레스는 은유를 '주장의 구성'을 연구한 세번째 권에서 다루고 있다. 『수사학』 3권은 언어적 표현양식(lexis)과 문장의 배열(taxis)이라는 주제 영역을 논의한다. 그러면서 효과적인 언어 표현 형식이 어떤 것인지를 제시한다. 예를 들어, 주장을 구성할 때는 설득력 있고 귀에 들어오는 언어를 사용하는 것이 중요하다. 그리고 은유는 탁월한 언어 표현 형식이다. 은유는 서로 다른 사물들 사이의 유사성을 드러내고, 생명이 없는 것들을 생생하게 표현하며, 그것을 통해 배움과 경탄의 즐거움을 일깨우기 때문이다. 아리스토텔레스에게 좋은 은유란 언어 표현 형식의 완전성과 강하게 결합되어 있는 것이다. 또한 나쁘고 부절적한 은유는 가장 중요한 양식(문체)상의 오류와 결합된다.[25]

　『수사학』 3권에서 아리스토텔레스는 『시학』에서의 은유의 정의를 넘겨받아 언어적 표현 형식의 완전성(2장), 그리고 양식상의 오류(3

---

24) Cope, *An Introduction to Aristotle's Rhetoric*, pp.91~93.
25) Aristoteles, *Rhetorik*, p.178.

장)와 연관 지어 은유 사용의 적절한 방식에 대해 설명한다. "언어 표현이 명료하고 — 어떤 발언이 사태를 분명하게 명시하지 않을 때, 그 발언은 요구된 과업을 완수하지 못한 것이라고 하는, 명료성에 대한 일정한 평가 기준이 있다 — 또 모자라지도 과도하지도 않게 적절한 방식일 때, 우리는 그것을 언어 표현의 완전성이라고 정의한다."[26] 아리스토텔레스에 의하면 은유는 가장 풍부한 명료성, 쾌적함, 그리고 생소함(낯섦)을 지니고 있다.

> 가벼운 방식으로 앎에 다다르는 것은 모든 이에게 본성적으로 즐거운 것이다. 그리고 무언가를 묘사하는 것은 말이다. 따라서 우리에게 앎을 주는 말이 가장 즐거운 것이다. 일상적인 말은 우리가 알고 있는 반면, 낯선 말은 우리에게 알려져 있지 않다. 은유는 우리를 가장 먼저 이러한 상태[즐거운 느낌]에 들어가게 한다. 우리가 노인을 그루터기라고 부르자마자(『오디세이아』, 14권 241행), 우리는 종개념의 도움으로 배움과 앎을 매개하게 된다. 이 둘[노인과 그루터기]은 시듦이라는 종에 속하기 때문이다.[27]

은유는 인식의 즐거움을 제공한다. 일상어에 어떤 낯섦을 부여하는 것은 반드시 필요하다. "인간은 통상적인 것에서 벗어난 것에 경탄하고, 경탄할 만한 것은 즐겁기 때문이다."[28] 『수사학』 1권 11장에서는 다

---

26) Aristoteles, *Rhetorik*, p.169.
27) *Ibid.*, p.190.
28) *Ibid.*, p.169.

음과 같은 표현이 발견된다. "배움과 경탄은 대부분 즐겁다. 왜냐하면 경탄에는 배움에 대한 열망이 숨어 있기 때문에, 경탄할 만한 것은 열망할 만한 것으로 묘사된다. 그래서 배움이란 본성에 맞는 상태에 처하는 것과 연관된다."[29] 배움과 경탄의 즐거움은 은유를 통해 일깨워진다. 은유는 낯설지만 이해할 수 있는 것이기에 즐거운 느낌을 야기한다.

### 3) 은유와 직유

#### 직유, 확장된 은유

『수사학』에서 아리스토텔레스는 은유의 특질을 구체적이고 선명하게 드러내기 위해 은유를 직유(eikon)[30]와 비교한다. 아리스토텔레스에게 은유는 많은 수사적 문채들 중에 있는 '하나의' 문채가 아니다. 아리스토텔레스에게서 은유는 수사적 문채 그 자체, 즉 문채들의 종개념으로 이해되어야 한다. 『수사학』에서는 은유와 더불어 직유와 우화(parabola)가 문채의 중요한 용어들로 등장한다. 특히 직유는 여러 차례 은유와 비교된다(『수사학』 3권 4장, 10장, 11장).[31]

아리스토텔레스에 의하면 직유는 은유로 인해 가능한 수사법이다.

---

29) *Ibid.*, p.63.

30) 'eikon'은 현대 문예학에서 일반적으로 직유(simile)로 번역된다. 그러나 아리스토텔레스 수사학의 맥락에서 'eikon'은 직유 자체라기보다는 형상적인 비유를 의미한다. 맥콜에 의하면, 직유는 비유(comparison)지만, 그 역은 아니다. "직유는 ~처럼, 또는 ~와 같은, 또는 다른 의식적인 비유의 고지에 의해 알려진다." 반면 비유는 "조건적 비유, 인과적 비유, 설명적 비유"와 같은 세 유형으로 나뉠 수 있다(Marsch H. McCall, *Ancient Rhetorical Theories of Simile and Comparison*, Cambridge: Harvard University Press, 1969, pp.vii~viii). 그런데 아리스토텔레스의 'eikon'은 '설명적 비유'에만 해당한다. 따라서 형상적 비유로 이해되어야 한다.

31) *Ibid.*, p.51.

"직유는 또한 은유이다. 이 둘 사이의 차이는 아주 작기 때문이다. 우리가 (아킬레우스에 관해) '그는 마치 사자처럼 그를 향해 돌진했다'고 말하면 그것은 직유다. 그러나 우리가 '한 마리 사자가 그를 향해 돌진했다'고 말하면, 그것은 은유다. 둘 모두 용감하기 때문에, 우리는 아킬레우스를 전용된 의미에서 한 마리 사자라고 부른다. …… 직유는 은유처럼 만들어져야 한다. 은유는 이미 언급된 것을 통해서만 직유와 구분된다."[32]

아리스토텔레스의 구도에서 은유는 직유에 선행한다. 따라서 아리스토텔레스에게는 은유가 생략된 직유가 아니라, 역으로 직유가 **확장된** 은유이다. 은유가 직유를 가능하게 한다. 직유는 은유와 동일한 기원과 규칙을 갖는다. 이 둘의 차이는 비교 접속사 '~와 같은'에 있을 뿐이다. 은유의 공식은 'A는 B이다'이고, 직유의 공식은 'A는 B와 같다'이다. 이 근소한 차이 외에, 이 둘은 모두 두 개의 서로 다른 개념 사이의 유사성을 발견하는 동화작용이라는 공통점을 갖는다.

이미 앞서 서술된 것처럼, 형상적 비유[직유]는 만드는 방식을 통해서만 구분되는 은유다. 따라서 직유는 덜 즐겁다. 그것은 직유가 더 상세하게 형식화되어 있기 때문이다. 그리고 형상적 비유는, '이것은 저것이다'라고 표현하지 않는다. 따라서 [듣는 사람의] 영혼은 그 후의 것을 추구하지 않는다. 관용구와 생략삼단논법(Enthymeme)은, 그것들이 우리에게 빠른 가르침을 가져다주는 한에서만, 필수적인 기지를 쓰게 만든다.[33]

---

32) Aristoteles, *Rhetorik*, p.176.

아리스토텔레스에게 있어서 은유는 직유보다 우위를 차지한다. 직유는 은유보다 낮은 언어 형식이다. 은유는 직유가 만들어질 수 있는 근거이다. 은유는 단지 하나의 언어 표현의 형식일 뿐만 아니라, 두 사물 사이의 유사성을 발견하고 그것을 형상화할 수 있게 하는 인간의 능력이기도 하다. 직유는 그것이 적절한 은유를 내포할 수 있을 때에만 성공적이다.[34]

## 은유의 우위

은유가 직유보다 더 우월한 이유는, 그것이 더 생생하며 더 많은 사유를 자극해 주기 때문이다. 은유는 수수께끼를 포함한다. 은유가 일깨워 주는 생생함은 은유의 공식인 'A는 B이다'에서 기인한다. 주어와 술어는 서로 다른 개념임에도 불구하고 동일시된다. 그렇기 때문에 'A는 B이다'라는 문장은 하나의 수수께끼로 남게 된다. 이와 같은 형식의 문장 안에서 두 개념은 차이에도 불구하고 동일성이 발견될 수 있어야 한다. 그것이 수수께끼의 가능성을 결정한다. 은유가 포함하고 있는 수수께끼는 두 개념 사이에 유사성을 인지할 수 있을 때에만 풀릴 수 있다. 따라서 은유를 이해한다는 것은 곧 일정한 인식 과정을 요구하는 것이다.

아리스토텔레스에 의하면, 훌륭한 시인은 유사성을 인식할 수 있는 재능을 가지고 있는 사람이다. 여러 가지 언어 표현들 중에서 가장 중요한 것은 은유에 능한 것인데, "이것만은 남에게서 배울 수 없는 것이며, 천재의 표징이다. 왜냐하면 은유에 능하다는 것은 서로 다른 사물

---

33) *Ibid.*, p.190.
34) *Ibid.*, p.197.

들의 유사성을 재빨리 간파할 수 있다는 것을 뜻하기 때문이다".[35] 『수사학』에서 아리스토텔레스는 은유를 만드는 일을 철학함과 비교한다. "우리는 유사하지만 첫눈에는 [그러한 사실이] 명백히 드러나지 않는 사물들로 은유를 만들어야 한다. 그것은 마치, 예를 들어 철학에서도 멀리 떨어져 있는 사물들에서 유사함을 인식하는 것이 올바르게 사유하는 사람들의 특징인 것과 마찬가지이다."[36] "유사한 것을 알아채고 관찰하고 보는 것, 거기에 시학과 존재론을 하나로 만드는 시인들의, 그리고 철학자들의 정신적 섬광이 존재한다."[37] 은유는 인식의 즐거움을 제공한다. 이렇게 보면, 아리스토텔레스의 은유 이론은 단순한 대체 이상의 의미를 갖게 된다. 은유를 발견하는 것, 은유를 사용하는 것, 그리고 은유를 이해하는 것은 '인식 과정'을 포함하기 때문이다.

### 4) 시 예술과 이야기

**뮈토스**

『시학』에서 은유는 언어 표현, 즉 조사의 한 부분으로 분류된다. 그리고 조사는 비극의 한 요소이다. "모든 비극은 여섯 가지 구성 부분을 가지지 않으면 안 되며, 이 여섯 가지 부분에 의하여 비극의 일반적인 성질도 결정되는데, 플롯과 성격과 조사와 사상과 장경과 노래가 곧 그것이다."[38] 따라서 은유는 시 예술의 맥락에서 고려되어야 한다.

---

35) 아리스토텔레스, 『시학』, 125~126쪽.
36) Aristoteles, *Rhetorik*, pp.194~195.
37) Ricœur, *Die lebendige Metapher*, p.36.
38) 아리스토텔레스, 『시학』, 49쪽.

비극은 진지하고 일정한 크기를 가진 완결된 행동을 모방(mimesis)하며, 쾌적한 장식을 가진 언어를 사용하되 각종의 장식은 작품의 상이한 제 부분에 따로따로 삽입된다. 비극은 드라마적 형식을 취하고 서술적 형식을 취하지 않으며, 연민과 공포를 환기시키는 사건에 의하여 바로 이러한 감정의 카타르시스(catharsis)를 행한다.[39]

비극의 여섯 가지 요소들 중에서 가장 중요한 것은 '플롯'이다. '사건의 결합'인 플롯은 "비극의 목적"이자 "비극의 생명과 영혼"이다. "플롯은 스토리 내에서 행하여진 것, 즉 사건의 결합을 의미한다."[40] 플롯이 비극의 목적이자 생명이며 영혼인 이유는, 그것이 행위의 모방을 하나의 단위, 즉 하나의 전체로 결합하여 완결해 주기 때문이다.

아리스토텔레스에 따르면, "비극은 완결되고 일정한 크기를 가진 전체적인 행동의 모방"이다.[41] 여기서 말하는 전체란, 시초와 중간과 종말을 가지고 있는 것을 말한다. 플롯은 사건들을 결합하여 줄거리를 구성함으로써 사건들에 통일성을 부여한다. 스토리 안에서 행위들은 하나의 윤곽, 하나의 경계를 갖게 되며, 그것을 통해서 특정한 범위를 갖게 된다. 아리스토텔레스는 드라마적인 통일성을 다음과 같이 밝힌다. "플롯을 훌륭하게 구성하려면 아무 데서나 시작하거나 끝내서는 안 되고, …… 그 여러 부분의 배열에 있어 일정한 질서를 가지고 있어야 할 뿐 아니라, 일정한 크기를 가지고 있지 않으면 안 된다. 왜냐하면 아름

---

39) 같은 책, 47쪽.
40) 같은 책, 49~51쪽.
41) 같은 책, 54쪽.

다움은 크기와 질서 속에 있기 때문이다."⁴²⁾ 시 예술은 행동을 모방한다. 그리고 그것은 일정한 크기와 범위를 가진 전체로 결합된 하나의 스토리로 만들어진 플롯을 지닌 행동의 모방이다.

아리스토텔레스는 『시학』에서 통일된 플롯과 대조하면서 '삽화적인 스토리'를 비판한다. 아리스토텔레스가 삽화적 사건을 스토리에 삽입하는 것 자체를 비난하지는 않는다. 삽화는 플롯에 색채와 리듬을 부여하는 중요한 요소로 도입될 수 있다. 하나의 완결적인 플롯 안에 삽입된 삽화들은 이야기를 더 풍부하게 만들어 줄 수 있기 때문이다. 아리스토텔레스가 비판하는 것은 맥락 없이 전체의 배열과 질서를 파괴하는 삽화의 나열이다. "단순한 플롯과 행동 중에서 최악의 것은 삽화적인 것이다. 나는 여러 가지 삽화들이 상호 간에 개연적 또는 필연적 인과관계도 없이 잇달아 일어날 때 이를 삽화적 플롯이라고 부른다."⁴³⁾ 이야기의 "시초, 중간, 종말"의 구조를 파괴하는 삽화들의 열거는 아리스토텔레스에게 최악의 이야기 구조이다. 그것은 청자나 독자에게 이야기의 재구성을 통해 하나의 세계를 체험하는 일을 방해한다.

『수사학』에서도 아리스토텔레스는 두 가지의 서로 다른 언어 표현양식을 구분하는데, 그것은 '병렬적'(parataktischer) 양식과 '종속적'(hypotaktischer) 양식이다. '병렬적' 양식은 "그 자체로 종말을 가지지 않는" 나열적인 묘사방식을 말하며, '종속적' 양식은 '주기적'(periodisch)인 것을 의미한다. "주기적이라는 것은, 그 자체로 시초와 종말, 그리고 하나로 잘 개괄할 수 있는 범위를 갖는 표현방식을 말한

---

42) 아리스토텔레스, 『시학』, 55쪽.
43) 같은 책, 63쪽.

다."[44] 이 두 표현양식 중에서 아리스토텔레스는 '종속적' 표현양식을 더 높이 평가한다. 하나의 완결된 구조, 개괄할 수 있는 범위, 플롯의 기승전결이 잘 짜인 표현양식이 높이 평가된다. 그런 양식이 더 즐겁고, 더 잘 이해되기 때문이다.

> 이러한[종속적인] 표현방식이 더 즐겁고, 더 잘 이해할 수 있다. 즐거운 이유는 그것이 경계 지어지지 않는 것과 반대되기 때문이며, 그에게 어떤 것이 완결되어 있기 때문에, 청자가 언제나 무언가를 가지게 되었다고 믿게 되기 때문이다. 반대로 예상할 수 없는 것과 아무것도 완결되지 않는 것은 즐겁지 않다. 이 [종속적] 표현방식은 쉽게 기억될 수 있기 때문에 잘 이해될 수 있다. 또한 주기적으로 잘 분류된 표현방식은, 기억을 위한 최선의 수단으로 묘사되는 숫자를 소유하기 때문에 잘 이해될 수 있다.[45]

시 예술을 하나의 전체로 만드는 구조인 "시초, 중간, 종말"은 연대기적 범주나 시간적 순서를 말하는 것이 아니다. 그것은 논리적 범주를 말한다.

> 시초는 그 자신 필연적으로 다른 것 다음에 오는 것이 아니고, 그것 다음에 다른 것이 존재하거나 생성되는 성질의 것이다. 반대로 종말은 그 자신 필연적으로 또는 대개 다른 것 다음에 존재하고, 그것 다음에는

---

44) Aristoteles, *Rhetorik*, pp.185~186.
45) *Ibid.*, p.186.

다른 것은 아무것도 존재하지 않는 성질의 것이다. 중간은 그 자신 다른 것 다음에 존재하고, 또 그것 다음에 다른 것이 존재하는 것이다.[46]

이러한 논리적 범주들을 통해서, 인간 행동을 이해할 수 있게 모방·묘사하는 것이 가능해진다.

## 미메시스

모방은 일반적으로 어떠한 원본에 대한 모사로 이해되어 왔다. 모방에 대한 이와 같은 이해는 플라톤으로부터 유래한다. 플라톤에게 시 예술은 형이상학적으로 저급의 모방이다. 『국가』에서 플라톤은 시 예술이 실재가 아닌 보이는 것, 즉 현상을 모방하는 것이라고 규정한다. 플라톤에게 모방은 형이상학적인 의미를 지닌다. 사물들은 이데아를 모방하고, 예술작품은 사물들을 모방한다. 예술작품의 모방은 이데아의 원형에서 두 단계나 떨어져 있는 모방의 모방이며, 실재로부터 떨어진 가상이다. 비극 작가는 "본질로부터 세번째인 산물의 제작자"인 모방자이다. 그들은 실재가 아닌 '현상'을 모방한다.[47] 철학자는 이렇게 말한다. "따라서 모방술은 진실된 것에서 어쩌면 멀리 떨어져 있으며, 또한 이

---

46) 아리스토텔레스, 『시학』, 54쪽.

47) 플라톤, 『국가』, 박종현 옮김, 서광사, 1997, 617쪽. "목수가 만든 침대는 다양한 시각으로 파악될 수 있다. 누구나 침대의 한 면만을 바라봄으로써 침대가 어떠한 것인지를 더 많이 알 수도 있으며 그다음에는 침대 위로, 그다음에는 침대 아래로 내려가 널빤지 작업을 조사할 수도 있다. 그러나 화가는 단 하나의 시각만을 제공한다(아마도 하나의 견해, 자신의 견해만으로 침대를 파악하는 시인과 똑같이). 따라서 우리들은 목수의 파악에 의하면 침대에 대해서 더 많이 알게 되고 예술적이고 시적인 상상력에 의하면 침대에 대해서 조금밖에 알지 못하게 된다"(마크 에드먼드슨, 『문학과 철학의 논쟁: 플라톤에서 데리다까지』, 윤호병 옮김, 문예출판사, 2000, 18쪽).

때문에 모든 걸 만들어 내게도 되는 것 같으이. 그야 모방술이 각각의 것의 작은 부분을 건드릴 뿐인 데다, 이나마도 영상인 탓이지."[48] 플라톤에 따르면, 모방자들은 "각각의 것에 대하여 어떻게 해서 그것이 나쁘거나 좋은지를 알지 못하면서", "아무것도 모르는 많은 사람한테 아름다워 보이는 그런 것을" 모방한다.[49] 그리고 플라톤이 시 예술을 거부하는 또 다른 이유는, 그것이 이성(logos)과 법(nomos)이 아닌 감정(pathos)에 이끌리기 때문이다. 인간의 행위를 모방하는 시 예술은 이성보다는 감정에 호소한다. "마치 넘어진 아이들이 상처를 붙잡고 우는 데 시간을 보내듯" 감정에 빠져들게 함으로써 "비이성적이고 게으르며, 비겁과 친근한" 상태에 빠져들게 한다.[50] 따라서 철학자는 이렇게 경고한다. "만약 자네가 서정시에서든 서사시에서든 즐겁게 하는 시가를 받아들인다면, 자네 나라에서는 법과 모두가 언제나 최선의 것으로 여기는 이성 대신에 즐거움과 괴로움이 왕 노릇을 하게 될 걸세."[51]

그러나 아리스토텔레스는 모방을 다르게 이해한다. 플라톤에서 모방이 형이상학적 위계에 따른 위상을 표시한다면, 아리스토텔레스에게 모방은 행위이며 실천이다. 리쾨르는 아리스토텔레스의 모방 개념을 다음과 같이 해석한다. "모방은 행위가 있는 바로 그곳에 존재한다. 그러므로 자연 안에 모방은 있을 수 없다. 왜냐하면 자연의 운동 원칙은 행위와 달리 내재적이기 때문이다. 또한 이데아의 모방도 있을 수 없다. 행위는 언제나 개별적인 사태의 생산물이기 때문이다."[52]

---

48) 플라톤, 『국가』, 618쪽.
49) 같은 책, 627쪽.
50) 같은 책, 632~633쪽.
51) 같은 책, 637쪽.

아리스토텔레스는 모방 개념을 『시학』의 범위 안에 한정하여 사용한다. 시 예술은 모방적 활동을 통해서 생겨난다. 모방은 플롯을 구성한다. 모방은 활동이다. 시 예술은 언어를 도구로 인간 행위를 모방한 것이다. 아리스토텔레스는 시 예술의 기원은 자연적으로 주어진 것이라고 본다. 모방은 본성적이다.

시는 일반적으로 인간 본성에 내재하고 있는 두 가지 원인에서 발생하는 것 같다. 모방한다는 것은 어렸을 적부터 인간 본성에 내재한 것으로, 인간이 다른 동물들과 다른 점도 인간이 가장 모방을 잘하며, 처음에는 모방에 의하여 지식을 습득한다는 점에 있다. 또한 모든 인간은 날 때부터 모방된 것에 대하여 쾌감을 느낀다. …… 아주 보기 흉한 동물이나 시체의 형체처럼 실물을 볼 때면 불쾌감만 주는 대상이라고 하더라도 극히 정확하게 그려 놓았을 때에는 보고 쾌감을 느낀다.[53]

그러므로 모방은 인간의 능력이자 본성이라고 생각할 수 있다. 그리고 플롯은 모방된 행위들에 통일성을 부여하는 시 예술의 구조이다. 줄거리 구성은 모방적 능력을 근거로 해서만 가능하다.

### 뮈토스과 철학

아리스토텔레스는 플롯을 질서의 구조로 설명하면서 그것을 철학과 비교한다. 플라톤이 시 예술을 이성과는 거리가 먼, 이성을 마비시키는 감

---

52) Ricœur, *Die lebendige Metapher*, pp.48~49.
53) 아리스토텔레스, 『시학』, 35쪽.

성의 왕국으로 묘사하면서 철학을 시 예술과 대립시킨 것에 반해서, 아리스토텔레스는 시와 철학의 공통점을 강조한다. 아리스토텔레스에 의하면 "시는 역사보다 더 철학적이고 중요하다. 왜냐하면 시는 보편적인 것을 말하는 경향이 더 많고, 역사는 개별적인 것을 말하기 때문이다".[54] 시인의 과업은 실제로 일어난 일을 묘사하는 것이 아니라, "일어날 수 있는 일, 즉 개연성 또는 필연성의 법칙에 따라 가능한 일을 이야기하는 데 있다".[55] 시는 단순히 실제에 얽매이는 것이 아니라, 보편적이고 가능한 지평을 개방한다. 시는 실제보다 더 개연적일 수 있다. 개연적인 것과 필연적인 것의 논리학은 줄거리 구성과 결부되어 있기 때문에, 줄거리상의 개연성 또는 필연성은 실제 세계보다 이해의 맥락과 연관된다.

이러한 근거에서 시인은, 그가 모방자, 그것도 행위의 모방자라면 우선 행위의 발견자가 되어야만 한다. 아리스토텔레스에 의하면 모방자로서 시인은 세 가지 모방의 방식 중 하나를 따라야만 한다. "그는 사물이 과거나 또는 현재에 처하고 있는 상태를 모방하거나, 혹은 사물이 과거나 또는 현재에 처하고 있다고 말하여지거나 생각되어지는 상태를 모방하거나, 혹은 사물이 마땅히 처하여야 할 상태를 모방하지 않을 수 없다."[56] 아리스토텔레스가 말하는 시 예술의 모방은 인간 행위의 모방이다. 그리고 그것은 동시에 '있음직한' 보편성을 발견하는 창조적인 작업이다.

모방이 단순한 묘사가 아니라, 개연성과 필연성의 논리에 의거하

---

54) 같은 책, 60~61쪽.
55) 같은 책, 60쪽.
56) 같은 책, 138쪽.

여 인간 행위를 아름답게 묘사하는 것이어야 한다면, 거기에 사용되는 가장 적합한 표현양식인 은유는 사태를 평범하지 않게, 독특하고 새롭게 기술하는 것이어야 한다. 모방과 은유, 이 두 활동은 인간 본성에 선천적인 것이다. 만일 은유가 모방적 활동과 연관된다면 그것은 단지 자의적인 것이 아니다. 은유는 평범한 언어의 단순한 변형이 아니다. 따라서 은유는 단지 단어의 '전의'에 머물지 않고 시 예술 전체 안에 자리매김된다.

플롯과 모방은 살아 있는 경험과 언어적 표현 사이의 매개 활동이다. 모방을 통해 경험은 언어화되고, 플롯을 통해 언어적 묘사는 통일성을 획득한다. 은유가 모방과 플롯과 공속되어 있는 한, 그것은 단순히 아름다운 담화를 위한 장식으로만 기능하는 것은 아니다. 은유는 인간의 경험을 묘사하기 위해 기능한다. 은유는 실재를 익숙하지 않은 관점에서 기술하는 것이다. 은유는 대상들과 경험들을 생소한 방식으로 표현하며, 평범하고 일상적인 언어 사용을 파괴한다. 그러면서 은유는 배움과 경탄의 즐거움을 일깨운다.

# 2장

# '일반' 수사학의 가능성

아리스토텔레스는 은유를 '전의'(epiphora)로 정의하였다. 일상적이고 사전적인 단어의 의미를 전용하여 다른 단어가 들어갈 자리에 가져다 놓는 것이 은유라는 것이다. 의미의 원래 자리에서 벗어난 단어의 전용은 일의성을 언어의 이념적 모델로 삼는 관점에서 보자면, '규범으로부터의 탈선'이나 '언어학적 일탈'로 여겨진다. 그러한 관점에서 많은 문체론자들이 은유로 대표되는 수사학적 문체들을 "언어 규범의 위반"으로 묘사해 왔다.[1] '아킬레우스는 사자다'라는 문장은 거짓이다. 아킬레우스는 사전적 의미에서 사자가 아니기 때문이다. 그러나 이 문장은 은유로는 성립 가능하다. 그렇다면 "어떤 사람이 은유를 말하고 있을 때 그는, 글자 뜻대로 말하자면, 모든 사람이 알고 있듯이, '거짓말을 하고

---

1) "그와[일탈과] 유사한 단어로 '남용'(abuse, 발레리), '강간'(viol, 코엥), '추문'(scandale, 바르트), '파격'(anomalie, 토도로프), '광기'(folie, 아라공), '탈선'(déviation, 스피처), '전복'(subversion, 페이타르), '위반'(infraction, 티리) 등을 열거할 수 있겠으나 모두 만족스럽지 못하다. 그런데 이들 단어에서는 매우 강한 도덕적·정치적 의미가 보인다. 그리고 어느 누구도 이 어휘들 중 어느 것에 반대하지 않으리라 생각된다"(자크 뒤부아 외, 『일반수사학』, 용경식 옮김, 한길사, 1989, 26쪽).

있다'는 것이 명백하다."[2] 따라서 수사적 문채는 문자적 의미와 문법적 규범의 '위반'이자 '일탈'이다.

그러나 어떠한 수사적 문채가 효과를 얻으려면, 의미 규범과 그 일탈이 동시에 나타나야 한다. 일탈만으로는 수사적 표현이 만들어지지 않는다. 그것은 그냥 문법적 오류이거나 '거짓말'에 불과한 것이 된다. 즉 은유는 두 층위의 의미가 동시에 공존하고 있을 때에만 성립된다. 글자 그대로는 거짓이지만, 또 다른 측면에서 '글자 그대로의 뜻'으로 말하지 않는 다른 뜻이 드러나는 것을 허용해야만 은유는 은유로 성립된다. 따라서 은유는 문자적인 의미와 전용적인 의미를 동시에 가리킨다. "은유는 그 고유의 의미와 문체화된 의미를 동시에 나타낼 때에만 은유로 인정된다. 따라서 문체 사상(事象)을 구성하는 것은 규범-일탈의 관계이고, 일탈 그 자체만으로는 부족하다."[3] 언어체계는 이 규범과 일탈의 이중성과 모순과 긴장을 어떻게 동시에 수용할 수 있을까? 어떤 문장을 그저 오류 문장이나 거짓 문장이 아닌 수사적 문채로 만들어 주는 변별점은 무엇인가?

구조주의 언어학은 수사적 문채의 이와 같은 작용, 즉 일탈과 규범의 이중적인 메커니즘을 구조적으로 밝히고자 한다. 규범과 일탈의 공존을 허용하는 수사적 문채에도 규칙이 있는가? 은유를 성립시키는 수사적 문채의 메커니즘은 무엇인가? 은유의 메커니즘은 언어 구조의 체계 안에서 말끔히 해명될 수 있을까?

뮈 그룹(Groupe μ)[4]은 소쉬르(Ferdinand de Saussure)와 로만 야

---

2) 에코, 『기호학과 언어철학』, 143쪽.
3) 뒤부아 외, 『일반수사학』, 34쪽.

콥슨(Roman Jakobson)의 구조주의 언어학의 영향하에서 수사학적 문채에 대한 기호학적 일반 이론을 수립하고자 했다. 이들이 설정하는 "'일반'수사학의 과제는 [언어 사용에서] 변환의 기술을 분석하는 것, 변환의 종류와 대상을 세심히 구분하는 것"이다.[5] 일반수사학은 언어의 모든 변형을 단일한 구조 위에서 다룬다. 뮈 그룹은 『일반수사학』에서 수사적 언어의 특질을 기호체계 내에서 남김없이 해명해 내고자 한다. 그들은 문학의 특수한 언어 표현방식을 통일된 틀 안에서, 일정한 규칙을 가진 기호들의 변환으로 분석한다. 그리고 이 분석을 통해, 은유가 어떻게 만들어지고 어떻게 작동하는지를 설명해 낼 수 있다고 믿는다. 은유와 수사적 문채를 탈신비화하고, 문학언어의 작용과 효과를 과학적 설명틀 안에 수렴시키고자 한다. 일반수사학의 이와 같은 지향은 언어를 실체가 아닌 형식으로 보고 언어의 단위들을 체계 내의 관계들로 정의하는, 소쉬르로부터 유래한 구조주의 언어학에서 출발한다.

## 1) 소쉬르의 유산

### 기호의 가치체계
뮈 그룹의 일반수사학은 구조주의 언어학에서 출발하며, 구조주의 언

---

4) 1967년 만들어진 벨기에 리에주(Liège) 대학의 시학 연구 센터(Center of Poetic Studies)의 학제적 연구 집단. 프랑시스 에들랭(Francis Édelin), 장 마리 크린켄버그(Jean-Marie Klinkenberg), 자크 뒤부아(Jacques Dubois), 프랑시스 피르(Francis Pire), 아들랭 트리농(Hadelin Trinon), 필리프 맹게(Philippe Minguet) 등이 그 멤버였다. 1960년대 초기 작업에서 다의적인 언어, 제유와 은유의 본성 같은 주제들을 언어학적으로 다루었다. 첫번째 주요 저작이 바로 1970년에 발표한 『일반수사학』(Rhétorique générale)이다.
5) 같은 책, 36쪽.

어학의 기원은 소쉬르의 『일반언어학 강의』(Cours de linguistique générale)에서 찾아볼 수 있다. 에밀 벤베니스트(Émile Benveniste)가 지적한 것처럼, 소쉬르 자신은 '구조'(structure)라는 말을 사용한 적이 없다.[6] '구조'를 강조한 것은 소쉬르의 계승자들이다. 소쉬르에게 더 중요한 근본 개념은 체계(system)였다. 소쉬르의 기본 원리는, 언어는 실체가 아니라 형식이며, 언어의 단위는 하나의 체계 안에 있는 요소들 사이의 관계라는 것이다. 소쉬르의 언어학을 계승하는 구조주의 언어학[7]에서 '구조'는 '체계 내부의 관계'를 말한다. "'구조'는 '체계의 구조'로서 규정된다."[8]

소쉬르의 『일반언어학 강의』는 전통적인 언어학과 몇 가지 점에서 분명한 차이를 보인다. 전통적인 언어학이 언어활동(parole), 통시성(언어의 변화) 그리고 연사체(syntagme)를 강조한 반면, 소쉬르의 일반언어학은 언어체계(langue), 공시성(언어의 상태) 그리고 연합체(paradigme)를 강조한다.

소쉬르에 의하면 언어는 고유한 질서를 가지고 있는 기호들의 체계이다. 그런데 "언어기호가 결합시키는 것은 한 사물과 한 명칭이 아니라, 하나의 개념과 하나의 청각 영상이다". "우리는 개념과 청각 영상의 결합을 **기호**라고 부른다." 여기서 청각 영상은 물리적인 소리가 아니라,

---

6) 에밀 벤베니스트, 『일반언어학의 제문제』, 1권, 황경자 옮김, 민음사, 1992, 135쪽.
7) "이 학설[언어체계들의 '구조'를 강조하게 될 이론]이 최초로 표현된 것은 세 명의 러시아 언어학자, 즉 야콥슨, 카르체프스키, 투르베츠코이가 1928년 음운체계를 연구할 목적으로 헤이그에서 열린 '제1차 국제 언어학자 대회'에 제출한, 불어로 작성된 건의안에서였다. …… 진정한 선언문을 구성하고 있던 이 익명의 논문들은 프라그 언어학 서클의 활동의 발단이 되고 있었다. 여기서 '구조'라는 용어가 나타난다"(같은 책, 137쪽).
8) 같은 책, 138쪽.

소리가 정신에 남기는 인상, 즉 '소리의 재현'을 말한다. '소리의 재현'에 의해 하나의 개념이 일깨워진다. 소쉬르는 기호에 결합되어 있는 개념과 청각 영상을 각각 기의(signifié)와 기표(signifiant)라고 부를 것을 제안한다. "후자의 두 용어는, 때로는 양자를 구분하고 때로는 전체[기호]와 이들을 구분하는 대립성을 나타내 주는 이점이 있다."[9]

소쉬르 언어학에서 기호를 이루는 기의와 기표의 결합관계는 자의적이다. "또는 좀더 간략히 **언어기호는 자의적이다**라고 말할 수 있는바, 그 이유는 우리가 기호를 기표와 기의의 연합에서 비롯되는 전체라는 의미로 사용하기 때문이다."[10] '자의적'이라는 말이 화자가 기호를 자유롭게 선택할 수 있다는 뜻은 아니다. 자의적이라는 것은, 기호가 비의도적이며 어떤 특정한 이유나 근거가 없다는 것이다. 예를 들어 청각 영상 'na-mu'가 개념 '나무'와 결합해야 할 필연적인 근거나 이유는 없다.

그러나 "기호는 자의적이다"라는 소쉬르의 주장은 결코 일의적이지 않다. 그것은 여러 가지 의미로 해석될 수 있다. 그것은 기의와 기표 간의 '결합의 자의성'으로 해석될 수 있을 뿐 아니라, 벤베니스트가 그렇게 한 것처럼 실재와 기호 사이의 연결이 자의적이라는 뜻으로 해석될 수도 있다. 벤베니스트에 따르면, 소쉬르는 '기호의 자의성'을 통해 언어기호가 실재와 어떠한 본질적인 연관도 지니고 있지 않다고 주장한 것이다. 소쉬르가 기표와 기의의 결합이 자의적이라고 본 것은 아니라는 것이다. 물론 그 기원에 있어서 한 기호의 기표와 기의의 결합이 어떤 필연적인 이유나 근거를 가지고 성립된 것은 아닐 것이다. 그러나

---

9) 페르디낭 드 소쉬르, 『일반언어학 강의』, 최승언 옮김, 민음사, 1990, 84~85쪽.
10) 같은 책, 85쪽.

우리는 이미 그 기원으로 돌아갈 수 없고, 소쉬르의 언어학도 이미 그 기원을 더듬는 것을 목적으로 하지 않는다. 기원에 있어서의 자의성을 차치하고서 어떠한 방식으로든 일단 하나의 기호에서 기표와 기의가 결합되고 나면, "반대로 [기표와 기의의 결합은] '필연적'이다"라고 말할 수 있다. "'Bœuf'라는 개념('기의')은 나의 의식 속에서 'böf'라는 음성적 총체('기표')와 반드시 동일하다. ⋯⋯ 그 둘은 함께 나의 정신 속에 각인되었던 것이다. 어느 경우에나 이 둘은 함께 환기된다."[11] 이러한 해석은 소쉬르의 인용을 통해 정당화된다. "언어는 한 장의 종이에 비교될 수 있다. 사상은 종이의 앞면이고 소리는 그 뒷면이다. 앞면을 자르면 동시에 뒷면도 잘라진다. 마찬가지로 언어에서도, 사상에서 소리를 고립시킬 수 없고, 소리에서 사상을 고립시킬 수 없다. 그렇게 하려면 추상을 통해서만 가능한데, 그 결과는 순전한 심리학이 되거나 순전한 음운론이 될 것이다."[12] 벤베니스트는 소쉬르가 말하는 '기호의 자의성'은 소리(청각 영상)와 개념이 아닌, 기호와 실재 사이의 관계를 절연하는 주장이라고 본다. 실재 세계와의 관계를 고려하지 않고, 언어체계의 내적인 관계로 언어를 보는 소쉬르의 언어학은 전적으로 형식의 과학이다. 소쉬르에게 언어는 형식이지 실체가 아니다.

실재와는 아무런 본질적 연관을 가지고 있지 않은 기호는 그렇다면 어떻게 하나의 의미 단위로 사용되는가? 소쉬르의 언어학에서 언어기호는 언어체계 바깥의 실재와는 아무런 본질적인 연관을 갖지 않는다. 언어기호는 단지 체계 안의 다른 기호들과의 관계 안에서만 규정된

---

11) 벤베니스트, 『일반언어학의 제문제』, 1권, 78쪽.
12) 소쉬르, 『일반언어학 강의』, 135쪽.

다. 기호는 언어 외적 실재와 어떠한 연결도 가지고 있지 않기 때문에, 언어 외적으로 규정되는 대상적 의미(reference)를 논할 수 없다. 소쉬르에게 언어학은 경제학과 마찬가지로 '가치'들의 체계이다. 이 두 분과, 경제학과 언어학에서 문제가 되는 것은 "상이한 질서에 속하는 두 사물 사이의 등가체계"이다.[13] 언어체계 내에서 기호의 가치들은 전적으로 상대적인 어떤 것이다.

체계 안에서 언어기호들은 일정한 단위로 분절될 수 있다. 예를 들어 낱말은 음절로 분할될 수 있고, 복합 낱말로 연합될 수도 있다. 즉 하나의 단위는 하위 단위로 나뉘거나, 상위 단위로 결합될 수 있다. 언어체계에서 가장 기본적인 단위가 무엇인지를 확증하기는 어렵지만, 소쉬르는 일단 '낱말'을 기본 단위로 설정한다. 물론 낱말이 '언어단위'의 정의에 부합하는 것은 아니다. 낱말은 의미와 연관된 단위이기 때문에 순전히 가치의 등가체계로 환원하기 어렵고 쉽사리 외적인 대상을 지시하는 기호로 여겨진다는 약점을 갖는다. 그러나 "적어도 언어단위에 대해 대강은 짐작케 해줄 수 있으며, 이 짐작은 구체적이라는 이점이 있다".[14] 그러한 관점에서 일차적으로 낱말을 언어체계의 기본 단위로 설정할 수 있다.

소쉬르에 의하면 언어의 단위는 전적으로 하나의 '가치'로만 다루어져야 하며, 그것은 순전히 유사한 다른 가치들과의 관계를 통해서만 규정되어야 한다. '가치'라는 말로 소쉬르는 등위의 체계를 상정한다. 예를 들어 어떤 가치를 지니는 사물은 등가의 다른 사물로 교환될 수 있

---

13) 같은 책, 99쪽.
14) 같은 책, 136쪽.

고, 같은 사물의 다른 단위로 교환될 수도 있다. 5마르크짜리 동전은 등가의 다른 사물, 즉 (5마르크짜리의) 빵으로 교환될 수도 있고, 동일한 체계(독일 화폐체계) 안에서 다른 단위의 가치들, 즉 1마르크짜리 동전 5개로 교환될 수도 있으며, 다른 체계(프랑스 화폐체계)의 등가물, 즉 5마르크에 해당하는 프랑으로 교환될 수도 있다.[15] 의미와 달리 가치는 그 자신의 고유한 규정을 갖지 않으며, 단지 등가체계의 관계들을 통해서만 정의될 수 있다. 소쉬르에 의하면 이 가치의 등가체계 내의 관계들만이 일반언어학의 대상이 된다. 언어는 재료가 되는 실체를 통해서가 아니라, 전적으로 차이들에 의해 형성된 기호체계이다. 언어에는 긍정적인 개별 단위들은 없고, 차이들만 있을 뿐이다. "언어에는 **차이만이 존재한다.** …… 언어에는 **적극적 사항이 없이** 차이만이 존재한다. 언어가 내포하는 것은 언어체계에 선행하여 존재하는 개념이나 소리가 아니라, 단지 언어체계에서 나온 개념적 차이와 음적 차이일 뿐이다." 따라서 "언어체계는 일련의 소리 차이와 일련의 개념 차이가 결합된 것이다".[16] 예를 들어 청각 영상 'gom'은 실재하는 '포유강 식육목 곰과의 동물인 곰'을 지시하기 때문에 '곰'을 의미하는 것이 아니라, 그것이 'gim'이나 'gam'이나 'gum'과의 관계와 음성적 차이로 인해 'gom'이 되면서, '곰' 개념을 의미하게 된다는 것이다.

### 구조주의 언어학의 이분법

소쉬르의 일반언어학에는 구조주의 기호학을 특징짓는 세 겹의 이분법

---

15) 소쉬르, 『일반언어학 강의』, 137~138쪽.
16) 같은 책, 143쪽.

이 있다. 첫번째 이분법은 **랑그**(언어, langue)와 **파롤**(화언, parole) 사이의 관계이다. 랑그는 "언어활동 능력의 사회적 산물인 동시에, 개개인이 이 능력을 발휘할 수 있도록 사회집단이 채택한 필요한 약정의 총체이다".[17] 랑그는 그 자체가 하나의 전체이며 분류 원칙이다. 반면 파롤은 "의지적이고 지적인 개인 행위"이다.[18] 개별적인 언어의 사용인 파롤은 구체적이지만 통제할 수 없이 우연적이고 개별적이며 일시적이다. 따라서 소쉬르가 일반언어학의 대상으로 삼는 것은 언어 습관의 총체이자 인간 언어의 사회적 부분인 랑그이다. 랑그는 개별적 사용으로부터 자유로운 체계를 말한다.

또한 일반언어학은 언어의 변화하는 측면보다는 언어의 정태적 상태에 주목한다. 언어의 구조와 변화라는 측면에 주목하면서 소쉬르는 **공시언어학**(linguistique synchronique)과 **통시언어학**(linguistique diachronique)을 구분한다. 이것이 소쉬르 언어학의 두번째 이분법이다. "우리 과학의 정태적 국면에 관련되는 모든 것은 공시적인 것이고, **진화와** 관련되는 모든 것은 통시적인 것이다."[19] 일반 공시언어학의 목적은 공시론적 체계의 근본 원칙과 구성 요인을 분석하는 것이다. 그와 반대로 통시언어학은 "시간이 흐르면서 서로 대체되는 연속적인 용어들 사이의 관계를 연구한다".[20] 그리고 소쉬르 일반언어학은 언어의 현재적 상태에서 공시적인 부분들 사이의 관계만을 대상으로 한다. 일반언어학은 늘 공시적이어야 한다. 그러나 공시태의 우위성을 강조하는

---

17) 같은 책, 20~21쪽.
18) 같은 책, 25쪽.
19) 같은 책, 100쪽.
20) 같은 책, 167쪽.

것이 언어의 역사성을 무시하는 것으로 읽혀서는 안 된다. 소쉬르는 언어기호의 불변성뿐 아니라, 그것의 가변성에 대해서도 주의를 기울인다. 시간 안에서 변화하지 않는 기호는 없기 때문이다. 언어는 시간적이다. 시간이라는 요소 밖에서 언어의 현실을 말할 수는 없다. "시간은 삼라만상 모두를 변질시킨다. 언어라고 이 보편적인 법칙을 벗어나야 할 이유는 없다."[21] 단지 소쉬르가 공시태만을 일반언어학의 대상으로 삼는 이유는, 변화와 진화에 대한 연구도 각각의 불변적 상태의 비교를 통해서만 확정될 수 있기 때문이며, 언어의 가변성은 체계 내적 관계가 아닌 개별적 사용, 파롤을 통해서만 밝혀질 수 있기 때문이다. "모든 변화의 싹은 화언[파롤] 안에 있다. 각 변화는 우선 몇몇 개인에 의해 시작된 다음, 용법에 편입된다."[22]

세번째 이분법은 공시적인 언어 구조 내에서 연사체적 관계와 연합체적 관계의 이분법이다. 이것은 수사학적 문채를 설명하는 데 유용하게 적용되는 이분법이기도 하다. 소쉬르에 따르면 한 체계 내의 언어 요소들 사이의 관계 맺기와 차이 만들기는 서로 구별되는 두 영역에서 이루어진다. 그 한 영역이 연사체이다. 우리는 말을 할 때 낱말들을 연결한다. 연결을 통해 만들어지는 단어들의 관계는 언어의 선적(線的) 특성에 바탕을 두고 있다. 언어의 선적 특성이란, 동시에 두 개의 말을 발음할 수 없으며, 발화는 언제나 순차적으로 이루어질 수밖에 없다는 것이다. 이렇게 선적 연쇄를 이루어 차례로 기호를 배열하는 것을 연결 또는 연사체라 한다.[23] 다른 한편 어떤 문장을 발화할 때, 우리의 머릿속

---

21) 소쉬르, 『일반언어학 강의』, 95쪽.
22) 같은 책, 118쪽.

에는 다른 말들, 다른 단어들이 동시에 떠오른다. 그것은 연상이나 기억을 통한 동의어나 반의어, 의미론적 연관 단어일 수도 있고, 발음상 혹은 문자상의 유사성에 의한 연상의 결과물일 수도 있다.[24] 이와 같은 영역을 소쉬르는 연상적 또는 연합적 관계라고 부른다. 이 연합 관계는 공간적 길이를 갖지 않는다. 시간적으로는 동시적이다. 이것은 두뇌 속에 자리 잡고 있는 것이며, 각 개인의 언어를 구성하는 내적 보고(寶庫)이다. 담화에서 단어들을 연결하여 발화하는 "연사 관계는 현존하는 것이다. …… 이와 반대로 연합 관계는 잠재적인 기억의 계열 속에 있는 부재적 사항들을 결합시킨다".[25] 연사체는 담화상황에서 현실화되는, 즉 드러나는 말이지만, 연합체는 현실화되지 않는 현실화의 보이지 않는 조건이다.

이 이분법 중에서 소쉬르의 기본 원리에 부합하는 언어학은 랑그의 공시적 구조를 강조하는 언어학이다. 이 언어학은 기호의 가치, 기호들의 관계와 차이에 관심을 기울인다. 소쉬르는 '기호'를 언어학의 기본 단위로 사용한다. "언어는 관념을 나타내는 기호체계이며, 따라서 문자체계, 수화법, 상징적 의식, 예법, 군용 신호 등등에 비견할 만하다. 언어란 단지 이들 체계 중에서 가장 중요한 것일 뿐이다." 소쉬르는 기호체계의 보편적인 법칙을 발견하기 위해서 하나의 새로운 학문이 필

---

23) "연사체는 둘 또는 그 이상의 연속 단위로 구성된다(예. re-lire; contre tous; la vie humaine; Dieu est bon; s'il fait beau temps, nos sortirons 등)"(같은 책, 146쪽).

24) "가령 enseignement(가르침)이라는 낱말은 무의식적으로 정신 속에 많은 다른 낱말을 떠오르게 할 것이다(enseigner(가르치다), renseigner(알려 주다) 등, 또는 armement(군비 무장), changement(변화) 등, 또는 éducation(교육), apprentissage(수습, 견습)). 이들 모두가 어떤 면으로든 공통점을 서로 지니고 있다"(같은 책, 146~147쪽).

25) 같은 책, 147쪽.

요할 것이라고 주장했다. "사회생활 속에 있는 기호의 삶을 연구하는 과학 …… 우리는 그것을 기호학(그리스어 'sēmeîon'(기호)에서 유래)이라고 부르기로 한다."[26]

기호학적 언어학의 단위들은 더 낮은 단위로 나뉠 수도 있고, 더 높은 단위로 합쳐질 수도 있다. 소쉬르 이후 구조주의 언어학은 이 각각의 단계(level)에서의 기호들 간의 위계적 관계를 고찰한다. 여기서 의미 내용이나 실체는 그 주제가 아니다. 문제는 구조, 관계, 차이, 기호의 값(가치)이다. 수사학적 문채라는 특징적인 언어 현상도 이와 같은 구도에 의하여 다루어진다.

## 2) 변환법의 일반 법칙

### 수사적 문채의 일반 법칙

기호학적인 관점에서 시학을 학제적으로 연구했던 뮈 그룹의 주된 관심은 기호학의 영역에서 일반수사학을 수립하는 것이었다. 야콥슨의 구조주의 언어학의 영향으로 수사학은 낡은 학과가 아니라 다시금 시대의 요청에 부합하는 분야로 되살아나게 되었다. 구조주의와 기호학에 기대는 일반수사학은, 문학을 특징지어 주는 언어의 수법은 무엇인가를 묻는다. 문학은 언어의 특별한 사용이다. 그들은 무엇이 문학적 언어를 특징짓는지, 무엇이 어떤 언어를 문학적 언어로 만드는지 설명하

---

26) 소쉬르, 『일반언어학 강의』, 27쪽. "기호학은 우리에게, 기호가 무엇이며, 어떤 법칙에 의해 지배되는가를 가르쳐 줄 것이다." 그러나 소쉬르에게 기호학은 아직 하나의 비전에 불과하다. "기호학은 아직 존재하지 않기 때문에, 그것이 어떠한 것이 될지는 말할 수 없다. 그러나 그것은 존재할 권리가 있고 그 위치는 미리 정해져 있다."

고자 시도한다."[27]

뮈 그룹이 지향하는 일반수사학의 목표는 문학언어의 변형 메커니즘을 밝히는 것이었다. 시학과 달리 수사학은 문학적 대상을 논구할 것을 요구하지 않는다. 뮈 그룹이 일반수사학에서 다루는 '수사학'도 "문학의 특수한 언어방식에 대한 지식"을 말한다. 문학적 대상 그 자체가 아니라, 문학언어의 구성 법칙을 객관적으로 분석하는 것이 그들의 목적이다. 그들은 오직 "수사학이 문학적 대상의 객관적인 지식을 구성하는 데에 기여한 점을 검토"하고자 한다.[28]

따라서 뮈 그룹의 일반수사학은 언어의 형식적 구조에 대한 연구이다. 그들에게 수사학은 언어기호 조작 방식의 총체이다. 이들이 분석하는 언어기호의 조작은 기표(기호표현)와 기의(기호내용)의 차원 양쪽에서, 분해 단위의 각 층위를 모두 포괄한다. "같은 층위(niveau)의 여러 단위들이 상위의 단위 속으로 들어가고(또는 벤베니스트의 용어로는 '통합되고'), 각 단위들은 하위의 단위들을 수용한다."[29] 예를 들어 단어라는 단위보다 하위 혹은 상위의 단위 층위가 있을 수 있다. 하위 층위에는 음소 또는 문자소와 같은 단위들이, 상위 층위에는 문장 등과 같은 단위들이 있을 수 있다. 뮈 그룹에게 수사학적 문채는 각 영역의 각 단위에서 이루어지는 조작의 결과로 분석된다. 일반수사학의 분석은 이 각 영역, 각 단위에서의 작용을 대상으로 한다. 이러한 조작 방식을 통틀어 뮈 그룹은 '변환법'(métabole)이라고 부른다. "우리는 어떠한 모양

---

27) 뒤부아 외, 『일반수사학』, 22쪽.
28) 같은 책, 40쪽.
29) 같은 책, 48쪽.

|  | 기표 | 기의 |
| --- | --- | --- |
| 단어, 그리고<br>단어보다 작은 단위 | 어형변환(métaplasme) | 어의변환(métasémème) |
| 문장, 그리고<br>문장보다 큰 단위 | 구성변환(métataxe) | 논리변환(métalogisme) |

으로건, 언어의 모든 변형을 변환법이라 부를 것이다. …… 수사학의 분석은 주로 약호의 변환법에 관심을 두고 있다."[30] 뒤 그룹은 그것이 표현형식(기표)이든 의미내용(기의)이든 오로지 형식들에만 관계하며, 실체에는 관계하지 않는다. 기표와 기의라는 두 차원에서 약호의 층위별로 변환법을 분류해 보면 위의 표와 같이 네 영역으로 분류된다.[31]

단어와 문장의 이분법 그리고 기표와 기의의 이분법에 의거하여 언어의 변환은 어형변환, 구성변환, 어의변환 그리고 논리변환으로 나뉜다. 어형변환의 구역은 '단어 그리고 단어보다 작은 단위'의 음성적이거나 문자적인 측면에서 발생하는 문채들이 해당된다. 구성변환에는 문장 구조에서 발생하는 문채들이 속한다. 논리변환의 영역에서는 문장의 논리적 법칙을 바꾸는 문채들이 문제가 된다. "부분적으로는 옛날의 영역, 즉 '사고의 문채'로서 문장의 논리적 가치를 변화시키고, 결과적으로 언어학적 제약에 더 이상 구애받지 않게 하는 역할을 한다."[32] 논리변환은 언어학적 기준보다는 논리적 질서나 추론의 논리적 진행 등의 개념을 개입시킨다.

이 분류체계에서, 어의변환의 영역이 은유를 포함한 고전적 의미

---

30) 뒤부아 외, 『일반수사학』, 38쪽.
31) 같은 책, 50쪽.
32) 같은 책, 52쪽.

의 수사적 문채의 영역이다. 어의변환은 "하나의 어의(sémème)를 다른 어의로 대체시키는 문채이다".[33] 의미소란 의미내용의 더 이상 분해할 수 없는 원자적 단위이다. 다시 말해 기의의 차원에서 가장 작은 단위가 바로 의미소이다.[34] 따라서 단어는 의미의 단위라는 언어적 특권을 갖는 의미소들의 집합체이다. "단어는 내부 질서가 없고 반복을 허용하지 않는 핵 의미소의 집합"이다.[35] 완전히 형식적인 이 구분은 수사적 문채의 실상에 대해 우리에게 말해 주는 바가 별로 없어 보인다. 그러나 형식의 차원에서 이 기초적인 구분의 토대 위에 뮈 그룹은 문채의 메커니즘에 대한 일반 이론을 구축한다.

### 일반수사학

뮈 그룹은 수사적 절차의 기본 구조를, 모든 경우의 수를 포괄할 수 있는 아주 일반적인 차원에서 수립하고자 한다. 그들은 잠재태(degré zéro), 일탈 또는 변환(altération), 표지(marque), 되풀이(redondance), 자동교정(autocorrection) 그리고 불변체(invariant)와 같은 개념들을 통해 자신들의 일반수사학을 다음과 같이 요약한다.

> 결국 수사에는 '자동교정'을 수반하는 '일탈'의 집합이 있다. 즉 자동교정을 수반한다는 말은 규칙을 위반하거나 아예 새로운 규칙을 창조해 냄으로써, 언어의 '되풀이'의 규범적 층위를 수정한다는 의미이다. 작

---

33) 같은 책, 52쪽.
34) 기표의 차원에서 가장 작은, 더 이상 분해될 수 없는 원자적 단위는 변별적 특성(trait distinctif) 인 음소 또는 문자소 등이다(같은 책, 47쪽).
35) 같은 책, 52쪽.

가가 창조해 낸 일탈은, '표지'를 통해 독자에게 인식되고, '불변체'의 존재에 의해 환원된다. 이러한 조작은 소비자에게서 일어나는 조작만큼이나 생산자에게서 전개되는 조작 역시 특수한 미학적 효과를 창출해 낸다. 이 효과는 '에토스'라고 부르는 것으로, 예술적 의사소통의 진정한 목적이다.[36]

이 정의에 의하면 수사적 일탈은 그것이 동일시할 수 있는 영점(잠재태) 또는 토대를 가지고 있다. 그 의미의 영점은 중립적이고 작용으로부터 자유로운, 아주 형식적이고 기초적인 담론의 전달내용을 의미한다. 예를 들어 '네가 왔구나!', '세상에, 당신이군요?', '아, 너구나!', '너도 다시 오고야 말았군', '안녕, 당신?', '너는 어때?', '뭐? 지금, 너야?' 등등과 같은 표현을 살펴보면, 이들 사이의 공통적인 의미의 영점을 인식할 수 있다. '네가 거기 있구나'라는 것이 위의 다양한 표현들이 공유하는 공통의 잠재태다.

일상적인 언어에서 우리는 이 영점(잠재태) 위에 과잉적인 표현의 변형들을 되풀이한다. "언어는 어떠한 층위에서건 장황하다는 것(redondant), 다시 말해 반복되고 있다는 것을 알 수 있다. 이런 비경제적인 행위의 목적은 언어학적 전언에 전달상의 오류에 관한 면역성을 부여하기 위함이다. 문어에서의 총괄적인 되풀이의 비율이 측정되었는데, 현대 프랑스어에서는 그것이 55퍼센트가량 된다. 이것은, 의미작용 단위들의 55퍼센트가 아무렇게나 삭제되더라도 그 전언은 의미가 통한다는 것을 의미한다."[37] 예를 들어 일상의 한 장면에서 두 사람이 만나

---

36) 뒤부아 외, 『일반수사학』, 69~70쪽.

인사를 나누면서, '오늘 날씨가 좋지요?' '예, 날씨가 참 좋네요.' '어제는 좋지 않았는데……' '계속 좋으려나?' 등등의 말을 교환한다면 그것은 표현의 과잉이며 되풀이이다. 이 대화는 어떠한 정보도 나누지 않으며, 특정한 의미내용을 갖는 것도 아니다. 그럼에도 불구하고 우리는 이렇게 "아무렇게나 삭제되더라도" 전언의 의미 손실을 입지 않는 과잉적인 되풀이를 반복한다. 물론 이러한 과잉적 되풀이가 아무런 기능도 갖지 않는 것은 아니다. 뮈 그룹은 그 기능은 "오류에 관한 면역성"에 있다고 했고, 야콥슨은 이 과잉의 되풀이와 내용 없는 문답의 교환이 두 대화자 사이의 접촉(contact)을 유지시켜 주는 기능을 갖는다고 지적했다. 그리고 뮈 그룹은 수사적 문채의 활용을 과잉적 되풀이의 일종으로 이해한다. 그런데 되풀이되어 시도되는 다양한 표현들이 소통을 방해하지 않으려면, 대화자들은 그 표현 의미의 잠재태를 발견할 수 있어야 한다. 따라서 뮈 그룹에게 소통의 과정은 이 되풀이되는 표현의 다양성 속에서 자동교정을 통해 의미의 영점을 회복하는 것이다.

이와 같은 언어 사용의 일반 구조에 수사적 문채를 대입해 보면, 수사적 문채의 사용은 두 단계로 구성되는 것으로 보인다. "작가가 일탈을 창조하는 것이 수사의 제1단계라면, 독자가 그 일탈을 환원시키는 것이 제2단계"이다. 이 환원이 바로 자동교정이다.[38] 일탈된 의미를 환원하는 것은 청자나 독자의 몫이다. 이 구조에서 수사학은 의미의 일탈과 환원이라는 양방향의 움직임에 근거한다. 청자 또는 독자는 표지(marque)를 통해 일탈을 간파한다.

---

37) 같은 책, 59~60쪽.
38) 같은 책, 60쪽.

또한 수사적 문채를 내포하는 담론은 수정되지 않는 부분인 기본적 부분과 수사적 일탈을 받아들이는 부분을 모두 가지고 있다. 이 둘을 구분하지 못하면, 그 표현은 수사적 문채로 작동하지 못한다. 그런데 여기서 기본적인 부분 즉 일탈을 받아들이지 않는 부분은 연사체의 기능을 발휘하는 부분이다. 그리고 일탈이 일어나는 부분은 불변체의 부분이다. 수사적 문채는 연합체로 기능하는 불변체 내의 대체이다. 이 전반적인 수사학의 구도에 대한 분석과 설명에 따르면, 수사적 문채는 어떤 특별한 '다른' 정보가치를 갖지 않는다. 정보적으로는 동일하다. 수사적 문채가 갖는 기능은 미적 효과에 있다. 뮈 그룹의 일반수사학의 구조에서 수사적 문채의 기능은 에토스라는 정신적 영역에 놓여 있을 뿐이다.

### 어의변환

뮈 그룹의 일반수사학은 기호학의 모든 단위들로 확장된 변환법을 다룬다. 전통 수사학의 대상이었던 전의적 표현들과 수사적 문채들은 어의변환의 영역에 속한다. "어의변환이라는 신조어는 …… 전통적으로 '전의적 비유'(trope)라고 불린 모든 것, 즉 수사법 전체의 중심적인 문채인 은유를 특히 지적하는 포괄적인 용어이다."[39] 그러나 다른 한편 이 영역은 '의미 변경' 일반에 관한 연구이기도 하다. 뮈 그룹은 이 작업이 수사학뿐 아니라, 언어과학 또는 언어철학 전반의 중심 문제라고 본다.

어의변환은 "어떤 어의를 다른 어의로 대체시키는 문채"로 정의된다. "그러나 어의는 항상 어떤 단어를 통해서 나타난다. 그렇기 때문에 우리가 어의변환으로 분류한 문채들은 종종 '어떤 단어를 다른 단어로

---

39) 뒤부아 외, 『일반수사학』, 158쪽.

대체하는 문채'로 정의되었다."[40] 어의변환의 근거는 하나의 기호표현이 두 개의 기호내용을 나타내는 것이다. 어의변환은 결국 한 단어의 내용을 다른 단어의 내용으로 대체하는 것이다. 그러나 그것이 어느 내용이든 다 허용되는 것은 아니다. 이 조작은 규칙을 따르는 조작이다. 뮈 그룹은 이 어의변환이라는 조작의 규칙을 밝히고자 한다. 어의변환은 자의적인 것이 아니라, 일정한 관습에 의해 조건 지어지는 것이다. 그리고 그것은 기호학적인 것이다. 어의변환의 연구는 대체와 연관된 '형식'만을 대상으로 한다. 의미 대체를 가능하게 하는 기호학적인 관습이 뮈 그룹의 유일한 관심 주제이자 연구 대상이다.

수사적 문채에서의 의미 전용은 어떠한 경우에 허용되고, 어떠한 경우에 그렇지 않은가? 수사적 문채의 일탈이 허용되는 '정도'는 어떻게 가늠되는가? 변환에서 모든 일탈이 수용되는 것은 아니다. 어떤 일탈은 수용되고, 또 다른 종류의 일탈은 수용되지 못하는 이유는 무엇인가? 청자나 독자가 그 의미를 환원할 수 있을 때, 그 일탈은 수용된다. 그렇다면 저자와 독자 사이의 일탈과 환원의 한계는 텍스트와 컨텍스트 사이에 있다. 이 구조를 밝히기 위해 뮈 그룹은 '표상의 세계'를 보여 주는 몇 가지 모델을 연구한다.

### 어의변환과 세 가지 표상 모델

뮈 그룹은 어의변환의 형성에 참여하는 세 가지 표상 모델을 언급한다. 첫번째 모델은 "등가의 개체로 된 몇 개의 계층으로 모이고, 이들 계층 역시 그들을 총괄하는 보다 큰 계층으로 집합되거나 또는 그 계층들을

---

40) 같은 책, 159쪽.

세분하는 보다 작은 계층으로 분해되기도 한다".[41] 이 모델을 뮈 그룹은 "계층의 들어가기 구조"라고 부른다. 이것은 간단히 '피라미드 모델'이라고도 부를 수 있다. 생명체의 분류에서 우리는 이 모델의 가장 잘 알려진 예를 발견할 수 있다. 두번째 모델은 "분해수"(分解樹), 즉 '수형도 모델'이다. 이 모델에 따르면, "우주 전체(TOTUS)는, 무한히 계속되는 분석을 통해, 궁극에 가서는 가설적인 여러 요소들(OMNIS)로 분해된다".[42] 이 모델이 적용되는 예로 식물의 분류법을 생각할 수 있다. 이두 모델은 "문화의 사실, 즉 인간정신의 산물"이다. "이 두 가지 모델은 동일한 이성적인 방법에 의해서 얻어지며, 상관적인 두 면을 보여 준다. 계층의 삽입구조의 모델[피라미드 모델]은 유사한 대상의 포괄에 역점을 둔다(유사). 이때 분해수[수형도 모델]는 계속적인 분화를 강조하며, 이 계속적인 분화는 점점 더 구체적으로 대상을 설명할 수 있게 해준다(차이)."[43]

세번째 모델을 "내심적(內心的) 계열"이라고 한다. 이 모델은 각각 개별화 또는 일반화로 특징지어지는 어휘의 의미론적 구조화를 보여준다. 이 모델에는 시간적·논리적·인과적 연속 그리고 강도의 심화 등이 속한다.

봄→여름→가을→겨울→ …… (주기적 시간적 연속)

하나→둘→셋→넷→ …… (비주기적 논리적 연속),

---

41) 뒤부아 외, 『일반수사학』, 169쪽.
42) 같은 책, 170쪽.
43) 같은 책, 171쪽.

구름→비→하천 범람→홍수 …… (인과적 연속)

얼음같이 찬→시원한→미지근한→더운→뜨거운 (강도의 계열)


뮈 그룹에 따르면 내심적 계열 모델을 활용하는 과정에서 의미론적 분해의 두 유형이 발견된다. 나무를 예로 들어 이 '의미론적 분해'를 설명해 보자. "한 그루의 '나무'가 있다고 하자. 우리는 나무를 등위에 있지만 서로 다른 여러 부분으로 분해 가능한 유기체로 이해할 수 있다. 나무=가지'와' 잎'과' 줄기'와' 뿌리……" 가지, 잎, 줄기, 뿌리 각각은 그 자체로는 한 그루의 나무가 될 수는 없다. 이 부분들은 논리적 산물 $\pi$[접속사 '그리고'(~와/과)]의 관계 아래 나란히 놓여 있다. "우리는 이 총체를 '$\pi$방식의 분해'라고 부를 것이다." 다른 하나의 분해 유형을 뮈 그룹은 '$\Sigma$방식의 분해'라고 부른다. 이 분해 유형에서 보면, 한 그루 나무는 여러 종류의 나무들 중 하나이다. 즉 "나무 X=포플러 '또는' 떡갈나무 '또는' 버드나무 '또는' 자작나무……"이다. 나무 X가 포플러이면 떡갈나무가 아니고, 떡갈나무이면 포플러나 버드나무가 아니다. 이 관계는 배타적이다. 이렇듯 "부분들은 배타적 유형의 논리적 $\Sigma$(접속사 '또는') 합의 관계 속에 있다". 동일한 용어는 각각의 조건에 따라 양식 $\pi$ 또는 양식 $\Sigma$를 토대로 분해될 수 있다. "첫번째의 경우 외심적 지시계열이 되고(나무→가지), 두번째의 경우 내심적 의미계열이 된다(나무→자작나무)."[44] 달리 말해 양식 $\pi$에서는 물리적인 계열이 생겨나고, 양식 $\Sigma$에서는 개념적 계열이 생겨난다. 뮈 그룹에 따르면 모든 수사적 문채들, 즉 제유, 은유 그리고 환유 등은 이 두 가지 방식의 계열과 연관된다.

---

44) 같은 책, 172~173쪽.

뮈 그룹은 제유를 가장 근본적인 수사적 문채로 설정한다. 현대의 수사학 사전들에서 "제유에 대해서는 '축소 혹은 확대라는 관계에 따라 두 용어를 서로 대체하는 것'이라고 말해진다(전체에 대해서는 부분, 부분에 대해서는 전체, 속에 대해서는 종, 복수에 대해서는 단수 혹은 그 역)."[45] 따라서 제유는 표현의 개념 내용 내부에서의 대체라고 할 수 있다. 수사적 문채를 표상 모델의 체계 안에서 설명하기 위해서, 그리고 동시에 수사적 문채의 가능성 기준을 확립하기 위해서, 뮈 그룹은 제유를 일반수사학의 첫번째 자리에 배치한다.

### 일반수사학에서의 은유 구성 법칙

뮈 그룹은 제유를 '일반화의 제유'(Synecdoque généralisante, Sg)와 '개별화의 제유'(Synecdoque particularisante, Sp)로 구분한다. 일반화의 제유는 단어를 보다 일반적인 것으로 만들고, 담화에 추상적이고 철학적인 색채를 부여한다. 반면 개별화의 제유는 구체화하는 '사실주의적' 문채이다.[46] 뮈 그룹은 이 두 가지 유형의 제유들을 두 가지 표상의 분해 모델인 양식 $\pi$와 양식 $\Sigma$와 연관 지어 해명하면 수사적 문채의 가능성과 불가능성의 경계가 밝혀질 것이라고 주장한다. 우선 일반화의 제유에서는 양식 $\Sigma$의 의미소 분해가 일어난다. 예를 들어 "인간은 언젠가는 죽을 운명의 존재다"라는 문장은 이러한 제유 유형(Sg$\Sigma$)에 속한다. 그리고 드물게 양식 $\pi$에 의한 의미소 분해도 있다(Sg$\pi$). "남자는 담배를

---

45) 에코, 『기호학과 언어철학』, 144쪽.
46) 야콥슨은 '사실주의'의 문채를 환유라고 말한다. 뮈 그룹은 "이 범주의 문채를 환유와 혼동한 때문"이라고 주장한다(뒤부아 외, 『일반수사학』, 178쪽).

들고 불을 붙였다." 이 문장에서는 '남자'가 '손' 대신 쓰인다. 이와 반대로 개별화의 제유의 예는 양식 $\pi$에서 더 쉽게 발견된다. 예를 들어 '배'를 대신하여 '항해'가 쓰일 때, 그것은 개별화 제유의 양식 $\pi$(Sp$\pi$)에 해당한다. 양식 $\Sigma$의 개별화 제유(Sp$\Sigma$)는, 뮈 그룹에 따르면, 이론적으로는 가능하지만 거의 감지되지 않는다. 예를 들어 '흉기' 대신 '단도'를 쓰는 경우가 여기에 속할 텐데, 이들은 이것은 효과적인 문채가 되지 못한다고 본다. "'흉기'라고 쓰면 충분할 경우에 '단도'라고 쓰면 이것은 문채인가?"[47]

이 가장 일반적인 문채인 제유를 근거로 뮈 그룹은 은유의 성립 과정을 분석한다. 은유의 성립 과정은 세 개의 개념을 가진 두 단계의 제유로 분석된다. 이들은 하나의 가상적인 중간 개념을 세워, 은유를 다음과 같이 형식화한다.

$$D \rightarrow (\,I\,) \rightarrow A$$

여기에서 D는 출발점이고 A는 도착점이다. 한 점에서 다른 점으로의 이동은, 담론에서는 항상 부재하는 중개자 I를 경유하여 이루어지며, 이 이동은 선택된 관점에 따라서 한계적 계층 또는 의미론적 공통 부분이다.[48]

---

47) 같은 책, 179쪽. 드문 예 중 하나가 "바깥은 줄루족의 밤"과 같은 표현이다. 이 경우 '검은'이 '흑인'으로 개별화되고, 다시금 '흑인'이 '줄루족'으로 개별화된 것이다.
48) 같은 책, 185쪽.

뮈 그룹은 은유를 두 개의 제유가 결합해 만들어진 산물이라고 본다. 여기 "D → ( I ) → A"에서 I는 D의 제유이고, A는 I의 제유이다. 이 과정은 또한 대상적 분해 양식 $\pi$와 개념적 분해 양식 $\Sigma$가 함께 작용한다. 뮈 그룹에 따르면 이 구분이 개념적 은유와 지시적 은유라는 은유의 두 가지 유형을 구분할 수 있게 해준다. 개념적 은유는 순전히 의미론적이고, 지시적 은유는 순전히 물리적이다.[49]

예를 들어 "그녀는 자작나무이다"라는 은유는, "자작나무(D) → (유연한, I) → 소녀(A)"로 분석될 수 있는데, "자작나무 → 유연성"은 일반화의 제유이고 "유연성 → 소녀"는 개별화의 제유이다. 이 두 제유의 결합 양식은 개념적 양식인 $\Sigma$이다. 이렇게 (Sg+Sp)$\Sigma$의 도식으로 개념적 은유가 만들어진다. 반면 (Sp+Sg)$\pi$의 도식에 따라 대상적 은유가 만들어질 수 있다.

뮈 그룹의 연구는 모든 수사적 문체들을 하나의 체계에 포괄하는 것을 목적으로 했다. 체계의 단순성, 기호학적 단위들 간의 위계(가장 낮은 음소/문자소로부터 가장 높은 문장/텍스트까지의 위계)의 통일성, 동일한 작업 개념들(일탈, 되풀이, 환원, 자동교정 등)의 활용 등을 통해 '일반수사학'을 정립하고자 했다. 이러한 구조화를 통해 뮈 그룹은 수사적 문체가 어떻게 기호학적으로 체계화될 수 있는지, 왜 어떠한 전용과 대체는 가능하고 또 다른 것들은 불가능한지, 그리고 이러한 수사적 현상들을 어떻게 남김없이 체계적으로 설명할 수 있는지 밝히려고 했다. 뮈 그룹의 일반수사학 이론은 많은 개념 쌍들과 연산기호들을 통해 수사학의 일반적 체계를 수립하였다. 그러나 이 이론은 은유의 핵심적인 특

---

49) 뒤부아 외, 『일반수사학』, 187쪽.

성, 즉 은유는 유사성뿐 아니라 대립을 생산한다는 역동성을 간과한다. 이들은 은유가 포함하는 '긴장'을 설명하지 못할 뿐 아니라, 살아 있는 은유가 만들어 내는 '수수께끼'를 살피지 못한다. 이들에게 은유는 설명 가능한 함수에 대입될 수 있는 하나의 항목처럼 분석된다. 그렇지만 생생하게 살아 있는, 의미론적 긴장을 만들어 내는 은유의 기본적인 특성이 삭제된 설명은 한계적이다. 그것은 은유의 가장 기본적인 특성과 기능을 그들의 이론 안에 담아내지 못한다.

### 3) 기호학적 수사학의 한계

뮈 그룹은 수사적 문채를 사전(辭典)의 구조 안에서 객관적으로 분석할 수 있다고 믿었다. 또한 하나의 수사적 문채가 만들어지고 수용될 수 있는 가능성과 불가능성의 기준을 밝힐 수 있다고 생각했다. 그러나 이들이 수립한 이론적 체계는 은유의 역동적인 일탈을 정적이고 이미 고착된 다의어(polysemy)와 구분할 수 없다. 뮈 그룹에게는 은유가 사전 안에 있는 다의어와 마찬가지로 파악된다. 그러나 은유는 다의어가 아니다. 사전 안에 은유는 없다. 또한 뮈 그룹의 일반수사학은 살아 있는 은유와 죽은 은유를 구별하지 못한다. 살아 있는 은유나 죽은 은유 모두 동일한 수사학적 구조를 가지고 있는 것으로밖에는 분석되지 않는다.

표상체계와 개념의 분해 모델을 통한 수사적 문채를 구분하는 뮈 그룹의 설명 구조는 아리스토텔레스가 제시한 네 가지 유형의 은유 중 몇 가지와는 정확히 부합한다. 그 이유는 아리스토텔레스의 은유 유형 중 첫번째 두 가지가 정확히 '제유'에 해당하기 때문이다. 그리고 아리스토텔레스에게 '은유'는 수사적 문채, 수사적 의미 전용 일반을 의미하므로, 그 중 일부가 후대의 수사학자들의 분류에 의해 '제유'로 분류 된다 해도 그것이 아리스토텔레스의 이론에 결정적인 문제를 야기하지 는 않을 것이다. 아리스토텔레스가 분류한 첫번째 은유 유형인 "유에서 종으로의 전용"은 뮈 그룹에 의해 '일반화 제유의 양식 Σ'(SgΣ)로 정 의될 수 있다. 아리스토텔레스가 사용한 예문, '여기 내 배가 서 있다'에 서 '서 있다'는 '정박'을 포함하는 보다 보편적인 개념이기 때문이다. 두 번째 유형인 "종에서 유로의 전용"은 뮈 그룹의 '개별화 제유의 양식 Σ' (SpΣ)라고 할 수 있다. 아리스토텔레스의 예, '오디세우스는 실로 만 가 지 선행을 행하였다'에서 '만 가지'는 '많음'의 구체화 가능성들 중 하나 이기 때문이다. "종에서 종으로의 전용"으로 설명되는 세번째 유형의 은유는, 뮈 그룹이 분석한 것처럼 두 겹의 제유로 분석할 수 있다. 이 은 유의 구성에는 세 개념이 존재하고 보이지 않는 매개 개념(I)은 각각 출 발·도착 개념과 제유적 관계를 맺을 수 있기 때문이다.

그러나 뮈 그룹의 분석은 네번째 유형의 은유에 대해서는 적합한 설명을 제공하지 못한다. 물론 아리스토텔레스가 제시한 은유의 네 가 지 유형 구별 자체가 균등하지 않다. 앞의 세 유형은 "하나의 은유가 생 성되고 이해되는 '방법'을 설명하는 데 반해 네번째 형태에 대해서 말할 때에는 하나의 은유가 우리로 하여금 알도록 해주는 '대상'을 설명한다. 첫 세 가지 경우들에서 그는 은유적 생성과 해석이 '어떻게 기능하는가' 를 말한다. 네번째 경우에서 아리스토텔레스는 '은유가 무엇을 말하는 가'를 혹은……어떤 방법으로 그것이 사물들 사이의 관계에 대한 우 리의 지식을 확장해 주는가를 말한다".[50] 네번째 유형의 은유는 은유의

---

50) 에코, 『기호학과 언어철학』, 159~160쪽.

'인지적 기능'을 보여 준다. 그리고 뮈 그룹은 바로 이 은유의 인지적 기능에 대해서는 아무런 답도 제공하지 못한다.

　　뮈 그룹은 은유를 '풀이할 수 있는 것'으로 보았다. 관습적인 개념 사용의 표상체계 전반을 재구성하고, 하나의 개념이 다른 개념들과 어떠한 관계 안에서 교환 가능한지를 밝혀내면, 그리고 그것을 도식화할 수 있으면, 은유의 신비는 풀릴 수 있다고 본 것이다. 따라서 이들은 은유의 의미작용을 구조적으로 분석할 수 있다고 보았다. 이러한 기호학적 수사학에 근거해서 보면, 수사적 문채의 활용은 각각 다양한 표현의 시도이며, 이러한 일탈적 시도는 독자 및 청자의 자동교정을 통해 의미의 잠재태로 되돌아옴으로써 풀이될 수 있다. 의미의 증감 없이 수사적 문채의 효과는 에토스의 영역 안에 머물게 된다. 그러나 어떠한 개념의 결합은 수사적으로 허용되고 또 다른 결합은 허용되지 않는지, 그리고 수사적 문채의 사용이 어떻게 설명되고 또 분석될 수 있는지를 남김없이 해명하고자 한 뮈 그룹의 시도는 은유에 대한 핵심적인 질문을 비껴간다. 그것은 다음과 같은 질문들이다. 은유는 단지 수사적 장식에 불과한가? 그것은 문자적인 의미로 말끔히 석의(釋義)될 수 있는가? 은유는 특별한 인지적 기능을 가지고 있는가? 이 물음들은 여전히 대답되지 않은 채 남아 있게 된다.

## · 3장 ·
## 의미론적 상호작용

뮈 그룹의 일반수사학은 언어 구조의 측면에서 은유의 성립 가능성을 설명하지만, 그것의 실행적 작용을 보여 주지는 못했다. 그들에게 은유는 사전적 의미의 망 안에 매어 있는 두 겹의 제유의 결합체이다. 따라서 은유의 생동감, 역동적 작용을 드러내지는 못한다. 물음은 여전히 남는다. 은유는 무슨 작용을 하는가? 은유의 역동성은 어디에서 오는가? 은유는 문자적 의미로 완전히 풀이될 수 있을까? 은유에서 표현 그 이상의 무언가를 인식할 수 있는가? 은유에 어떤 인식적 내용이 담겨 있는가? 은유의 인지적 기능을 인정할 수 있는가? 아니면 은유는 장식적인 문채에 불과한가? 은유를 일정한 도식적 의미 전용의 과정으로 분석함으로써 은유의 성립과 이해 가능성에 대한 설명을 제공하고자 시도한 뮈 그룹의 일반수사학은 은유의 '인지적 기능'을 인정할 수 없었다.

　논리실증주의의 전통에서 출발하는 언어철학과 문학 이론에서도 은유의 인지적 기능을 인정하지 않는다. 논리실증주의의 기본 관점은 언어가 분명하고 애매하지 않게 사용된다면, 실재는 언어라는 수단에 의해 온전히 기술될 수 있다는 것이다. 논리실증주의에 따르면 한 문장의 의미는 그에 상응하는 실재이다. "지금 비가 온다"라는 문장의 의미는 '지금 비가 오는 사태'에 있다. 실제로 지금 비가 오고 있다면, 이 문장은 참이다. 실험 가능한, 입증 또는 반증 가능한 실재를 기술하기 위해서 언어는 '문자적'으로 사용되어야만 한다. 논리실증주의자들에 따르면, 문자적 사용 이외의 언어 사용은 '의미의 경험적 기준'을 망가뜨린다.[1] 논리실증주의는 무의미하고 과장된 단어의 사용이나 형이상학적이고 추상적인 개념을 배제하고, 철학의 언어에서도 과학성을 요구한다. 이러한 요구에 상응하는 인식은 감각 경험에서 기인한 것이다. 경험적으로 입증 가능하고 논리적으로 분석 가능한 것만이 진정한 지식의 대상이 될 수 있다. 따라서 논리실증주의는 논리학과 수학을 과학적 철학의 이상적 방법으로 생각했다. 하나의 진술이 의미 있는 것이 되기 위해서는, 그에 대응하는, 필요 충분한 대상적 의미(reference)가 있어야 한다. 문장의 의미는 그것의 검증 방법에서 생겨난다. 실증주의에 따르면 한 문장의 인지적 의미는 '참 또는 거짓'의 형식적인 진리조건하에서 생성된다.

논리실증주의가 철학 내에서 이미 '지나간' 운동으로 여겨지지만, 언어분석철학의 의미론(semantics)에서 그 영향력이 완전히 사라진 것은 아니다. 논리실증주의는 문학 이론에도 영향을 남긴다. 논리실증주의와 연결된 문학비평 이론에서 문학언어는 과학언어와는 '다른' 언어로 평가된다. 과학언어는 인지적(cognitive)이지만 문학언어는 인지적 기능은 없이 오로지 정서적(emotive) 기능만을 갖는다는 것이다.

---

1) Andrew Ortony, *Metaphor and Thought*, Cambridge: Cambridge University Press, 1979, p.1.

진술은 언어를 상징적으로 사용하는 것이다. 즉 기록, 입증, 조직화 그리고 의미의 소통이다. [언어의] 정서적 사용은 더 단순한 문제다. 그 것은 느낌과 심정을 표현하거나 불러일으키는 언어 사용을 말한다. 그것은 아마도 더 원초적이다. 우리가 '에펠탑은 900피트이다'라고 말할때, 우리는 진술하면서 기록하거나 의미를 소통하기 위해 상징들을 사용한다. 그러나 우리가 '만세!' 또는 '시는 영혼이다' 또는 '인간은 벌레다'라고 말한다면, 우리는 진술을 하는 것이 아니다. 심지어는 틀린 진술조차도 하는 것이 아니다. 우리는 아마도 오로지 어떤 특정한 태도를 일깨우고자 언어를 사용하고 있는 것이다.[2]

논리실증주의는 언어에는 '인지적' 기능과 '정서적' 기능이 있다고 전제한다. 그리고 과학적 지식은 문자적이고 검증 가능한 진술들의 체계로 환원될 수 있다고 주장한다. 반면 문학언어는 인식적 언어가 아니다. 그것은 정보를 담아 앎을 전달하지 않는다. 오로지 정서적 작용만을 갖는다. 그리고 과학적인 언어 사용에서 문학에서와 같은 불투명하고 정서적이며 다의적인 언어 사용은 배제해야 한다. 이 견해에 따르면, 은유는 수사적인 언어로서 정서적 기능만을 갖는다. 그리고 은유가 일견 수수께끼처럼 보인다 해도, 그것은 대상적이며 검증 가능한 문자 그대로의 의미로 풀이될 수 있다.

언어분석철학의 진영에서 논리실증주의적인 문학언어 이론에 대한 반론이 제기되었다. 은유적 진술은 실증주의적 진리 조건의 외부에

---

2) Charles Kay Ogden and Ivor Armstrong Richards, *The Meaning of Meaning*, London: Routledge & Kegan Paul Ltd., 1946, p.146.

있지만, 그렇다고 무의미한 진술로 여겨질 수는 없다는 것이다. 은유 문장은 실재 사태와의 관계에서 논리적·경험적으로는 참이 아닐 수 있지만, 그렇다고 무의미한 것은 아니다. 은유적 표현이 성공적으로 사용되어 독특한 효과를 만들어 냈다면, 그 효과가 수사적인 '장식'만은 아닐 것이다. 그렇다면 은유의 특별한 기능과 역할은 무엇인가? 장식적 효과이상의 어떠한 효과를 야기하는가? 은유의 특별한 기능과 역할이 언어분석철학의 사유 대상이 된다. 언어분석철학 진영에서 철학자들은 은유의 본질과 기능에 대해 서로 다른 견해를 내놓으며 토론하고 논쟁을 벌였다. 가장 첨예한 관점의 차이는, 은유를 언어에 내재된 창조적 힘의 본질적인 표지라고 보는지, 아니면 일탈적이고 기생적인 언어 사용이라고 보는지에 있다. 또한 은유가 그 성립과 구성에 있어서부터 '특수한' 언어 현상인지, 아니면 언어의 '일상적인' 사용의 범주 안에 머무는지에 대해 입장을 달리하기도 한다. 이 토론의 쟁점은 은유의 사용과 기능, 역할에 집중된다.

언어철학자들이 은유 문제를 의미론적 차원에서 접근하게 되면서, 은유는 '단어/명사'의 차원이 아닌 '문장'의 차원에서 벌어지는 현상이 된다. 은유를 만드는 것은 두 단어의 교환과 대체가 아니라, 문장 안에서의 두 개념의 '연결, 결합, 상호작용'이다. 예를 들어 "아킬레우스는 사자다"라는 은유가 단지 두 개념의 동위에 근거한 '대체'라면, 우리는 은유에서 대체된 두 개념을 뒤집어 "사자는 아킬레우스다"라는 은유도 사용할 수 있어야 한다. 그러나 이 두 개념 '사자'와 '아킬레우스'가 모두 '용맹함'이라는 유사한 속성을 공유한다고 해도, "사자는 아킬레우스다"는 은유가 되지 못한다. 그 이유는 무엇인가? 이 불가능성이 은유의 어떤 특성을 드러내고 있는 것은 아닐까?

## 1) 은유 문장: 두 개념의 상호작용

### 은유 문장에서의 의미론적 상호작용

리처드는 오든과 함께 『의미의 의미』를 저술할 때까지만 해도 논리실증주의적인 입장에 머물고 있었다. 그러나 『수사학의 철학』에 이르러 논리실증주의적 의미론의 전제를 근본적으로 비판하기 시작한다. 리처드는 이제 언어의 일의성과 대응주의적 진리론에 거리를 둔다. 그에 따르면 단어는 단일한 실증적 의미를 갖지 않는다. 언어는 다의성에 기반하고 있다. 리처드는 대부분의 단어들은 문맥에 따라 다양한 방식으로 의미가 변환한다고 주장한다. 물론 어떤 단어나 문장은 "절대적으로, 무조건적으로 그들의 의미하는 바를 의미하는 것처럼" 보인다. 그러나 그러한 단어들은 우리가 생각하는 것보다 그 수가 훨씬 적다.[3] 그에 따르면, 하나의 단어가 절대적이고 무조건적인 본래적 의미를 지닌다고 보는 것은 하나의 미신에 불과하다. 리처드는 이러한 믿음을 "고유 의미라는 미신"(proper meaning superstition)이라고 부른다.

> 일반적인 믿음에 따르면, 단어란 발화되는 목적과 그 용법을 지배하는, 또한 이들과는 별개로 독자적인 그 자체의 의미(이상적으로는 단 하나의 의미)를 지니고 있습니다. 이러한 미신은 어떤 단어들의 의미에 있어서 특정한 종류의 안정성에 대한 인식입니다. 어떤 단어의 안정성은 그 의미를 부여하는 문맥의 불변에서 비롯된다는 사실을 (흔히 그러하듯이) 망각하게 될 때만 미신이 됩니다. 한 단어의 의미의 안정성이란

---

3) I. A. 리처드, 『수사학의 철학』, 박우수 옮김, 고려대학교출판부, 2001, 10쪽.

가정되는 것이 아니라 항상 설명되어야만 하는 어떤 것입니다.[4]

리처드는 하나의 단어가 단 하나의 유일하고 참된 의미를 가지고 있다는 믿음을 거부하면서, 그와 같은 믿음을 "단 하나의, 단 하나만의 참된 의미가 있다는 미신"(one and only one true meaning superstition)이라고 부른다.[5] 단어들은 확정적인 의미를 지니고 있는 것이 아니다. 단어의 의미는 문맥 안에서 암시될 뿐이다. 예를 들어 'reason'이란 단어는 '이유'를 의미하는 것만큼이나 '논지'를 의미할 수 있다. 이 이중 의미 중 어떤 것을 선택해야 하는지는 상황 의존적이다. 이것을 리처드는 "의미에 대한 상황 공리"(the context theorem of meaning)라고 명명한다. 단어들은 생각의 이름이 아니다. 단어의 의미는 상황에 의존한다. "의미에 대한 상황 공리"는 이중 의미가 도처에서 광범위하게 발견된다는 사실에서 기인한다. 그럼에도 전통적으로 수사학을 다루는 철학은 이중 의미를 언어의 결함으로 취급했고, 그것을 제한하거나 제거하려고 노력해 왔다. 그러나 리처드의 "수사학의 철학"은 바로 단어의 이중 의미가 귀찮고 까다로운 것이지만 "대부분의 발화"에 있어서 "필요 불가결한 수단"이라는 점을 인정하는 데서 출발한다.[6]

이러한 맥락에서 리처드의 관심은 '문장'으로 넘어간다. 우리는 흔히 단어들이 독자성을 지닌다고 생각한다. 그러나 단어의 의미는 문장의 앞뒤에 있는 다른 단어들에 의존하며 영향을 받는다. 리처드는 과학

---

4) 같은 책, 11쪽.
5) 같은 책, 38쪽.
6) 같은 책, 39쪽.

적인 언어의 일의성은 인정한다. 그는 다음과 같이 말한다. "전문화되고 엄격한 말로 이루어진 고도로 정밀하고 안정된 과학에 관한 엄밀한 설명이 이루어지는 한쪽 극단에서는 대부분의 단어들이 독립적입니다. 그 단어들은 어떤 다른 단어들과 함께 쓰일지라도 똑같은 의미입니다." 그러나 또 다른 극단에 '시'가 있다. 시의 경우에 "단어들의 힘이란 함께 발생하는 다른 단어들의 의미와 분리가 가능한 고정되고 안정적인 의미를 갖지 않는 데 있다".[7] 따라서 "작가가 쓰는 단어들의 의미란 전체적인 발화의 해석상의 가능성들의 상호작용을 통해서만 도달하게 되는 결과물들이다".[8]

### 은유의 내용과 전달수단

특수한 문학언어인 은유도 특정한 상황에서 그 의미를 획득한다. 리처드는 은유가 모든 언어 상황에 편재하는 원리라고 생각한다. 은유가 없이 일상대화는 불가능하다. 뿐만 아니라 과학의 정밀한 언어에서조차 은유를 제거하기는 어렵다. "무엇보다도 철학에 있어서는 우리들과 청중들이 사용하는 은유를 지속적으로 인식하지 않고서는 한 발자국도 안전하게 옮길 수가 없다."[9] 왜 우리는 모든 언어 사용에서 은유를 피할 수 없을까? 은유는 왜 언어 사용 일반의 속성인가? 그것은 언어가 연상과 상호작용과 추상화의 결과물이기 때문이다. 그리고 은유는 그와 같은 작용을 가장 첨예하게 보여 주는 언어 사용의 예이기 때문이다. 은유

---

7) 리처드, 『수사학의 철학』, 46쪽.
8) 같은 책, 52쪽.
9) 같은 책, 86쪽.

는 한 단어의 의미가 다른 단어들과의 상호작용의 결과로 발생한다는 사실을 드러내어 보여 준다. 은유의 특징은 그것이 한 단어에서 하나 이상의 아이디어들을 제시한다는 데 있다.

은유는 한 가지 것에 대해 두 가지 생각을 제시한다. 하나의 은유 표현에는 공존하는 사고들이 담겨 있다. "단어의 의미의 다양한 양상, 즉 생략된 부분들 간의 이들 상호작용의 방식이 엄청나게 다양하다."[10] 전통적으로 은유를 단어들의 교환과 환치로 보고 '대체'로 설명해 왔지만, 리처드는 은유가 "근본적으로는 '사고들' 사이의 교환과 교제, 상황 (컨텍스트) 간의 상호작용"이라고 주장한다.[11]

리처드는 은유가 결합하는 두 개의 표상을 '내용'(tenor)과 '전달수단'(vehicle)이라고 부른다. "'원래의 생각'과 '빌려 온 생각', '실제로 말해지거나 생각된 것'과 '비교되는 것', '아래 놓여 있는 생각'과 '상상된 것', '주된 주제'와 '그것이 닮은 것' 아니면, 더욱 혼란스럽게는 '의미'와 '은유' 혹은 '생각'과 '그 이미지' 같은 표현들"이 은유의 두 측면을 늘 혼란스럽게 제시해 왔다. 리처드는 이들에 비해, '내용'과 '전달수단'이라는 용어가 더 유용하고 분석적으로 사용될 수 있다고 본다.[12] '내용'과 '전달수단'이라는 용어를 통해 은유가 이중적 단위이며, 단어들의 위치 바꾸기가 아니라 맥락들 간의 통합 행위라는 사실이 드러나게 된다는 것이다.

리처드에 따르면, 은유에서 '전달수단'과 '내용'의 상호작용이 새로

---

10) 같은 책, 87쪽.
11) 같은 책, 88쪽.
12) 같은 책, 89쪽.

운 의미를 만들어 낸다. 그 상호작용에 의해 얻어진 의미는 '내용'과는 명백히 다른 어떤 것이다. 따라서 "전달수단이란 다른 식으로는 그로 인해 변화되지 않을 내용에 대한 통상적인 장식에 불과한 것이 아니라, 전달수단과 내용이 협력해서 각각에게 부과할 수 있는 것보다 다양한 힘을 지닌 의미를 가져온다".[13] 은유는 단지 단어들, 개념들의 대체가 아니며, '문장' 단위 안에서 두 표상의 상호작용이 새로운 의미를 만들어 내는 것이다.

리처드는 템스 강을 노래한 존 데넘(John Denham)의 「쿠퍼 언덕」 (Cooper's Hill)에서 다음 시구를 은유를 통한 상호작용의 예로 가져온다.[14]

아 내가 그대처럼 흘러서, 나의 시제와 마찬가지로
그대의 물결을 나의 위대한 모범으로 삼을 수만 있다면!
깊지만 맑고, 조용하지만 우둔하지 않고,
격노하지 않고서도 강건하며, 넘치지 않고서도 충만하구나.

여기서 시인의 마음의 흐름은 '내용'이고, 강은 '전달수단'이라고 할 수 있다. 그러나 이것은 단지 '마음'이 '강'으로, 어떤 속성상의 유사성에 근거하여 대체된 것이 아니다. "'깊은, 맑은, 조용한, 강건한, 충만한'과 같은 단어들이 강의 흐름과 마음에 적용될 때의 의미와 암시를 우리들이 좀더 주의 깊고 세밀하게 관찰하면 할수록, 전달수단과 내용 간

---

13) 리처드, 『수사학의 철학』, 93쪽.
14) 같은 책, 112쪽.

의 유사성이 덜 중요하며 전달수단인 강은 그것에 관해서 말해질 수 없는 무엇인가를 마음에 관해서 말하기 위한 구실처럼 보인다는 점을 알게 된다." 즉, "이 시행들이 마음에 관해서 말하는 것은 강에서 비롯되지 않은 어떤 것"이다. 그렇다고 '강'이 단지 구실이나 장식은 아니다.[15] 중요한 것은 강과 마음을 결합하는 은유를 통해, 두 개념의 '상호작용'을 통해 어떠한 심상이 만들어지는 데 있다.

리처드는 은유의 작용이 상황적이며 해석적임을 강조한다. 리처드는 하나의 단어가 문자적으로 사용되었는지 아니면 은유적으로 사용되었는지 여부는 쉽게 결정될 수 있는 것이 아니며, 일반적으로 결정되는 것도 아니라고 주장한다. 우리는 단지 잠정적으로 그것을 결정할 수 있을 뿐이다. 내용과 전달수단을 쉽게 구분할 수 없을 때 우리는 잠정적으로 그 단어를 문자 그대로의 의미로 취할 수 있으며, 두 개의 협동하는 의미를 구분할 수 있을 때는 비유적으로 받아들이면 된다.[16] 여기서 중요한 것은 단어들의 어원학이 아니라, 우리가 그 각각의 단어에 부여할 수 있는 해석이다. 리처드에 따르면 단어의 본래적 사용이란 없다. 하나의 단어는 문자적인 동시에 은유적일 수 있다. 한 단어가 한 가지 방식으로 작용하면 다른 방식으로 작용할 수 없으며 동시에 다른 의미를 지닐 수 없다고 가정하는 것은 오해이다.[17]

리처드에게 은유는 단지 하나의 문학적인 수사법이 아니라, 언어에 편재하는 원칙이다. 은유는 그것이 왜 그렇게 만들어지고, 어떻게 그

---

15) 같은 책, 114쪽.
16) 같은 책, 111쪽.
17) 같은 책, 110쪽.

것이 작용하는지, 이와 같은 의미작용의 토대가 무엇인지를 설득력 있게 설명할 수 없다 할지라도, 훌륭하게 작용할 수 있다. 리처드는 은유의 토대는 오성의 능력에 있다고 생각한다. 오성이 개념들을 연결하는 기관이고 오직 연결함으로써 작용하며 임의의 두 사물을 무한히 많고 다양한 방식으로 서로 결합할 수 있다는 점에서 그러하다.[18] 은유는 그러한 능력의 소산이다.

　리처드는 은유 안에서 만나는 표상들을 규정하기 위해 '내용-전달수단'이라는 개념 쌍을 제안했다. 그가 주목한 것은 이 두 표상들이 만나 상호작용하는 방식이다. 그러나 이 개념 쌍의 두 용어들이 과연 상호작용을 설명해 내기에 충분한지는 의문으로 남는다. 그것은 이 두 개념이 여전히 그가 극복하고자 했던 '문자적 의미'와 '은유적 의미'라는 구분의 그림자를 드리우고 있기 때문이다. '내용'은 '근원적인 표상'으로, 그리고 '전달수단'은 '표상된, 비교되는 이미지'로 정의되고 있다. 그렇다면 여전히 이 두 개념은 기존 이론의 이분법을 극복하지 못한다. 리처드가 은유를 두 개념들의 상호작용을 통한 의미작용으로 규정했음에도 불구하고, 그가 여전히 이 '상호작용'의 주체를 '두 개념'으로 한정하고 있다는 점도 한계적이다. 리처드는 문장의 '술어적 특징'을 고려하지 못하고, 여전히 문장을 그저 두 개념의 결합으로만 이해하고 있다는 비판을 피할 수 없다. 문장은 그저 두 단어의 결합이 아니다. 문장은 단어들의 결합으로만은 해소되지 않는 '다른' 표상을 낳는다. 그리고 문장의 술어적 특징은 두 개념들 간의 결합관계로 환원될 수 없는 것이다.

---

18) 리처드, 『수사학의 철학』, 116쪽.

## 2) 은유의 인지적 힘

### 은유, 대상을 보는 관점

맥스 블랙은 리처드의 기본적인 생각을 넘겨받는다. 블랙은 은유가 성공적으로 작용하기 위해서는, 독자가 은유가 만들어 주는 의미 확장을 의식할 수 있어야 하고, 낡은 의미와 새로운 의미를 함께 인지할 수 있어야 한다고 주장한다.[19] 리처드와 마찬가지로 블랙은 은유의 비밀은 두 개념, 두 표상의 '결합'에 있다고 생각한다. 두 개념 사이의 상호작용이 좋은 은유를 만들어 낸다.

기본적으로 리처드에 동의하지만, 블랙은 '내용-전달수단'이라는 개념 쌍을 비판한다. 리처드가 '내용'과 '전달수단'이라는 용어를 표상을 설명하기 위해 사용하고 있지만, 그럼에도 불구하고 그것들은 마치 사물을 표시하는 이름처럼 보인다. 리처드가 여전히 문장의 술어적 성격을 담아내지 못하고, 두 개념의 관계로 문장을 환원하는 것처럼 보이는 것도 그 때문이다. 블랙은 은유의 의미가 상호작용의 결과라는 것을 보여 주기 위해, 리처드의 개념 쌍을 폐기하고 새로운 개념을 도입한다.

"의장은 토론을 가르며 쟁기질했다"(The chairman plowed through the discussion). 이 문장은 은유적으로 이해된다. 이 문장에서 최소한 하나의 단어, '쟁기질하다'(plow)라는 동사는 은유적으로 사용되었다. 반면 나머지 단어들은 문자적 의미로 쓰였다. 블랙은 이 문장에서 '쟁기질하다'라는 단어를 은유의 '초점'(focus)이라고 부르고, 나머

---

19) Max Black, *Models and Metaphors: Studies in Language and Philosophy*, Ithaca: Cornell University Press, 1962, p.38.

지 부분들을 이 은유의 '틀'(frame)이라고 부르고자 한다.[20] 블랙에 의하면 은유 문장에서 설명되어야 할 것은 하나의 동일한 단어가 다른 틀에서는 은유를 만들 수 없는 반면에, 어떤 주어진 틀에서는 은유적으로 사용된다는 점이다. 그 이유는 무엇인가? 이와 같은 사용과 작용은 어떻게 가능한가? 블랙에 따르면, 리처드가 주장하는 바처럼 은유는 두 단어(내용과 전달수단) 사이의 상호작용이 아니라, 한 단어(초점)가 문장의 나머지 부분들(틀)과 만나 일어나는 상호작용이다.

그러나 블랙의 개념 쌍도 그것이 비교적 단순하고 일반적인 은유 문장을 설명하는 데 한정된다는 약점이 있다. 말하자면 보다 복잡한 은유에서는 초점과 틀을 구분하기가 어렵다는 것이다. "그 인간은 늑대다", "의장은 토론을 가르며 쟁기질했다"와 같이 단순한 은유 문장들은 블랙의 개념으로 잘 설명될 수 있다. 그러나 복합적이고 시적인 은유들에서 우리는, 어떤 단어를 초점으로 보아야 할지를 찾기가 어렵다. 예를 들어 "지식인은 한 가지 아이디어를 추격하면서 국토를 횡단하여 질주하는 정신에 올라타고 있는 순종의 지성을 가진 남자 또는 여자이다"라는 버지니아 울프의 문장을 생각해 보자.[21] 여기서 초점은 무엇이며, 틀은 무엇인가? 그것은 쉽게 발견되지도 규정되지도 않는다.

## 은유 이론들

블랙은 은유가 어떻게 성립하고 작용하는지를 설명하는 이론들을 대체

---

20) Black, *Models and Metaphors*, pp. 27~28.
21) Donald Davidson, "What Metaphors Mean", ed. Sheldon Sacks, *On Metaphor*, Chicago;
    London: The University of Chicago Press, 1980, p. 38에서 재인용.

이론, 비유이론, 그리고 상호작용이론으로 나눈다. 이러한 이론의 분류는 곧 은유의 형성을 설명하는 방식들의 분류이자, 은유를 보는 관점들의 분류이다. 그는 은유의 상호작용이론이 다른 두 이론, 즉 대체이론과 비유이론이 안고 있는 문제들로부터 자유롭고, 또 은유의 사용과 한계에 대해 다른 이론이 포착하지 못하는 몇 가지 중요한 통찰을 제공한다고 주장한다.

첫번째, 은유의 대체이론은 은유적 표현을 문자적 표현에 대한 대체물(substitute)로 다룬다. 이 이론에서 은유적 표현의 의미는 문자적 의미가 원래 말하고자 했던 그 의미와 동일하다. 이 이론에 따르면 은유적 표현은 문자적 표현과 의미론적으로 동등한 가치를 지닌다. 은유는 문자적 표현을 대체한 표현에 불과하기 때문에, 그것의 의미는 문자적 의미로 남김없이 풀이될 수 있다. 은유는 어떠한 새로운 정보 내용도 가지고 있지 않은 단순한 장식에 불과하다.

두번째, 은유의 비유이론은 은유의 근거를 두 사물 간의 유사성에서 발견한다. 이 이론에 따르면 은유는 '생략된 직유'이다. 직유가 포함하고 있는 '~와 같이', '~처럼'과 같은 설명적 부분을 생략한 것이 은유이다. 블랙은 은유의 비유이론을 대체이론의 특수한 형태로 생각한다. 그 이유는 "은유적 진술은 상응하는 문자적 비유로 대체 가능"하기 때문이다.[22] 대체이론과 비유이론 사이의 관점 차이는 다음과 같다. "아킬레우스는 사자다"라는 은유 진술에서, 대체이론은 이 문장이 "아킬레우스는 용맹하다"와 거의 같은 것을 의미한다고 보며, 비유이론에서는 이 문장이 "아킬레우스는 (용맹함이라는 견지에서) 사자 같다"와 동일한 의

---

22) Black, *Models and Metaphors*, p.35.

미를 갖는다고 본다. 블랙은 은유에서 작동하는 '유사성'이라는 기준이 모호하고 공허한 개념이라는 사실을 지적한다. 그것이 모호하고 공허한 이유는, 그것이 다양한 척도와 불분명한 경계를 허용하기 때문이다. 사실 모는 것은 모든 것과 무수히 많은 관점에서 유사성을 발견할 수 있다는 점에서 유사성의 척도와 경계는 분명하게 그어지지 않는다. 그러나 그뿐 아니라, 유사성의 발견은 객관적 관찰보다는 주관적 평가에 의존한다는 점에서 모호성을 극복하기 어렵다. 따라서 블랙은 은유가 '유사성'에 의해 정의되고 설명될 수 없다고 본다. 오히려 은유가 만들어지고 난 이후에, 두 개념 사이의 유사성이 발견된다고 본다. 유사성은 은유 뒤에 오는 것이다.

대체이론과 비유이론이 은유를 설명하기에 부족한 관점인 것에 반해, 블랙에게는 상호작용이론이야말로 은유의 역동적 측면과 은유의 수수께끼를 설명할 수 있는 유일한 이론이다. 은유를 만드는 은유 문장의 초점은 사전적 의미 안에서 작동하지 않는다. 즉 은유는 사전적 의미의 엄밀성에 근거하는 것이 아니다. 오히려 은유는 '연상되는 상투어 체계'(system of associated commonplaces)를 통해 만들어지고 이해된다. 블랙에 따르면 '연상되는 상투어 체계'는 한 언어공동체의 화자들에게 익숙한 함축적 의미들의 연결망을 말한다. 이 체계는 억견들과 선입견들로 둘러싸여 있다. 따라서 이 상투어 체계는 늘 참일 수는 없으며, 오히려 합당하고 받아들일 만한 실수들과 오류들을 포함한다. 예를 들어 이 상투어의 체계에서 고래는 포유류가 아닌, 물고기로 분류될 수 있다.

은유의 구성과 이해를 위해서 상투어의 체계는 기본적이며, 또한 필수적이다. "사람은 늑대다"와 같은 은유 진술이 한 언어공동체 안에서 사용될 수 있는 것은, 청자나 독자는 그가 늑대의 본성 모두를 알지는 못한다 해도 이 진술을 충분히 이해할 수 있는 전제를 공유하기 때문이다. 청자나 독자가 늑대에 대해 충분한 지식을 가지고 있지 않더라도, '늑대'라는 말에 위험하고 난폭한 성질이 함축되어 있음을 이해한다. 한 언어공동체 내부에서의 이와 같은 선이해를 블랙은 '연상되는 상투어 체계'라고 한다. "특별한 준비 없이, 그가 생각하기에 늑대에 해당한다고 생각하는 모든 것들을 열거하기를 요구받는 비전문가를 상상해 보자. 그때 열거되는 일련의 언술들은 내가 여기서 '늑대'라는 단어와 연관된 상투어의 체계라 부르는 것과 근접할 것이다."[23]

여기서 눈에 띄는 점은, 블랙이 은유의 의미론적 본성을 탐구하고자 시도하면서 결과적으로는 점차 화용론의 영역으로 들어서고 있다는 점이다. '연상되는 상투어 체계'는 의미의 화용론적 규준이다. 블랙의 관점에 따르면 이 체계는 새로운 은유가 발화되어도 변하지 않는다. 블랙은 은유가 언어를 확장시킨다는 사실에 대해서는 특별히 주의를 기울이지 않는 것 같다.

대체이론이나 비유이론의 관점에서 은유는 비록 매력, 생생함, 위트 등을 상실하기는 하지만, 근본적인 인지적 내용은 훼손하지 않은 채 문자적으로 풀이될 수 있다. 이와 반대로 상호작용이론의 관점에서 보면, 은유는 문자적 의미로 풀이될 수 없는 부분을 유지하면서 지속적인 은유적 발화로 남는다. 만일 은유가 문자적 의미로 풀이된다면, 그것은 그 자신의 고유한 인지적 내용을 상실하게 될 것이다. 왜냐하면 은유는 사물을 특정한 관점으로 보게 하는 통찰을 제공하기 때문이다. 그 통찰은 설명될 수 없는, 환원 불가능한 정신적 작업이다.

---

23) Black, *Models and Metaphors*, p.40.

### 3) 비틀기

#### 동사대립이론

민로 비어즐리는 감성을 통해 문학언어를 규정하는 비평이론의 상대주의와 싸우고자 하는 확고한 의도를 가지고, 문학언어와 은유를 설명하고자 했다. 비어즐리는 은유를 설명할 수 있는 네 가지 가능성이 있다고 보았다. 그 첫번째는 그가 즉각적으로 기각하는 '감정이론'이다. 감정이론은 은유적 발화는 검증할 수 없고, 그렇기 때문에 실제적으로는 무의미한 것이라고 주장한다. 그러면서 문학적 표현의 유일한 기능은 감정적인 부분에 있다고 본다. 그러나 이 이론은 왜 은유로부터 특별한 감정적 효과가 발생하는지에 대해서는 묻지도 않고 설명하지도 못한다.

은유를 설명하는 두번째 가능성은 '비유이론'이다. 블랙이 이미 설명한 것처럼, 이 이론에 의하면 은유는 '생략된 직유'이다. 그리고 비유의 근거는 대상들 사이의 유사성이다. 비어즐리는, 이 이론이 은유를 설명할 가능성을 보여 주기는 하지만, 은유에 내재된 긴장의 근거를 밝혀 주지는 못한다고 비판한다. 비유이론은 은유적 수식어를 이해 가능하게 만들지만, 은유의 본성을 설명하는 데에는 어려움을 가지고 있다. 비유이론은 일반적으로 은유 안에 내재하는 긴장을 설명하기 위해 두 가지 가설을 설정한다. 은유의 긴장은 '멀리 떨어진' 비유에서 생겨나거나, '상대적으로 드문' 비유에서 생겨난다는 것이다. 예를 들어, 시간을 '흐름'이나 '어린아이의 놀이'에 비유할 때, 이 은유 안에는 긴장이 있다. 그러나 시간을 '공간'과 비유하면, 거기에는 어떠한 긴장도 발생하지 않는다. '멀리 떨어진' 비유라고 해서 언제나 긴장을 유발하는 것은 아니다. 두 개념이 멀리 떨어져 있다는 사실이 은유에 내재하는 긴장을 근거

지어 주지는 못한다. 비교의 희소성도 긴장을 설명하는 데는 불충분하다. 예를 들어, 케이크의 빛깔을 새롭게 복원된 렘브란트 회화의 색채와 비유한다면, 이 비유가 '상대적으로 드문' 비유라 해도 적절한 긴장감을 만들어 내지는 않는다.

비어즐리는 은유를 분석하면서 '대상'으로부터 출발하는 것과 '언어'로부터 출발하는 것을 구분한다. 그러면서 이것들을 각기 '대상비교이론'과 '동사대립이론'이라고 명명한다. '감정이론'이나 '비유이론'은 '대상' 영역에 머문다. 비어즐리는 비유이론을 비판하면서 대상 영역에서 벗어나 문장 영역으로 넘어간다. 문장 영역에서 은유 분석의 두 가지 가능성이 발견된다. 그 하나가 '아이콘적 의미이론'이고, 다른 하나가 바로 비어즐리의 주장을 담은 '동사대립이론'이다.

아이콘적 의미이론은 은유를 설명할 수 있는 하나의 가능성을 제공한다. 아이콘적 의미이론을 주장한 대표적인 이론가는 폴 헬느이다. 그는 찰스 퍼스(Charles S. Pierce)의 기호이론의 도움을 받아 은유를 설명하고자 한다. 헬느에 따르면 기호에는 상징적 기호와 아이콘적 기호가 있다. "하나의 기호가 자의적 규칙에 따라 표시하는 한, 그리고 그것이 관습적인 기호인 한, 그것은 상징이다. 하나의 기호가 유사성에 의거하여 표시하면 그것은 아이콘이다. 그러므로 통상적인 단어들은 상징이지만, 의성어의 단어들은 아이콘적인 요소를 포함한다."[24] 이러한 구분에 근거하여 헬느는 은유가 아이콘적 요소를 내포한다고 본다. 아이

---

24) Paul Helne, "Die Metapher", ed. Anselm Haverkamp, *Theorie der Metaphor*, Darmstadt: Wissenschaftliche Buchgesellschaft, 1983, p.85 ["Metaphor", *Language, Thought, and Culture*, ed. Paul Helne, Ann Arbot: University of Michigan Press, 1958].

콘은 직접 주어진 것이 아니라 유사성을 통해 이해될 수 있는 것이다. 헬느는 은유 안에서 "질적이며 또한 구조적인 유사성을 내포하는" 아이콘들을 인식한다.[25] 따라서 아이콘적 의미이론은 비유이론의 특수한 경우라 볼 수 있다. 이 이론 역시 유사성에 근거하기 때문이다.

비어즐리는 헬느의 주장에 반대하면서 '동사대립이론'을 제기한다. 아이콘적 의미이론은 은유의 특징을 충분히 설명하지 못한다. 예를 들어 "아킬레우스는 사자다"와 "이 사자는 아킬레우스다" 사이의 차이를, 이 이론은 파악하지도 설명하지도 못한다. 헬느의 이론에서 이 두 사물은 유사성을 가지고 있기 때문에, 둘 중 어떤 것이 주어로, 또는 술어로 기능하는가는 고려되지 않는다. 그러나 이 두 문장은 명백히 다르며, 은유로서의 존립과 기능에 있어서도 완전히 다르다. 비어즐리는 이 두 문장의 차이는 "서로 다른 은유적 수식어(modifier)가 각각의 주어에 무엇을 첨가하는가"에 놓여 있다고 말한다.[26] 각각의 위치에 따라 하나의 단어가 주어 또는 술어로 서로 다른 내포적 의미들 그리고 서로 다른 논리적 연관성들을 갖게 되면서, 그 단어는 은유적으로 또는 문자적으로 기능하게 된다. 또한 아이콘적 의미이론은 은유적 발화 안에 있는 단어들 간의 대립적 관계를 설명하지 못한다. 은유에 내재하는 흥미진진하고 생생한 긴장은 은유 문장 안 단어들 사이의 대립 관계에서 유발된다. 그러므로 은유 이론은 은유에 내포된 이 대립적 긴장의 구조를 명백히 밝힐 수 있어야 한다.

---

25) Helne, "Die Metapher", p.88.
26) Monroe C. Beardsley, "Die metaphorische Verdrehung", ed. Anselm Haverkamp, *Theorie der Metapher*, Darmstadt: Wissenschaftliche Buchgesellschaft, 1983, p.127 ["The Metaphorical Twist", *Philosophy and Phenomenological Research*, Vol.22, No.3, 1962].

비어즐리는 이제 자신의 '동사대립이론'을 제시한다. 그에 따르면, 은유적임을 드러내는 특징은 갈등에서 찾아져야 한다. 동사대립이론은 두 개의 의미 영역들 간의 상호작용을 통해 은유를 설명하고자 한다. 비어즐리는 '일차적 의미'와 '이차적 의미'라는 구분을 도입한다. '일차적 의미'란 문장이 표면적으로 드러내는 의미이며, '이차적 의미'는 문장이 암시하는 것이다. "모든 진술 문장은 문법적 형식에 의한 일차적 의미를 갖는다. 이것은 참 또는 거짓으로 이야기될 수 있는 방식의, 의미 복합체를 제공한다. 간단히 말해 이것은 진술(statement)이다. …… 그러나 직접적으로 화자가 진술하지 않았다 하더라도, 그 문장은 하나의 믿음을 가지고 있다는 사실을 보여 줄 수 있다. 이 믿음은 **진술되지**(stated) 않지만, 용어상의 기술적 의미에서 **암시된다**(suggested). 문장이 암시하는 것을 나는 **이차적 문장 의미**라고 부를 것이다." 이차적 의미는 한 문장에서 중심적이고 근본적인 것은 아니다. 그럼에도 불구하고 각각의 문장은 일차적 표면적 의미 이외에 암시적인 함축 의미를 가질 수 있다. "이것[암시, suggestion]은 일반적으로 일차적 의미보다는 덜 확실하고, 덜 두드러지고, 덜 뚜렷하고, 덜 확실하게 고정된 것이다. 그러나 실천적인 관점에서 보면 덜 중요한 것은 아니다."[27]

### 은유적 의미의 발생 구조

비어즐리는 단어의 의미를 명시(designation)와 함축(connotation)이라고 부른다. 명시는 단어의 표준 의미 또는 중심 의미이고, 함축은 그

---

27) Monroe C. Beardsley, *Aesthetics: Problems in the Philosophy of Criticism*, New York: Hackett Publishing, 1958, p.122~123.

것의 주변이며 그것을 동반하는 의미들이다. "'바다'라는 단어는 짠물의 거대한 덩어리라는 특정한 특질을 **명시한다**. 이것이 (바다의) 일차적 단어 의미이다. 그것은 또한 특정한 다른 특징들, 예를 들어 때로 위험한 것, 기분을 쉽게 바꾸는 것, 끝없이 움직이는 것, 통로, 장벽 등등과 같은 특징들을 **함축한다**. 이것들이 이차적 의미들이다."[28] 비어즐리에 따르면 은유는 본래 중심적 의미 안에서 갈등을 내포한다. 하나의 표현을 은유로 만드는 갈등은 의미의 장(場) 안에 놓여 있다. 비어즐리에 따르면, 은유적 표현의 가능성은 의미의 두 그룹이 갖는 표현 특징의 차이에 의존한다. 첫번째 특징들, 즉 일차적 의미에 속하는 특징들은 최소한 주어진 맥락에서 표현의 올바른 사용을 위한 필수적 조건으로 여겨진다. 두번째 특징들, 즉 이차적 의미에 속하는 특징들은 표현의 주변적 의미에 속하며, 함축적이다.[29] 그리고 은유적 의미들은 표현의 함축적 의미 영역에 속한다.

비어즐리는 함축을 다시 두 그룹으로 나눈다. '중심 함축'들은 "사물들의 소질 속에 감추어져 있으며, 활성화를 기다린다". 반면 '잠재적 함축의 장'이라고 묘사한 다수의 우연적인 특질들이 있다. 이 두 그룹에 따라 은유는 두 유형으로 나뉜다. 예를 들어 '미소 짓는 태양'이나 '구름 뒤에서 엿보는 달'과 같은 은유들은 첫번째 유형에 속한다. 반면 '심술 궂은 태양', '충실한 태양', '변덕스러운 달'과 같은 은유는 두번째 유형에 속한다. 비어즐리는 두번째 유형의 은유들이 첫번째 유형보다 더 복합적이라고 생각한다. 그것은 두번째 유형의 은유들이 대상에 대해 더

---

28) Beardsley, *Aesthetics*, p.125.
29) Beardsley, "Die metaphorische Verdrehung", p.129.

많은 것을 말하고, 잠재적인 함축적 의미들을 더 많이 드러내 주기 때문이다.[30] 그러면서 비어즐리는 다시금 이것들을 단어의 의미 변형 단계들과 연관 짓는다. 아직 낯선 긴장을 많이 가지고 있는 두번째 유형의 은유는 함축적 의미의 장에 새롭고 주변적인 의미를 도입해 준다. 그 후 이 은유가 자주 쓰이고 익숙해지면 (아직 '죽은 은유'가 되는 것은 아니지만) 점차 첫번째 유형의 은유가 되면서, 그 함축적 의미는 중심적인 함축 의미에 포함되게 된다. 비어즐리는 함축은 그것이 중심적인 함축 의미인 한 아직 죽은 은유는 아니라고 생각한다. 그러나 이 은유가 긴장을 완전히 상실하게 되면, 그때는 비로소 '죽은 은유'가 되는 것이다.[31]

비어즐리의 '동사대립이론'은 은유적 표현, 또는 은유적 술어 내부의 갈등 내지는 비틀기(twist)에 주목한다. "은유로서 한 술어가 주어와 연관될 때, 술어는 새로운 의미의 내포를 얻게 되기 때문에, 자신의 정상적인 의미 외연은 상실한다. …… 이와 같은 의미 안에서의 비틀기는 은유 자체 안의 내적 긴장 또는 대립을 통해서 생겨난다."[32] 청자나 독자가 은유를 가능하게 만드는 표현의 함축적 의미들을 밝혀낼 수 있기 때문에, 이 갈등이 해소될 수 없는 것은 아니다. 그렇다면, 청자나 독자가 일정한 유추를 통해서 그 은유적 긴장과 비틀기를 해소하려고 노력하면 할수록, 함축적 의미의 장의 경계는 넓혀질 수 있을 것이다. 함축적 의미의 장은 과연 어디까지 넓혀질 수 있을까? 새로운 은유의 가능성은 어느 만큼까지 지지될 수 있는가? 비어즐리는 이 물음에 답할 수

---

30) Ibid., pp.130~131.
31) Ibid., p.136.
32) Ibid., p.121.

없다. 왜냐하면 그의 설명은 함축적 의미의 분류와 은유 만들기의 단계들을 구분하는 데에 머물기 때문이다. 결국 함축적 의미의 증대를 경계 지을 수 있는가라는 물음은, 언어 내부적으로는 해결될 수 없는 물음이다. 하나의 단어에 내포된 함축적 의미의 확장 가능성은 의미론적으로 근거 지워지기 어렵다. 그것은 세계 경험과의 연관성 속에서만 근거 지워질 수 있다. 즉 하나의 발화 안에 내포된 함축적 의미를 찾아내기 위해서는, 대화의 맥락과 상황이 함께 고려되어야 한다. 그리고 이것은 의미론의 과제를 넘어선다.

비어즐리는 은유 안에 있는 논리적 부조리의 문제를 면밀히 관찰하면서, 은유적 발화의 창조성과 혁신, 그리고 그 변형의 과정을 강조했다. 그러나 이 혁신이 어떻게 가능한지에 대해서는 설명하지 못한다.


### 4) 은유의 의미와 사용

은유는 무엇을 의미하는가?

도널드 데이비드슨은 은유의 상호작용이론에 반대한다. 데이비드슨이 개시하고 블랙과 넬슨 굿맨(Nelson Goodman)이 참여한 논쟁에서, 은유의 의미와 기능에 대한 상이한 입장들이 대립한다. 블랙과 굿맨은 은유의 특수한 기능은 세계에 대한 새로운 관점을 매개하는 작용에 있다고 본다. 그들은 은유는 문자적 의미에 의존하지 않는 고유한 은유적 의미와 은유적 진리가 있다고 생각한다. 반면, 데이비드슨은 은유에 문자적 의미를 넘어선 '특별한' 인지적 내용은 없다고 본다.

「은유는 무엇을 의미하는가」라는 논문에서 데이비드슨은 자신의 근본 논지를 다음과 같이 기술한다. "이 글은 은유가 무엇을 의미하는지를 다룬다. 그리고 이 글의 논지는, 은유는 단어들이 그 가장 문자적인 해석 안에서 의미하는바, 바로 그것을 의미하며 그 이상은 아니라는 것이다."[33] 데이비드슨은 은유에 문자적 뜻(sense), 문자적 의미(meaning)에 덧붙여 그 이상의 뜻, 그 이상의 의미가 있다고 생각하는 상호작용이론의 아이디어를 비판한다. 그는 은유가 문자적 의미로 풀이될 수 없다는 주장에는 동의한다. 그러나 은유가 풀이될 수 없는 이유는 거기에 문자적 의미만으로는 다 풀이되지 않는 특별한 은유적 진리나 인지적 내용이 있기 때문이 아니라, 풀이되어야 할 특별한 의미나 작용이 아무것도 없기 때문이라는 것이다. 은유에 풀이되어야 할 특별한 의미는 없다. 그는 은유가 어떻게 자기 기능을 완수하는가를 설명하는 부분에서 다른 은유 이론가들에 동의하지 않는다. 단어들의 의미를 그것의 사용과 구분하고, 은유의 기능을 의미 영역에서 발견하는 다른 이론가들과 달리, 데이비드슨은 은유의 기능은 사용의 영역에 속한다고 본다.

데이비드슨은 언어가 무엇을 의미하는가와 언어가 무엇을 하는가는 구분되어야 한다고 본다. 그리고 은유는 후자의 영역에 속하는 문제, 즉 화용론의 영역에서 다루어져야 하는 문제이지, 전자 즉 의미론의 영역에서 다루어져야 하는 문제는 아니라고 주장한다. 그가 보기에 은유적 의미나 은유적 진리와 같은 개념들은 은유를 설명하지 못한다. 데이비드슨에 따르면, 은유적 발화에 대한 이해는 문자적 의미에 대한 지식에 의존한다. 은유적 발화는 문자적 의미의 특수한 사용방식을 통해서 기능한다.

---

33) Davidson, "What Metaphors Mean", pp.29~30.

데이비드슨에 따르면, 우리가 언어를 배울 때 우리는 단어의 의미 만을 배우는 게 아니라 그것의 사용방식을 배운다. 단어의 의미를 배우 는 것은 언어에 대해서 무언가를 배우는 것이지만, 단어의 사용에 대해 배우는 것은 세계의 무언가를 경험 안으로 가져오는 것이다. 만일 우리 가 '말하는 요령'(word-trick)을 완벽하게 배웠다면, 우리는 세계에 대 해서 무언가를 배운 것이다. "당신이 토성에서 온 방문자에게 [지구인들 이] '바닥'(floor)이라는 단어를 어떻게 사용하는지 가르쳐 주려고 노력 하면서 그를 접대하고 있다고 해보자. 당신은 이 층(floor)에서 저 층으 로 그를 이끌고 다니면서, 가리키고 발을 구르고 단어를 반복하면서, 익 숙한 술수를 시도해 볼 것이다. 당신은 그의 옳거나 그른 시도들에 보답 하면서, 그가 시험 삼아 촉수로 대상들을 톡톡 치면서 실험할 수 있도록 격려한다. 당신은 단지 그가 이 특별한 대상들 혹은 표면들이 바닥이라 는 것을 알게 하고자 할 뿐 아니라, 그것이 눈에 들어오거나 만져질 때 바닥이라고 말하는 방법도 알려 주고 싶어 한다. 당신이 행하는 이 짧은 희극은 그에게 그가 무엇을 알아야 하는지를 **말해 주지** 않는다. 그러나 운이 좋게도 그가 그걸 배울 수 있도록 돕는다."[34] 이 과정을 우리는 세 계에 대해서 무언가를 배우는 것이라고 말해야 할까, 아니면 언어에 대 해서 무언가를 배우는 것이라고 말해야 할까?

### 의미론에서 언어 사용의 문제로

데이비드슨에 따르면 은유는 언어 '사용'의 문제이다. 은유에 글자 그 대로의 의미를 넘어선 어떠한 특별한 의미는 없다. 어떤 발화는 새로운,

---

34) Davidson, "What Metaphors Mean", p.34.

특별히 작용하는 확장된 의미로 인해 은유가 되는 것이 아니라, 은유로 사용되는 것뿐이다. 데이비드슨에게 은유는 다의성(ambiguity)의 한 유형이다.[35] 은유에는 문자적 의미와 형상적 의미가 공존한다. 그렇다면 은유는 다의성과 마찬가지로 첫번째 의미와 함께 다른 의미들을 포함한다. 살아 있는 은유의 형상적 의미는 죽은 은유의 문자적 의미 안에서 사라지지 않는다. 그러면서 하나의 표현은 여러 가지의 의미를 가지게 된다.

그런가 하면 데이비드슨은 은유를 생략된 직유라고 보는 견해에는 반대한다. 주어진 은유에 상응하는 직유를 발견하기 어렵다는 점을 인정하기 때문이다. 예를 들어, "버니지아 울프는, '지식인은 한 가지 아이디어를 추격하면서 국토를 횡단하여 질주하는 정신에 올라타고 있는 순종의 지성을 가진 남자 또는 여자이다'라고 말했다. 어떤 직유가 상응하는가? 아마도 다음과 같은 것이 가능할 것이다. '지식인은 순종의 말과 같은 지성을 가진 남녀이고, 또 어떤 것을 위해서 국토를 횡단하여 질주하는 기수와 같이 아이디어를 생각하기에 집착하는 남녀이다.'"[36] 이 예에서 볼 수 있는 것처럼, 은유는 직유로 설명될 수 있는 것이 아니

---

35) 데이비드슨이 확언하고 있는 것처럼, 이 주장은 굿맨의 주장과 대립한다. 굿맨은 은유와 다의성을 구분한다. "은유는 순전한 다의성이 아니다. '케이프'(cape)라는 말을 어떤 때는 육지의 한 부분에 적용하기도 하고 또 어떤 때는 옷의 한 종류에 적용하기도 하는 것은 상이하고 또 사실상 상호배타적인 범위에서 사용하는 것이지만 그 어느 경우에도 은유적인 사용은 아니다. 그렇다면 어떻게 은유와 다의성은 다른가? 우선, 내 생각에는 단순히 다의적인 말의 여러 용법들은 동시적이고 독립적이다. 그들 어느 것도 다른 것으로부터 생겨나거나 다른 것에 의해 좌우되지 않는다. 반면 은유에서는 습관에 의해 확보된 외연을 가진 한 말이 그 습관의 영향하에 다른 데에도 적용된다"(넬슨 굿맨, 『예술의 언어들: 기호 이론을 향하여』, 김혜숙·김혜련 옮김, 이화여자대학교출판부, 2002, 84~85쪽). 데이비드슨은 은유에 두 가지 방식의 '사용'이 개입되어 있다고 보는 굿맨의 생각은 오류라고 본다(Davidson, "What Metaphors Mean", p.33).

36) Ibid., p.36.

다. 그러나 물론 은유도 직유와 마찬가지로 두 사물 사이의 유사성에 주의를 기울인다고 데이비드슨은 주장한다. 그것이 은유의 작용이라는 것이다.

데이비드슨은 직유와 은유의 명백한 의미론적 차이는 단지 그것의 진리치에 있다고 본다. 모든 직유는 참이고, 대부분의 은유는 거짓이다. "지구는 평평한 바닥 같다, 아시리아인은 양의 우리를 습격하는 늑대처럼 습격했다. 모든 것은 모든 것과 같기 때문이다. 그러나 이 문장들을 은유로 바꾸면, 우리는 그것들을 거짓으로 바꾸게 된다. 지구는 평평한 바닥과 같지만, 평평한 바닥이 아니다. 성장한 톨스토이는 어린아이 같지만, 어린아이가 아니다. 우리는 일반적으로 [그것에] 상응하는 은유가 거짓이라는 것을 알 때에만, 직유를 사용한다. 우리가 S씨가 돼지가 아니라는 걸 알기 때문에, 우리는 그를 돼지 같다고 말한다. 만일 우리가 은유를 사용해서 그는 돼지다라고 말했다면, 그것은 우리가 사실에 대한 생각을 바꾸었기 때문이 아니라, [사실을] 다른 방식으로 이해하기로 선택했기 때문이다."[37] 만일 하나의 문장이 거짓으로 여겨진다면, 그것은 은유로 인정될 수 있고 감추어진 함의가 찾아질 수 있다. 문장의 불합리성과 모순의 힘으로 인해 의미는 낯설어진다. 그리고 그 문장은 은유로 여겨진다. 데이비드슨은 은유가 거짓이라는 점을 특히 강조하는데, 그것은 그 '거짓임'으로 인해 은유의 특별한 기능과 작용이 문자적 의미 영역 안에서 이해될 수 있기 때문이다.

물론 데이비드슨도 모든 은유 문장이 의미론적 거짓은 아니라는 사실을 인정한다. 예를 들어 "비즈니스는 비즈니스다"라는 문장이나,

---

37) Davidson, "What Metaphors Mean", p.39.

"어느 누구도 섬이 아니다"라는 문장은 글자 그대로의 의미에서 참이지만, 은유적이다. 그렇다면 한 문장의 문자적 의미에서의 진위 여부는 그 문장의 은유적 사용과 적용에 필수 불가결한 조건은 아니다. 오히려 데이비드슨이 주목하는 것은 은유와 거짓말이 동일한 의미론적 구조를 가지고 있다는 점이다. 은유나 거짓말 모두 표현의 내포와 외연이 동일하지 않다. 즉 뜻하는 말과 말해진 말이 서로 다르다. 데이비드슨에게 은유적 발화와 비은유적 발화 사이의 차이를 만드는 것은 사용된 단어의 차이, 혹은 그것의 의미의 차이가 아니라, 바로 그것이 사용되는 방식의 차이이다. 은유의 본질은 언어의 사용방식에 있다는 것이다.

데이비드슨에 의하면, 어떠한 의미이론이나 진리이론도 은유의 기능 방식에 대해 설명할 수 없다. 은유는 일상적으로 명백해 보이는 문장들과 동일한 언어 지평 안에서 움직이고 있다. 따라서 "은유를 구별하는 것은 의미가 아니라 사용이다. 이 안에서 은유는 단언, 암시, 거짓말하기, 약속하기, 또는 비난하기와 같다. 그리고 우리가 은유 안에 언어를 담는 특별한 사용은, 얼마나 간접적인가와 무관하게, 특별한 '어떤 것을 말하는 것'이 아니며, 그런 것일 수도 없다. 은유는 면전에서 보이는 그것만을 **말한다**. 일반적으로 그것은 명백한 거짓이거나 불합리한 참이다. 그리고 이 숨김없는 참 또는 거짓은 풀이될 필요가 없다. 그것은 단어들의 문자적 의미 안에 주어져 있기 때문이다".[38] 따라서 은유에는 문자적 의미에 덧붙여진 다른 하나의 특별한 은유적 내용이 담겨 있다는 생각은 포기되어야 한다. 은유는 의미론의 문제가 아니라 화용론의 문제이다.

---

38) Ibid., p.41.

## 은유는 무엇을 하는가?

블랙은 상호작용이론에 대한 데이비드슨의 비판에 답하여, "은유는 무엇을 하는가?"를 묻는다. 블랙은 은유가 글자 그대로의 의미를 사용하는 발화와 달리 어떤 특별한 기능을 가지고 있다는 점을 밝히려고 한다. 그것을 위해 먼저 블랙은 데이비드슨의 주장을 다음의 세 가지 주제로 요약한다.

> (A) 은유 문장을 만드는 사람은 그가 사용한 문장을 문자적으로 받아들일 때 의미하는 것 이상의 무언가를 말하는 것은 아니다.
> (B) 은유 문장을 만들 때 사용된 문장은 문맥상 그것의 문자적 의미 이상의 어떠한 것도 가지고 있지 않다.
> (C) 은유를 만드는 사람은 둘 또는 그 이상의 사물들 간의 유사성에 주의를 기울인다.[39]

첫번째 주장을 통해 데이비드슨은 문자적 의미 외에 은유 문장의 특별한 인식적 내용이 있다는 사실을 부정했다. 즉 은유 문장의 의미는 문자적 의미의 그것과 같으며, 그 이상의 어떠한 인지적 내용도 없다는 것이다. 이에 대해 블랙은, 그렇다면 은유를 만드는 사람은 도대체 무엇을 하고 있는 것인가라고 묻는다. 데이비드슨에 의하면, "은유는 면전에서 보이는 그것만을 **말한다**. 일반적으로 그것은 명백한 거짓이거나 불합리한 진실이다".[40] 이에 대해 블랙은, 은유적 발화가 문자적으로 확정

---

39) Max Black, "How Metaphors Work: A Reply to Donald Davidson", ed. Sheldon Sacks, *On Metaphor*, Chicago; London: The University of Chicago Press, 1980, pp.185~186.

하는 것이 언제나 명백한 거짓이거나 불합리한 참이라면, 은유를 만들어 내는 사람은 아무것도 말하지 않는 것이거나, 아니면 단지 거짓말이나 불합리한 말을 하는 것이 된다는 점을 지적한다.

블랙은 데이비드슨이 비유이론의 관점으로 돌아가고 있다고 본다. 데이비드슨은 단어의 의미를 그것의 사용과 구분하면서, 은유를 사용의 영역에 속하는 문제라고 본다. 그러면서 그는 은유의 작용은 두 사물 사이의 유사성에 주의를 기울이는 것이라고 말한다. 직유가 참이라는 사실을 말하면서 데이비드슨이 도입한 "모든 것은 모든 것과 같다"는 주장을 어떻게 이해해야 할까? 정말 그렇다면, 모든 사물들은 유사성을 통해 통합될 수 있을 것이다. 그리고 은유는 무한히 확장될 수 있다.

데이비드슨은 문자적 의미로부터 그것의 은유적 사용을 설명하고자 하는 반면, 블랙은 문장의 사용은 문자적 의미의 차원에만 머물러서는 파악하기 어렵다는 점을 강조한다. 블랙은 "참 재미있군!"이라는 문장을 예로 든다. 이 문장은 반어적으로, 비꼬는 의미로 사용된 것일 수 있다. 그런데 이 문장이 반어적 의미로 사용되었는지 여부는 문자적 의미로는 결정할 수 없다.

블랙은 데이비드슨의 비판에 직면하여 은유의 상호작용이론의 설명이 충분히 명확하지 못하다는 사실을 솔직하게 인정한다. "은유에서 하나의 사물은 다른 사물로 여겨진다(또는 보여진다)"라고 말하는 것이 도대체 무슨 의미인가? "신을 사랑으로 생각하고, 한 걸음 더 나아가 이 둘을 동일시하는 것은 단연코 특정 관점에서 비슷한 것들을 비교하는 것 이상의 무언가를 하는 것이다. 그러나 '그 이상의 무언가'라는 것은,

---

40) Davidson, "What Metaphors Mean", p.41.

애가 타도록 도달하기 어려운 것으로 남겨진다. 우리에게는 은유적 사유에 상응하는 설명이 부족하다."⁴¹⁾ 은유는 두 개의 서로 다른 사물들을 단순히 동일시하는 것 이상의 어떤 것을 내포한다. 블랙은 은유가 지닌 문자적 의미 '그 이상의 어떤 것'(something more)은 명확히 설명할 수 없더라도 결코 포기할 수 없는, 포기해서는 안 되는 것이라고 생각한다.

　　은유는 무엇을 의미하는가? 은유는 어떻게 작용하는가? 이 물음들은 의미론적 관점에서 제기된다. 의미에 대한 상이한 관점에서 이 물음에 대해 각기 다른 답이 제출된다. 데이비드슨은 '의미' 개념을 좁은 의미로 사용한다. 그에 따르면 한 단어의 의미는 명확히 정의되어야만 한다. 그러나 블랙에 따르면 '의미' 개념은 기술될 수 없고 정의될 수 없는 이해의 영역을 포함한다. 블랙과 데이비드슨의 은유 이론 사이의 차이는, 그들이 '의미' 개념을 어떻게 사용하는가, 그리고 의미론적 목적과 범위를 어떻게 규정하는가에 따른 차이이다. 리처드 로티에 따르면, 데이비드슨은 '의미'와 같은 의미론적 개념을 언어의 문자적 사용의 한계 안에서, 즉 '밝혀진 영역' 안에서 사용하고자 했다. "데이비드슨은······ '의미'라 불리는 어떤 것도 그 본성상 신비한 것은 없다고 생각한다. 그리고 언어철학은 이와 같은 신비한 것의 본성에 대한 이론을 더 이상 제공할 필요가 없다고 생각한다."⁴²⁾ 그렇기 때문에 데이비드슨에게 은유는 사용의 영역(the domain of use)에 한정된다. 이 점에서 데이비드슨의 생각은, 은유의 효과를 논리적인 것이 아니라 심리적인 것이

---

41) Black, "How Metaphors Work", p.192.
42) Richard Rorty, "Unfamiliar Noises: Hesse and Davidson on Metaphor", *Proceedings of the Aristotelian Society, Supplementary Volumes*, Vol.61, 1987, p.288.

라고 보는 논리실증주의의 생각과 일치한다.[43] 이에 반해 블랙은 은유에서 공유될 수 있는 특별한 인지적 내용이 있다고 본다. 그리고 이 인지적 내용의 공유는 심리적인 작용이 아니라, 논리적이고 이성적인 작용을 통해서 가능한 것이라고 본다.

## 5) 세계를 만드는 방식

### 은유의 인지적 작용

굿맨은 「달빛으로서의 은유」[44]에서, 은유에는 어떠한 특별한 정신적 내용도 없다는 데이비드슨의 주장을 반박한다. 데이비드슨은 은유에는 아무것도 풀이될 것이 없다고 주장했다. 은유는 문자적 의미와 다른 어떤 것을 말하는 것이 아니기 때문이다. 이에 반해 굿맨은 은유적인 말과 문자적인 말은 각기 다른 영향을 행사한다고 주장한다. 은유적 발화는 정확히 문자적으로 풀이될 수 없어도, 때로 은유적 표현이 문자적 표현보다 더 쉽게 이해된다. "한 사람이 은유적으로 돈키호테인지 돈 후안인지를 결정하는 일은 아마도 그가 문자적으로 정신분열증인지 편집증인지를 결정하는 것보다 훨씬 쉬울 것이다."[45] 문자적 의미의 명료성보다 은유적 표현이 어떤 사태를 더 쉽고 용이하게 이해할 수 있도록 만들어주는 이 작용을 데이비드슨의 주장을 근거로 해서는 설명할 수 없다.

---

43) Ibid., p.291.

44) Nelson Goodman, "Metaphor as Moonlighting", ed. Sheldon Sacks, *On Metaphor*, Chicago; London: The University of Chicago Press, 1980. 여기서 'moonlighting'은 달빛을 의미하면서 동시에 '밤의 아르바이트, 이중 겸업, 야습(夜襲)'을 의미한다.

45) Ibid., p.177.

데이비드슨은 문자적 의미와 은유적 의미가 다르지 않고 은유의 작용은 오로지 사용의 영역에 속한다고 주장했다. 그러면서 은유적 '사용'의 가능 근거로 은유가 다의성을 함축한다는 주장을 내놓는다. 굿맨은 이 주장에 내해 은유의 작용력은 '새로움'에 있다는 사실을 강조하여 반박한다. 은유가 단지 다의성이 아닌 이유는, 은유가 새로운 의미를 만들어 내기 때문이라는 것이다. 은유의 설명 가능한 문자적 의미는 오히려 은유의 새로움을 약화시킨다.

굿맨의 관점에서 보자면 "은유는 말 혹은 말의 도식을 글자 그대로의 문자적 적용에서 철회하는 것, 그리고 동일한 현실이든 다른 현실이든 간에 새롭게 분류할 수 있도록 새로운 방식으로 적용하는 것과 연관된다".[46] 따라서 굿맨은 은유적 읽기와 문자적 읽기는 각기 다르며, 은유적 읽기는 문자적 읽기와는 전혀 '다른' 시각을 요구한다는 점을 강조한다. 그에 따르면, 은유적 진리는 문자적 의미로부터 독립적이다.

은유가 특별한 인지적 내용을 가지고 있다면, 그것은 세계를 보는 '다른' 시각을 제공한다는 점에 있다. 블랙과 굿맨은 모두 이러한 주장을 지지한다. 블랙은 문학에서의 은유를 과학에서의 모델과 비교하면서 은유의 특별한 인지적 내용을 설명하고자 했고, 굿맨은 상징체계 분석을 통해 은유가 세계를 만드는 방식이라는 점을 보여 주고자 했다.

"그 남자는 늑대다"라는 은유를 보자. 이 은유 문장에서는 '그 남자'와 '늑대'라는 두 개념은 연결되었을 뿐 아니라 동일시된다. 우리는 그 남자를 늑대로 명명함으로써, '늑대'라는 개념의 함의체계를 활성화한다. '늑대'체계를 통해 '그 남자'는 새롭게 평가된다. 이와 같은 작용을

---

46) Goodman, "Metaphor as Moonlighting", p.178.

블랙은 필터 효과 또는 영사막 효과라고 부른다. 이러한 효과를 통해서 은유는 특정한 세부 사항들은 배제하고 다른 세부 사항들은 강조하면서, 그 남자에 대한 우리의 영상을 변형한다.[47] 그러면서 은유는 어떤 통찰력을 준다. 주어인 '그 남자'는 다른 관점에서 관찰된다.

블랙은 은유의 인지적 작용 효과는 과학에서 모델이 하는 작용과 같다고 생각한다. 과학에서 모델은 증명의 논리에 속하는 것이 아니라 발견의 논리에 속한다. 모델을 통해서 대상들을 일정한 형태로 보게 된다. 은유도 하나의 개념을 새로운 체계에서 보게 한다는 점에서, 모델이 제공하는 것과 유사한 인식 과정을 포함한다. 블랙에 따르면 은유는 새로운 연관성을 보는 것을 가능하게 해준다. 은유에서의 인지적 내용은 통찰에서, 필터 또는 렌즈와 같은 효과를 준다. 모델과 은유를 비교하면서 블랙은 은유가 단순히 하나의 수사적 문채나 의미론적 특수현상이 아닌, 사유 과정의 일반적인 양식이라고 주장한다.

## 은유, 세계를 만드는 방식

블랙이 은유의 인지적 내용을 과학 이론과의 비교를 통해 설명하고자 했다면, 굿맨은 은유성을 일반적인 상징 이론과 연관 지어 밝히고자 했다. 굿맨에게 은유는 다른 상징체계들처럼 세계를 생산하는 하나의 방식이다. 『세계를 만드는 방식』에서 드러난 상징체계 일반에 대한 굿맨의 논지를 정리하면 다음과 같다.

① 진리는 상징체계 의존적이다.

② 체계들은 그 체계의 특정한 규준에 의거하여 '옳은 것'이라고 증

---

47) Black, *Models and Metaphors*, p.39.

명될 수 있으면, '참된 것'으로 받아들인다.

③ 사실 그리고 사실들의 연관으로 관찰되는 세계는 상징들을 통해서 보이는 바의 것이다. "사실들은 이론 의존적이다. …… 사실들은 작은 이론들이다. 그리고 참된 이론들은 큰 사실들이다."[48]

굿맨에 따르면 진리는 세계 그 자체와 일치하는 것이 아니다. 즉 벌거벗은 실재성이란 있을 수 없다. 실재성은 관점 의존적이다. 따라서 "만일 세계들이 발견된 것인 만큼 만들어진 것이라면, 인식은 기술된 것인 만큼 새롭게 창조된 것일 것이다."[49] 그리고 상징은 세계 연관성의 이해방식이다. 진리는 상징체계 의존적이다. 그리고 굿맨에 따르면 진리는 옳음의 정도이다. 전적인 참/거짓이 아니라, 체계 의존적인 옳음의 정도라는 것이다. 서로 경쟁하고 때론 서로 모순되지만 옳은 체계'들'이 있을 수 있다. 굿맨이 말하는 옳음의 정도를 가늠하는 기준은 '허용 가능성, 유용성, 일관성, 믿음직함, 연역적 타당성, 귀납적 타당성' 등이다.

굿맨에 따르면 세계는 상징체계를 통해 구성된다. 우리는 단 하나의 실제 세계를 표상할 수는 없다. 왜냐하면 많은 옳은 체계들이 다양한 방식으로 구성할 수 있는 많은 다양한 실제 세계들이 있기 때문이다. 그러나 "우리는 하나의 유일한 현실세계에 대한 많은 가능한 대안적 세계들을 말하는 것은 아니다. 오히려 현실세계들의 다양성에 대해 말하는 것이다."[50] 하나의 체계가 크거나 작은 것과 무관하게 사실들은 체계 없이는 현존하지 않는다. 관점들 너머에 세계는 없다. 상징체계에서 세계

---

48) Nelson Goodman, *Weisen der Welterzeugung*, trans. Max Looser, F/M: Suhrkamp, 1984, pp.120~121 [*Ways of worldmaking*, Indianapolis: Hackett, 1978].

49) *Ibid.*, p.37.

50) *Ibid.*, p.14.

를 만들어 내는 방식들은 구성, 분해, 강조, 정돈, 삭제, 보충, 그리고 변형이다. 굿맨에 의하면, 하나의 새로운 세계는 무(無)에서 생겨나는 것이 아니라, 다른 세계들로부터 만들어진다. "우리에게 알려진 세계 만들기는 순전히 이미 현전하는 세계들로부터 나온다. 생산은 변형이다."[51]

나무들과 바닷가의 절벽을 흐릿한 회색 톤으로 그린, 깊은 슬픔을 표현한 그림을 상상해 보자. "이 그림은 문자 그대로는 회색이지만, 은유적으로는 슬프다"라고 말할 수 있을 것이다.[52] 서술 가능한 특징으로 회색이라는 색채를 갖기 때문에 이 그림은 문자 그대로는 회색이다. 다른 한편 슬픔은 일반적으로 그림이 아닌 인격에 해당하는 감정이기 때문에, 그림이 슬플 수는 없다. 그러나 이 그림은 은유적으로, 슬프다. "이 그림은 회색이다"라는 문장은 문자 그대로 참이다. 그러나 동시에 이 그림이 슬프다고 은유적으로 말한다면, 이 또한 은유적으로 참이다. 굿맨은 "세계들은 단지 문자 그대로 말해진 것에서 생산될 뿐 아니라, 또한 은유적으로 말해진 것에서도 만들어진다"고 말한다.[53] 굿맨에게 은유는 단순히 수사적인 장식이나 문채가 아니라, 세계를 만드는 하나의 방식이다. 굿맨에게 픽션은 무(無)이거나 투명한 가능 세계가 아니라, "은유적이라 할지라도 실제 세계들"에 속하는 것이다.[54]

굿맨에게 은유는 세계를 만들어 내는 하나의 방식이며 진리를 보는 하나의 관점이다. 그에게 경험과 인식은 무매개적으로 주어지는 것이 아니다. 처음부터 세계는 인지의 체계를 통해 조건 지워져 있다. "우

51) *Ibid.*, p.19.
52) 굿맨, 『예술의 언어들』, 66쪽.
53) Goodman, *Weisen der Welterzeugung*, p.32.
54) *Ibid.*, p.129.

리는 세계 없이 단어들을 가질 수 없을 뿐 아니라, 단어들 또는 다른 상징들 없이 세계를 가질 수 없다."[55] 따라서 굿맨에게 은유의 인지적 내용은 바로 세계를 새롭게 만드는 관점이다.

---

55) Goodman, *Weisen der Welterzeugung*, p.19.

2부

경쟁하는 문채들

은유는 탁월한 수사적 문채이다. 아리스토텔레스는 은유를 모든 문채의 종개념으로 사용했다. 아리스토텔레스가 분류한 은유의 제 유형은 이후 수사학자들에 의해 제유 혹은 환유로 구분된 '다른' 문채들을 포함한다. 은유를 발견히는 것이 사물들 간의 비유 가능성 자체를 발견하는 것이라면, 은유를 만드는 능력은 모든 수사적 문채의 성립 가능성의 조건이 된다.

그러나 은유는 다른 문채들과 경쟁한다. 은유가 서로 '멀리 떨어져 있는' 개념들 사이의 연관성을 발견하고 창출하는 작용이라면, 환유는 '인접한' 개념 혹은 사물과의 연관 안에서 대체하는 문채이다. 환유는 은유와는 전혀 다른 문채 구성의 메커니즘을 가지고 있다. 그러나 은유와 환유는 단지 문채 구성 방식의 대립적 성격에 머물지 않는다. 연사체와 연립체, 인접성과 유사성, 지시적 관계와 연상적 관계, 나열과 종합, 결합과 선택 등에 기반한 환유적인 것과 은유적인 것의 메커니즘은 모든 상징체계에 내재하는 기본적인 조작 방식의 두 축을 보여 주는 것으로 호출된다.

환유가 상징체계의 기본적인 조작 방식으로 은유와 경쟁하고 있다면, 알레고리는 해석 원리의 차원에서 은유와 경쟁한다. 알레고리는 복합적 은유로 정의되기도 한다. 그러나 은유가 두 관념의 '종합'으로 해석되는 반면, 알레고리는 두 개 이상의 병행하는 의미를 내포한 비유로 해석된다. 즉 은유가 서로 떨어진 개념, 해석, 관념의 종합을 전제한다면, 알레고리는 서로 떨어진 개념의 병존, 병행을 유지한다. 알레고리는 병행하는, 서로 만나지 않는 해석들의 공존을 열어 둔다. 그리고 알레고리가 함축하는 각각의 해석은 다른 해석들을 극복하지 못한다. 하나의 옳은 해석이 아니라, 가능한 많은 해석들이 열려 있다.

환유나 알레고리를 은유와 대립시키려는 시도는, 은유의 감추어진 힘과 특성을 가시화한다. 환유와 알레고리는 대체로 '열린' 연쇄를 허용한다. 반면 은유는 '닫힌' 체계를 구성하는 듯이 보인다. 그러나 사실 환유와 은유의 관계에 대한 논의나, 은유와 알레고리의 대비는 각기 다른 지평에서 움직인다. 이 논의들은 수사학에 한정되지 않으며, 문학언어 이론의 장을 뛰어넘는다. 은유가 그러한 것처럼, 이 논의의 지평 위에서 환유나 알레고리는 텍스트이론이나 상징체계이론, 해석이론의 영역에서만 검토될 수 있다.

경쟁하는 다른 문체들과 달리 은유를 구축해 주는 작용력은 흔히 '유사성'으로 지목된다. 은유가 유사성의 '발견'인지, 아니면 유사성의 '발명'인지에 대한 논란이 있다. 즉 은유가 이미 사물들 내지는 관념들 사이에 내재하는 유사성을 '보는 것'인지, 아니면 은유 이후에 사물들 사이의 유사성이 '(새롭게) 만들어지는 것'인지 결정하기는 어렵다. 그러나 '유사성'을 은유의 가능근거 내지는 은유의 작용력으로 보는 관점은 대체로 동의되어 왔다. 그렇다면 '유사성'이란 무엇인지, '유사성'으로 은유를 설명하는 관점이 과연 은유의 작용과 기능과 특성에 대해서 무엇을 말해 주는지, 은유에 대한 철학적 성찰은 이 물음을 피할 수 없다.

# 1장

# 은유와 환유

『궁극의 리스트』에서 에코는 '포함된 모든 것'의 시학과 '기타 등등'의 시학이라는 두 개의 미학적 모델을 제시한다.[1] 이 두 모델을 설명하기 위해 에코는 호메로스의 『일리아스』에 포함되어 있는 목록의 두 가지 제시방식을 예로 든다. '포함된 모든 것'의 시학은 '아킬레우스의 방패'라는 모델에서 발견된다. 그것은 "조화로운 완성과 종결이라는 기준"에 부합한다. 그 안에는 우주와 세계의 모든 시공간이 묘사되어 있다. 아킬레우스가 전장으로 돌아가기로 결심한 후, 그의 어머니 테티스 여신은 헤파이스토스에게 아들을 위해 새로운 무기를 만들어 달라고 요청한다. 호메로스는 헤파이스토스가 만든 방패를 묘사하기 위해 『일리아스』 18권의 일부를 할애한다. "불카누스라고도 불리는 헤파이스토스는 이 거대한 방패를 다섯 구역으로 나누어, 여기에 대지와 바다와 하늘, 태양과 달, 별, 플레이아데스와 오리온, 큰곰자리를 만들어 넣었다. 그는 또 방패에 인간들이 사는 두 도시를 넣었다."[2] 방패에는 두 도시의 모든 인

---

1) 움베르토 에코, 『궁극의 리스트: 문학과 예술 속의 목록사』, 오숙은 옮김, 열린책들, 2010.

물들, 크고 작은 사건들이 새겨졌다. 잘 갈아 놓은 곡식밭과 포도밭, 소와 소몰이꾼, 양치기와 양떼, 처녀 총각들, 강과 바다, "이 방패에는 너무나 많은 장면이 담겨 있기 때문에 극도로 미세한 금세공 기술을 고려하지 않고서는 이 풍부한 세부 모습을 모두 담고 있는 방패를 상상한다는 건 쉽지 않다".[3] 그뿐 아니라 이 방패에는 시간의 흐름, 사건의 연쇄가 함께 담긴다. 유한한 테두리 안에 무한한 요소들, 시공간과 사건들이 담긴다. 에코는 이 아킬레우스의 방패를 예술하는 방법의 한 유형으로 본다. "그 방법을 통해서 예술은 하나의 질서, 위계, 묘사된 대상들의 형상과 배경의 관계를 설정하는 조화로운 재현 작품을 구성해 나간다."[4]

에코가 제시하는 다른 하나의 모델인 '기타 등등'의 시학은 닫혀 있지 않은 "경계를 알지 못하는" 무수히 많은 것들의 나열이다. 호메로스는 『일리아스』 2권에서 "그리스 군대가 어마어마하게 많다는 느낌, 겁에 질린 트로이아인들이 보는 그대로, 해안을 따라 넓게 진을 치고 있는 병사들의 거대한 무리에 대한 느낌을 묘사"하고자 함선의 지휘자들과 함선의 이름을 나열한다.[5] 이 나열된 목록은 완결되지 않은, 앞으로 열려 있는 무한한 수를 '기타 등등'으로 묘사한다. 이 시에서 이 목록은 350행을 차지한다. 그러나 아마도 이 목록은 계속될 것이다. 무한히 많은 것, 셀 수 없이 많은 것을 제시하기 위해, 이 '기타 등등'의 시학은 계속해서 하나하나의 이름을 나열한다. 열린 나열은 끝이 없다. 목록의 나열 자체가 무한한 연쇄를 상징한다.

---

2) 같은 책, 9쪽.
3) 같은 책, 10쪽.
4) 같은 책, 12쪽.
5) 같은 책, 17쪽.

에코의 이 두 가지 미학적 모델은 아리스토텔레스가 말한 이야기의 두 가지 형식과 만난다. 아리스토텔레스는 시작과 중간과 종말을 가진 하나의 '조화로운 완성과 종결'의 서사 구조를 더 높은, 더 훌륭한 플롯의 구조로 본다. 이와 반대로 "여러 가지 삽화들이 상호 간에 개연적 또는 필연적 인과관계도 없이 잇달아 일어날 때 이를 삽화적 플롯이라고 부른다".[6] 하나의 완결된 플롯 구조 안에 하나의 세계가 담긴다. 그 안에 인물, 반전과 전략, 발견, 행동의 전체가 담겨야 한다. 반면 병렬적인 삽화적 나열의 이야기 구조는 아리스토텔레스의 시학에서는 피해야 할 방식으로 분류된다. 삽화의 나열은 사실적인 묘사와 흥미로운 리듬을 제공할 수 있다. 그러나 그것은 완결된 하나의 종말로 맺어지지 않는 한, 계속 열려 있는 끝이 없는 이야기가 될 것이다.

에코가 제시하는 이 두 가지 시학의 모델은 수사학적 문채의 두 가지 모델과 연관 지어 볼 수 있다. 하나의 질서, 완결적인 세계 안에 가능한 모든 것들을 담는, '포함된 모든 것'의 모델은 은유적이다. 두 개의 서로 다른 요소들을 결합하여 하나의 관점을 만들어 내는 것이 은유적 작용이라면, 하나의 완결적 구조 안에 세계를 구성하는 방식은 은유적이다. 반면 '기타 등등'으로 나열되는 또 하나의 시학 모델은 환유[7]를 연상시킨다. 환유를 인접성에 근거한 전체와 부분의 전의적 관계로 이해한다면, 환유는 하나의 통일성보다는 나열적 구조를 갖기 때문이다.

---

6) 아리스토텔레스, 『시학』, 63쪽.
7) 뒤 그룹은 제유를 가장 기본적인 문채로 가져온다. 그러나 제유와 환유의 구분은 쉽지 않다. 뒤 그룹과 달리, 이제 다루게 될 야콥슨이나 조지 레이코프(George Lakoff)와 마크 존슨(Mark Johnson)은 제유를 일종의 환유로 본다. 이들에게는 환유가 제유보다 더 기본적이며, 은유와의 대비관계에서 더 두드러진 문채이다.

환유는 은유와 경쟁하는 가장 대표적인 문체이다. 은유는 유사성에 근거한, 연합체 계열의 문체로 분류된다. 은유 문장 'A(아킬레우스)는 B(사자)이다'에서 A와 B의 유사성(용맹함)을 근거로 B의 자리에 들어갈 수 있는 수많은 '부재하는 개념'의 계열이 기억 속에, 연상 안에 잠재적으로 공존한다. 가장 뛰어난 수사적 문체로 일컬어져 온 은유는 아리스토텔레스에 의해 모든 수사법의 전형이자 '문체 그 자체'로 정의되었다. 그러나 환유는 은유와는 전적으로 다른 구성방식을 갖는다는 사실이 언어기호학자들에 의해 지적된다. 은유가 '부재하는 개념들'의 동위(유사성)에 의거한 전의인 반면, 환유는 '현존하는 인접 개념들'의 제시에 의한 전의이기 때문이다. 환유는 은유와 더불어 상징체계에 있어서의 가장 기본적인 조작의 방식(야콥슨)으로, 또는 인지언어학의 관점에서 가장 기본적인 개념적 범주화의 방식(레이코프와 존슨, 코베체쉬 등)으로 이해된다.

## 1) 상징체계의 두 가지 조작 방식

### 언어 전달과 기능주의적 분석

야콥슨은 구조주의 언어학의 틀 안에서 시학의 문제에 접근한다. 야콥슨에게 시학은 문학의 문제일 뿐 아니라, 언어학의 문제이기도 하다. 언어의 시적 특질을 언어학적으로 다루는 것이 가능할까? 언어학은 언어의 시적 특질에 대해 무엇을 알려 줄 수 있을까? 야콥슨은 언어의 시적 기능에 대한 논의에 다가가기 위해, 우선 언어의 기능 전반에 대한 분석에 돌입한다.

야콥슨은 언어에 대한 연구는 체계를 전면에 내세워야 한다는 소쉬르의 기본 원칙을 수용한다. 또한 소쉬르의 연사체와 연합체의 이분법을 받아들여, 언어활동을 연구하기 위한 개념으로 확장한다. 그러나 야콥슨은 소쉬르와 달리 언어의 역동성에 관심을 기울인다. 즉 언어구조뿐 아니라 언어의 쓰임과 기능을 구조주의 언어학의 대상으로 삼고자 한다. 그러한 관점에서 야콥슨은 언어체계 연구를 공시성에 한정했던 소쉬르와 달리, 언어체계의 가변성과 불변성의 관계에 주목했다. 소쉬르가 공시성과 통시성의 이분법을 정역학과 동역학의 이분법과 동일시했다는 점을 지적하면서, 야콥슨은 언어체계의 공시성 안에서 역동성을, 그리고 통시성 안에서 정적인 측면을 발견한다. 소쉬르가 언어체계와 그것의 변천 사이의 연결을 끊어 내고자 시도한 반면, 야콥슨은 "'체계'라는 개념과 '변화'라는 개념은 서로 통합될 수 있는 것일 뿐 아니라, 심지어 서로 떨어질 수 없이 결합되어 있는 것"이라는 점, 그리고 일정 시기 동안 언어체계 안에서는 가변적 요소와 불변적 요소의 공존이 학문적으로 인지된다는 점을 받아들인다.[8] 변화와 과정은 공시적 연구를 통해서만 설명될 수 있으며, 역으로 각 언어의 상태는 통시성의 도움을 통해서만 파악될 수 있다는 것이다.

　야콥슨에 따르면 문예학이나 시학도 언어학과 마찬가지로 공시성과 통시성 사이에서 생겨난다. "시학을 중심으로 하는 문학 연구는 언어학의 경우처럼 두 가지 측면의 문제점으로 이루어진다. 곧 공시태(synchrony)와 통시태(diachrony)가 그것이다. 공시적 기술은 어느 한 시기의 문학 창작뿐만 아니라 그 시기에 살아 있는 또는 부활된 문학적

---

8) Roman Jakobson and Krysyna Pomorska, "Die Zeit als Faktor in Sprache und Literatur", *Poesie und Grammatik: Dialogue*, F/M: Suhrkamp, 1982, pp.54~55.

전통까지도 그려 낸다. …… [그러나] 공시적 시학도 공시적 언어학과 마찬가지로 정태적 연구로 오인해서는 안 된다."[9] 그리고 시학이나 문예학의 역사적 연구의 문제 설정은 단지 변화하는 요소들뿐 아니라, 지속하고 유지되는 정적인 요소들을 함께 다룬다.

언어의 기능에 대한 야콥슨의 탐구는 언어의 전달행위에서 시작한다. 언어활동의 목적은 의사소통과 전달에 있기 때문이다. 언어의 모든 기능을 알기 위해서, 발화행위나 전달행위의 구성 요소를 분석하고자 하는 것이다.

야콥슨은 언어 전달의 전 과정을 여섯 가지 요소로 분석한다.

**발신자**(addresser)는 **수신자**(addressee)에게 메시지를 보낸다. 메시지가 전달되기 위해서는 또한 그것이 지칭하는 **관련 상황**(context)(다른 말로 하면, 좀 애매한 술어이지만 '지시 대상'referent이라는 말이 있다)이 요구되는바, 이것은 수신자가 이해 가능한 것이어야 하고 언어라는 형식을 취하거나 언어화될 수 있는 것이어야 한다. 그다음은 발신자와 수신자(다른 말로 하면 메시지를 약호로 전달하는 자와 그 해독자)에게 완전하게 아니면 적어도 부분적으로 공통적인 **약호체계**(code)가 필요하다. 마지막으로 필요한 것은 발신자와 수신자 간의 물리적 회로 및 심리적 연결이 되는 **접촉**(contact)으로서 양자가 의사 전달을 시작하여 이를 지속할 수 있게 하는 요소이다.[10]

---

9) 로만 야콥슨, 『문학 속의 언어학』, 신문수 편역, 문학과지성사, 1989, 53쪽.
10) 같은 책, 54~55쪽.

발신자, 수신자, 메시지, 관련 상황, 약호체계, 접촉의 여섯 요소가 각기 다른 언어적 기능을 조건 짓는다. 예를 들어 발화의 관련 상황은 **지시적**(referential) 기능과 연결된다. 이 기능은 본질적으로 언어 정보들을 주도헌다. 모든 정보는 관련 상황에서 점검되어야 한다. 발신자에 초점을 두는 기능은 **감정(표시)적**(emotive) · **표현적**(expressive) 기능이다. 이 기능은 발화된 것에 대한 발화자의 태도를 표현한다. 이 기능에서 언어의 표현적 층위를 가장 순수하게 발현하는 것은 바로 '감탄사'이다. **능동적** 기능은 수신자를 겨냥한다. 그리고 능동적 기능의 가장 순수한 문법적 표현 형식은 '호격'과 '명령법'이다. 발신자, 수신자, 관련 상황의 세 요소는 전통적인 언어 모형에서도 발견된다. 카를 뷜러(Karl Bühler)가 밝힌 언어 모형은 이 세 가지 기능에 한정되어 있었다. 이 모형에서 감정표시적 · 능동적 · 지시적 기능과 연결된 세 위치는 "1인칭 발신자, 2인칭 수신자 그리고 '3인칭', 곧 언급되어지는 사람이나 사물"이었다.[11]

접촉은 친교적(phatic) 기능에 상응한다. 이 기능은 "의사 전달을 성립시키고 연장시키고 혹은 중단시키며, 회로가 제대로 기능을 발휘하는지 점검하고, 상대방의 주의를 끌기 위한 또는 그의 주의가 지속됨을 확인하기 위한 것들"이다.[12] 야콥슨은 접촉의 친교적 기능을 보여 주는 극적인 예로 도로시 파커(Dorothy Parker)를 인용한다.

"자!" 하고 젊은이가 말하였다. "네!" 그녀는 말했다. "자, 여기 왔군요." 그가 말했다. "그래요. 왔군요. 그렇죠?" 그녀가 말했다. "왔다고 말해

---

11) 야콥슨, 『문학 속의 언어학』, 57쪽.
12) 같은 책, 58쪽.

야겠지, 야! 마침내 왔구려." 그가 말했다. "그래요!" 그녀가 말했다.
"그래, 그럼!" 그가 말했다.[13]

뮈 그룹은 위에 인용한 것과 같은 대화를 공동의 잠재태를 갖는, 따라서 의미적으로는 삭제되어도 무관한 과잉석 표현의 변형들이자 되풀이로 보았다. 이들에게 이 과잉적 되풀이는 오로지 "오류에 관한 면역성"의 기능을 가질 뿐이다. 그러나 이들과 달리 야콥슨은 이 반복적인 표현이 의사 전달을 지속시키고, 상호적으로 같은 전달 상황에 놓여 있는지를 확인하는 중요한 기능을 갖는다고 본다. 말을 끊고 싶지 않다는 열망, 접촉의 상태에 머물고자 하는 욕구, 대화를 이어 가야 한다는 요청, 이 모든 것들이 이 과잉적 되풀이의 이유이다. 그리고 이것은 결코 무용하거나 무의미한 반복이 아니다. 이 과잉의 되풀이는 정서적이고, 기능적이며, 충분한 의사소통적 기능을 가지고 있는 것이다.

한편 "발신자 그리고/혹은 수신자가 동일한 약호체계를 사용하고 있는지를 확인할 필요가 있을 때 발화의 초점은 약호체계 자체에 두어진다". 이 약호체계 자체를 지향하는 발화의 기능을 야콥슨은 **메타언어적** 기능이라고 부른다. 근대 논리학은 대상을 언급하는 '대상언어'와 언어 자체에 관해 언급하는 '메타언어'를 구분해 왔다. 야콥슨은 메타언어가 논리학자나 언어학자들에게 필요한 도구일 뿐 아니라, 일상적인 언어활동에서도 중요한 역할을 하는 것이라고 본다. 예를 들어, "당신이 무슨 생각을 하는지 나는 이해하지 못하겠어요"라든지 "내가 무슨 말을 하는지 아시겠어요?"와 같은 말들은, 대화의 쌍방이 동일한 약호체계

---

13) 같은 책, 58쪽.

안에 머물고 있는지, 이해 가능한 언어를 사용하고 있는지 확인하는 메타언어적 대화들이다.

언어 전달에 개입된 여섯 가지 요소 중에서 메시지 자체를 지향하는, 즉 메시지 그 사체에 초점을 맞추는 것이 바로 언어의 **시적**(poetic) 기능이다. 시적 기능은 정보 내지는 전달 그 자체를 향한다. 야콥슨에 따르면, 시적 기능은 언어 예술에만 한정된 기능이 아니다. 그것은 모든 언어활동에서 보완적이고 구성적인 역할을 담당한다. 모든 단어의 조합은 시적 기능에 의존한다. 야콥슨은 아주 단순한 예를 가져온다. "왜 항상 조앤과 마져리(Joan and Margery)라고 하십니까? 마져리와 조앤이라고 하시지 않구. 조앤을 그 쌍둥이 언니보다 더 좋아하시나요?" "그게 아닙니다. 그렇게 부르기가 더 매끄러워서 그럴 뿐이에요."[14] 특별히 순위가 정해져 있는 것이 아니라면, 발화자는 두 이름을 조합할 때 짧은 이름을 앞에 가져오는 것을 더 적합하게 여긴다. 시적 기능은 언어 표현에 더 깊은 인상과 효과를 준다.

야콥슨에게 시적 기능은 지시적 기능과 대비된다. 시적 기능은 오직 기호를 지향하며, 지시적 기능은 관련 상황을 지향한다. 그러나 야콥슨은 시가 지시적 기능을 지양하기보다는 지시적 의미를 다원화한다는 점, 즉 중의성을 통해 변화시킨다는 점을 강조한다. 시에서 지시적 기능은 사라지는 것이 아니라 모호해진다. "중의적 메시지는 분열된 수신자, 특히 분열된 지시관계에서 그 대응을 발견할 수 있는데, 여러 민족 동화의 서문에서 이러한 것을 쉬 찾아볼 수 있다. 예컨대 마조르카 섬의 이야기꾼은 으레 이야기의 벽두에서 '그렇기도 했고 그렇지 않기도 했다'

---

14) 야콥슨, 『문학 속의 언어학』, 59쪽.

(Aixo era y no era)고 말한다."[15] 시 안에서 지시적 기능은 그와 같다. 그것은 '~이기도 하고 아니기도 한' 모호성에 머문다. 야콥슨에 따르면 중의성은 시의 근본적인 특징이다. 시적 의미의 중의성은 시의 진실을 거부하지 않는다. 오히려 내적이고 효과가 뚜렷한 시의 특징을 구성한다.

### 시적 기능의 두 축: 선택과 결합

야콥슨은 "시적 기능에 대한 경험적인 언어학적 기준"을 언어의 근원적인 두 배열방식과 연결한다. 언어의 두 가지 근원적 배열방식이란 선택(selection)과 결합(combination)을 말한다. 선택은 특정한 언어학적 단위에서 이루어지는 것이다. 그리고 결합은 어떤 단위 요소들이 더 높고 복잡한 언어학적 단위로 합해져 올라가는 것을 말한다. 각각의 언어 태도, 전달은 이 두 배열방식의 상호작용과 엇물려 있다. 야콥슨에 따르면 **"시적 기능은 등가의 원리를 선택의 축에서 결합의 축으로 투사한다".**[16] 시적 언어는 익숙하고 평범한 단어에 대해 등가의 낯설고 독특한 단어를 선택하고, 그것을 문장 구성 규칙에 따라 결합하면서 형성되는 것이다.

> 어느 언어기호이든 두 가지 양식의 배합이 관계하게 된다.
> (1) 결합. 어떠한 기호이든 또 다른 기호들과 하나의 구성체를 이룬다. 그와 동시에/혹은 다른 기호들과의 결합하에서만 존재한다. 보다 구체적으로 말하면 어떤 언어단위이든 보다 단순한 언어단위의 한 컨텍스트로 기능하면서 동시에/혹은 보다 복잡한 언어단위 속에서 그 스스

---

15) 같은 책, 79쪽.
16) 같은 책, 61쪽.

로의 컨텍스트를 발견한다. 그러므로 어떠한 언어단위의 무리 지음에서든 그것들은 보다 우월한 단위로 포섭된다. 곧 결합과 컨텍스트화는 동일한 작용의 양면이다.

(2) 선택. 여러 선택 대안들 중에서 선택을 한다는 것은 곧 어떤 것을, 어떤 면에서는 동등하면서 다른 어떤 면에서는 서로 다른, 그 밖의 다른 어떤 것으로 대체할 수 있음을 의미한다. 실제로는, 그러므로, 선택과 대체는 한 작용의 양면이다.[17]

결합과 선택이라는 두 축은 각각 소쉬르가 말한 연사체와 연합체의 구분과 연결된다. 소쉬르에게 결합은 현재적(in presentia) 관계를 이룬다. 이 메커니즘을 소쉬르는 둘 또는 그 이상의 부분들이 하나의 발화 계열 안에 같이 나타나지만, 동시에 나타날 수 없는 "시간의 연속으로서의 결합"으로 이해했다. 더불어 소쉬르에게 선택은 잠재적인(in absentia) 결합체 메커니즘과 연관된다. 이 메커니즘은 잠재적인 기억 연쇄 속의 어사(語辭)를 결합한다. 야콥슨에게 이 두 메커니즘은 위상학적이고 수사학적인 이원론의 토대이다. 이 둘은 곧 은유적인 것과 환유적인 것이라는 이원론으로 전위된다. 따라서 은유적인 것과 환유적인 것은 단지 수사적 문채의 이분법일 뿐 아니라, 일반적이고 보편적인 모든 언어 과정의 특징이기도 하다.

야콥슨이 은유적인 것과 환유적인 것이 모든 언어 과정의 특징이라는 사실을 밝혀내는 데에는, 그의 실어증 연구가 또한 핵심적인 근거를 제공했다. "언어학자는 언어의 모든 양상, 즉 활용 중인 언어, 변화 중

---

17) 야콥슨, 『문학 속의 언어학』, 96쪽.

인 언어, 생성 중인 언어, 그리고 소멸해 가는 언어 등에 관심을 가지고 있다."[18] 언어학자 야콥슨은 언어 능력의 병적인 소실 과정인 실어증 연구를 통해서, 일반적인 언어 능력의 특질을 확증했다. 야콥슨은 다양한 실어증을 분석하고 유형화하면서, 결합과 선택이라는 언어의 두 조작 메커니즘이 실어증의 진행 과정에서 어떻게 상실되어 가는지를 살핀다. 그를 통해서 이 두 가지 조작 메커니즘이 언어 능력 일반의 양극적인 도식이 될 수 있음을 발견했다.

야콥슨은 언어 장애의 두 유형을 유사성(similarity) 장애와 인접성(contiguity) 장애로 나누었다. 유사성 장애는 선택과 대체 능력의 상실을 특징으로 한다. 여기서는 동일성 문장을 만드는 능력과 코드 전환 능력이 상실된다. "어떤 단어를 그것의 동의어나 우회적 표현, 또는 이음이의어(heteronym, 다른 언어들에 있는 그에 상응하는 표현)로 바꿔 말하지 못한다."[19] 이 장애의 징후는 메타언어의 상실이며, 이 유형의 실어증 환자에게는 개인방언(idiolect)이 유일한 언어 현실이다. 이에 반해 인접성 장애에서는 명제화 능력이 손실되며, 보다 복잡한 언어단위로 결합하는 능력이 손상된다. "이 상실은 무문법성(agrammatism)이라 달리 불리기도 하는데, 필경은 문장을 …… '낱말 더미'로 퇴화시키고 마는 것이다."[20] 컨텍스트 만들기 장애가 있는 인접성 장애의 실어증자에게는 유아적인 '일문 발화'(one-sentence utterances)나 '일어문'(one-word sentence)을 사용하는 경향이 두드러지게 나타난다.

---

18) 같은 책, 92쪽.
19) 같은 책, 103쪽.
20) 같은 책, 106쪽.

| 과정 | 배열 | 관계 | 좌표 | 영역 | 언어학적 요소 |
|------|------|------|------|------|----------------|
| 은유 | 선택 | 유사성 | 대체 | 의미론 | 코드 (내적 의미) |
| 환유 | 결합 | 인접성 | 연쇄 | 통사론 | 문장 (컨텍스트적 의미) |

　　유사성 장애 실어증자는 선택과 대체 능력에 결함이 생기면서 메타언어의 운용 능력이 퇴화하고 유사성 관계가 억압되면서 은유적 표현을 구사하지 못하게 된다. 반면 결합과 접속 능력에 이상이 있는 인접성 장애의 경우, 위계를 준별하는 능력이 손상되고 인접성 관계가 억압되면서 환유적 표현을 구사하지 못한다.

　　이러한 분류에 근거하여 야콥슨은 언어 본성의 일반 도식을 다음과 같이 정리한다. '선택과 대체'의 능력 아니면 '결합과 접속'의 능력에 따라, "하나의 언술은 의미론적으로 두 방향을 따라 발전될 수 있다. 하나의 화젯거리가 유사한 다른 화젯거리로 이어지는 경우와 인접한 다른 화젯거리로 이어지는 경우가 그것이다. 전자를 은유적 방식, 후자를 환유적 방식이라 부를 수 있을 것이다".[21]

　　야콥슨이 말하는 언어 본성의 두 축은 위와 같은 표로 정리될 수 있다.[22] 이 두 가지 축은 다시금 각각 연합체와 연사체의 이분법과 연결될 수 있다. 야콥슨에 따르면 이 두 배열은 언어 구성의 하위 단계에도 부합한다. 단어는 언어의 정상적인 배열에서 상위 컨텍스트인 문장 구성의 하위이면서, 동시에 더 작은 구성 요소인 형태소나 음소를 포괄하는 상위 컨텍스트로 기능한다. 단어와 그보다 더 작은 구성 요소들 사이

---

21) 야콥슨, 『문학 속의 언어학』, 110쪽.
22) Ricœur, *Die lebendige Metapher*, p.175. 각주 6번 참조.

의 관계는 동일한 배열 과정을 보여 준다. 선택과 결합은 각각의 수준 (level)에서 기호학적인 양극의 일반 도식이다.

> '넌 pig(돼지)라고 했니 fig(무화과)라고 말했니?'라고 고양이가 묻자 '나는 pig라고 말했어'라고 앨리스는 대답하였다. …… 이 기묘한 화행 에서 수화자인 고양이는 발화자의 언어 선택을 재확인하고자 한 것이 다. (영어를 쓰는) 고양이와 앨리스가 공용하고 있는 그 약호체계에서, 다른 성분들이 동일하다면, 폐쇄음과 계속음의 차이가 곧 전달되어지 는 메시지의 의미를 다르게 만든다. 앨리스는 폐쇄/계속이라는 변별적 자질을 사용, 그 두 대립항 중 후자를 버리고 전자를 취한 것이다. 같은 언어 행위에서 앨리스는 또한 다른 동시적 변별 자질에 대해서도 이와 같은 방식으로 /t/음의 예리함, /b/음의 이완성과 대립된 /p/음의 둔 중함과 긴장성을 선택하는 것이다. 이처럼 모든 성분들이 결합되어 한 묶음의 변별 자질, 곧 이른바 음소(phoneme)를 형성하게 된다.[23]

### 상징체계 일반의 두 작용력

야콥슨의 언어 배열의 두 축인 은유와 환유는 모든 상징체계에 적용되는 일반적인 것이다. 이것은 언어기호체계뿐 아니라 비언어적 기호체계에까지 적용될 수 있다. 일단 정상적인 언어활동에서 두 방식은 끊임없이 활용된다. 문화 유형, 성격, 언어 스타일 등에 따라 우리의 언어활동은 둘 중 어느 한쪽에 편향된다. "예를 들어 러시아의 서정시에는 은유 구문이 지배적인 데 반하여 영웅서사시에는 환유 표현이 더 많다."[24]

---

23) 야콥슨, 『문학 속의 언어학』, 94쪽.

낭만주의와 상징주의 문학에서는 은유적 과정의 우위가 인식된다. 그러나 사실주의적 문학의 경우 환유의 역학이 지배적이다. "인접관계들의 길을 따라 사실주의 작가들은 플롯에서 분위기로, 성격들에서 시·공간의 배경으로 환유적인 걸음을 옮기는 것이다. 사실주의 작가는 제유적인 디테일을 애호한다. 『안나 카레니나』의 자살 장면에서 톨스토이는 그녀의 핸드백에 섬세한 관심을 기울인다. 『전쟁과 평화』에서도 여성 등장인물의 특징을 묘사하는 데 '윗입술의 머릿결'이니 '벌거벗은 어깨'와 같은 제유법을 톨스토이는 즐겨 썼다."[25]

오르한 파묵(Orhan Pamuk)은 소설의 장면 묘사가 어떻게 인물의 생각, 감정, 지각을 반영하는지를 설명하는 자리에서 톨스토이의 『안나 카레니나』의 한 장면을 인용한다.[26] "왼쪽 창문을 두들기며 유리창에 달라붙는 눈, 옷가지를 몸에 칭칭 감은 채 차창 옆을 지나치며 눈을 맞고 다니는 사람들의 모습, 바깥에 불고 있는 매서운 눈보라에 대해 사람들이 나누는 말소리가 그녀의 주의를 흐트러뜨렸다. 그다음부터는 똑같은 풍경이 계속 되풀이되었다. 덜컹거리는 기차 소리와 문을 여닫는 소리, 창밖에 내리는 눈, 열기에서 냉기로 다시 냉기에서 열기로 급격하게 바뀌는 실내 온도, 어슴푸레한 어둠 속에서 아른거리는 얼굴들, 똑같은 목소리, 그러는 사이 안나는 책을 읽고 그 내용을 이해하기 시작했다."[27] 소설 속 인물의 눈에 들어오는 풍경에 대한 사실적 묘사는 등장인물의 정신 상태의 일부로 감지되고 우리는 그것을 읽으면서 등장인물의 상

---

24) 야콥슨, 『문학 속의 언어학』, 112쪽.
25) 같은 책, 112쪽.
26) 오르한 파묵, 『소설과 소설가』, 이난아 옮김, 민음사, 2012, 16~20쪽.
27) 같은 책, 16~17쪽에서 재인용.

태와 동일화된다. 인물이 보는 풍경의 환유적 묘사는 그 과정에서 인물의 감정을 전달하는 의미를 부여받는다. 이렇게 환유적 묘사는 인접성의 열거를 통해 인물을 입체화하는 사실주의적 효과를 양산한다.

비언어적 상징체계에서도 은유와 환유의 두 과정 중 하나가 강조되는 상징 과정이 발견된다. 미술사에 있어 입체파의 경우 명백한 환유 지향적 기법을 찾아볼 수 있다. 반면 초현실주의는 분명히 은유적 배열을 선호한다. 야콥슨은 영화 예술에서도 은유적 몽타주와 환유적 카메라워크 효과를 구분해 낸다. "D. W. 그리피스의 등장 이후 영화 예술은 촬영 각도, 시각 및 촬영 초점을 변화시키는 고도의 기술 개발에 힘입어 극장의 전통을 깨뜨리면서 유례없이 다양한 제유적 클로즈업과 환유적 배경을 활용하고 있다. 찰리 채플린과 에이젠슈테인의 활동사진에서는 이러한 기법들은 다시 랩 디졸브(2중 영사에 의한 장면 전환)에 의한 새로운 은유적 몽타주 수법 ─ 영화적 은유법 ─ 과 결합한다."[28]

야콥슨에 따르면, 환유적인 것과 은유적인 것의 경쟁은 무의식의 상징 과정에서도 발견된다. 인접성의 시간적 순서를 프로이트의 환유적 전치(displacement)와 제유적 응축(condensation)과 결합하고, 다른 한편 유사성을 프로이트의 동일시(identification)와 상징(symbolism)과 결합한다. 거기에 덧붙여 제임스 조지 프레이저(James George Frazer)가 말하는 주술의 두 유형인 '동종적(sympathetic)·모방적(imitative)' 주술과 '전염적'(contagious) 주술을 은유적인 것 또는 환유적인 것과 연결하여 언급한다. 동종적 주술은 유사성의 원칙에 입각한 것인 반면, 전염적 주술은 인접성에 의한 연상에 바탕을 두고 있다. 따

28) 야콥슨, 『문학 속의 언어학』, 112~113쪽.

라서 동종적·모방적 주술은 은유적인 것의 계열에, 전염적 주술은 환유적인 것의 계열에 속한다고 할 수 있다.

야콥슨은 은유와 환유가 상징체계의 가장 기본적인 두 조작 방식이라고 규정한다. 그의 이론은 그것이 가진 단순성과 일반성으로 인해 다양한 기호 상징체계들을 포괄하는 강한 설명력을 보여 준다. 그러나 이 엄청난 강점이 바로 이론적 약점이 되기도 한다. 강한 설명력에 비해 이 이분법에 대한 설명이나 예시가 섬세한 것은 아니다. 예를 들어 야콥슨은 제유를 환유의 일종으로 보면서 인접성에 근거한 수사로 정리하는데, 이때 환유는 외적인 접촉의 인접성에 근거하고 제유는 내적 인접성에 근거한 것으로 설명하지만,[29] 이 둘의 차이는 분명하지 않다.

또한 야콥슨은 은유를 유사성과 연합체 계열의 수사적 문채로 구조화하면서, 유사성에 근거한 대체이론의 범주 안에 남겨 둔다. 그러면서 은유의 술어적 성격은 포착하지 못한다. 뿐 아니라 야콥슨의 구조주의 은유 이론은, 리쾨르가 지적한 것처럼, 관습적 은유와 창조적 은유 사이의 근본적인 차이를 다루지 못한다. 이 이론에서 은유의 창조성은 설명되기 어렵다.[30]


## 2) 인지언어학의 관점

### 은유의 이해적 관점과 환유의 지시적 관점

레이코프와 존슨은 『삶으로서의 은유』(Metaphors We Live by)에서 은

---

29) Jakobson and Pomorska, "Die Zeit als Faktor in Sprache und Literatur", p.117.
30) Ricœur, Die lebendige Metapher, p.178.

유를 언어 문제를 넘어 우리의 일상적 삶에 널리 퍼져 있는 개념적 범주로 보았다. "우리가 생각하고 행동하는 관점이 되는 일상적 개념체계의 본성은 근본적으로 은유적"이라는 것이다.[31] 이들에 따르면, 우리는 통용되는 은유적 틀 안에서 생각하고 말하고 살아가고 가치판단을 한다.

은유가 본질적으로 하나의 사물을 다른 사물의 관점에서 이해하고 경험하는 것이라면(레이코프와 존슨이 이 주장을 받아들인다), 우리는 이러한 은유적 관점을 도입하여 사물을 해석하는 틀을 만들어 낸다. 레이코프와 존슨은 "논쟁은 전쟁"(argument is war)이라는 은유적 개념 틀을 예로 들어, 은유가 얼마나 우리의 일상에 침투해 있는지를 보여 준다. "논쟁은 전쟁"이라는 은유가 통용되는 사회에서 이 은유적 틀은 다양한 언어적·행위적 표현을 야기한다. 이 은유가 받아들여지는 사회에서 "우리는 실제로 논쟁에서 이기거나 질 수 있는 것이다. 우리는 논쟁 상대자를 적수로 본다. 우리는 그의 입장을 공격하고, 우리 자신의 입장을 방어하며, 진지를 빼앗기도 하도 빼앗기기도 한다. 우리는 전략들을 설계하고 사용한다".[32] 이 은유는 사고방식, 경험방식, 행동방식에 영향을 미치며, 그것들에서 결정적인 역할을 한다. 그렇게 은유가 우리의 행위를 구조화한다. 더불어 사물을 보는 관점과 판단하는 가치체계도 구조화한다.

레이코프와 존슨은 은유를 가능하게 하는 조건이 육체적이고 상징적인 일상의 경험이자 문화라는 사실에서 출발한다. 또한 역으로 은유는 우리의 문화와 경험을 구성한다. 다시 말해서 은유는 문화적으로 구

---

31) 조지 레이코프·마크 존슨, 『삶으로서의 은유』, 조양진·나익주 옮김, 서광사, 1995, 21쪽.
32) 같은 책, 22~23쪽.

성되고, 동시에 문화적 인식 틀과 가치체계를 구성한다. 다시 앞의 예로 돌아가 보자. "논쟁은 전쟁"이라는 은유를 성립 가능하게 하는 문화, 또 이 은유가 구성하는 문화적 인식 틀이나 가치체계와 달리, 논쟁을 놀이나 예술로 여기는 문화가 있을 수 있다. 그 문화에서는 "논쟁은 전쟁"이라는 인지체계에 입각한 표현들은 이해되지 못할 것이며, '전쟁'의 관점에서 '논쟁'을 해석하는 일은 불가능할 것이다. 그러나 "논쟁은 전쟁"이라는 은유에 입각한 인지체계가 가능한 문화 안에서 '논쟁'은 '전쟁'의 관점에서 해석되면서, '논쟁'의 어떤 측면들은 강조·부각되고, 다른 측면들은 은폐·축소될 것이다.[33] 예를 들어 "논쟁은 전쟁"이라는 은유의 인식체계에 입각하여, 논쟁의 즐겁고 상호협력적이고 생산적인 부분은 은폐되고, 대립하고 상호배타적으로 경쟁하는 부분만 부각되어 인식될 것이다.

일상적 경험세계 안에서 인간의 언어·사고·행위의 구조를 밝히는 데 있어서, 은유적 범주만큼 중요한 역할을 하는 것이 바로 환유적 범주이다. 레이코프와 존슨은 일상적인 개념 틀 구성에 있어서 은유와는 '다른' 방식으로 작동하지만, 은유 못지않게 중요한 역할을 하는 개념화 방식이 환유라고 본다. 은유와 환유는 다른 종류의 개념화 과정이다. "은유는 원칙적으로 한 사물을 다른 사물의 관점에서 생각하는 방식이기 때문에 은유의 중요한 기능은 이해이다. 반면에 환유는 일차적으로 지시의 기능을 갖는다. 즉 환유는 한 개체를 사용함으로써 다른 개체를 대신한다."[34]

---

33) 레이코프·존슨, 『삶으로서의 은유』, 32쪽.
34) 같은 책, 63~64쪽.

레이코프와 존슨에게 가장 기본적인 문채는 은유와 환유이다. 이들에게 제유는 부분이 전체를 대신하는 환유의 일종이다. 환유의 지시적 관계는 은유가 충족시키는 동일한 목적, 즉 하나의 사물을 다른 사물의 관점에서 이해하게 하는 목적을 동일하게 충족시킨다. 그러나 방식과 작용은 다르다. 환유는 "지시되고 있는 것의 어떤 측면들에 좀더 구체적으로 초점을 맞추게 해준다".[35] 은유가 추상적이라면, 환유는 구체적이다. 그리고 "어떤 면에서는 일상언어생활에서 은유보다는 환유가 더 많이 그리고 자주 쓰인다".[36] 우리는 그것이 환유라는 사실을 자각하지 못하면서 환유적 표현을 즐겨 사용한다. "라디오를 듣는다"라든가 "괴테를 읽는다"와 같은 일상적 표현들은 모두 환유의 예로 볼 수 있다.

환유도 은유와 마찬가지로 단순히 시적인 장치나 수사적인 문채가 아니며, 단순한 언어의 문제만이 아니다. "환유 개념은 우리가 생각하고 말하고 행동하는 평범한 일상적인 방식의 일부이다." "얼굴로 사람을 대신함"(the face for the person)이라는 환유적 인지체계를 생각해 보자. 이것은 환유적 언어 표현뿐 아니라, 일상적 경험에서의 태도와 행위도 규정한다. 이 환유의 개념 틀 안에서 "새로운 얼굴이 필요하다"라든가 "우리를 대표하는 얼굴" 등등의 환유적 언어 표현이 사용된다. 그러나 이 개념 틀은 언어체계의 안과 밖 모두에서 동일하게 작동하며, 때로는 언어체계와 대상 세계 사이의 지시적 관계로 연결되기도 한다. "이 환유는 우리 문화에서 활발한 기능을 한다. 그림이나 사진에서 초상

---

35) 같은 책, 64쪽.

36) 김욱동, 「은유와 환유의 언어학적 기초」, 한국기호학회 엮음, 『은유와 환유』, 문학과지성사, 1999, 109쪽.

화의 전통은 모두 이 환유에 근거한다." 얼굴이 그 사람을 대표한다고 생각하고, 얼굴의 관점에서 한 사람을 동일시하고 지각하고 행동할 때, "우리는 바로 환유의 관점에서 활동하고 있는 것이다".[37]

레이코프와 존슨에게 은유는 새로운 관점을 제공하는 '새로 쓰기'의 한 형태이자 이해의 한 방식으로 받아들여진다. 반면 환유는 지시적 관계에서 드러나는 구체화된 설명이다. "환유적 개념의 토대는 은유적 개념의 경우보다 일반적으로 더 분명한데, 그 이유는 환유적 개념의 토대가 보통 직접적인 물리적·인과적 연상을 포함하기 때문이다."[38] 그리고 이 둘은 일상 경험세계에서 각기 다른 방식의 인지적 기능을 수행하고 있다.

### 은유와 환유의 인지적 구조

레이코프와 존슨은 은유와 환유를 언어를 넘어 사유와 행위를 결정짓는 범주적 구성 원리로 이해했다. 그리고 인지언어학의 관점에서 환유는 은유 못지않게 중요한 인지 모델로 취급되어 왔다. 레이코프와 존슨의 연구에 영향을 받은 졸탄 코베체쉬(Zotán Kövecses)는 인지언어학의 견지에서 은유와 환유의 고유성과 차이에 주목한다.

코베체쉬는 레이코프와 존슨이 ① 은유는 낱말의 속성이며, 언어적 현상이다, ② 은유는 미적·수사적 목적을 위해 사용된다, ③ 은유는 두 개체 사이의 유사성에 기초한다, ④ 은유는 언어의 의식적이고 고의적인 사용이다, ⑤ "은유란 없어도 우리가 살 수 있는 비유적 표현이다"

---

37) 레이코프·존슨, 『삶으로서의 은유』, 65쪽.
38) 같은 책, 68쪽.

라는 다섯 가지의 전통 이론의 통념에 체계적으로 도전하면서, 새로운 은유 이론을 구축했다고 평가한다.[39] 레이코프와 존슨은 "① 은유는 낱말의 속성이 아니라 개념의 속성이고, ② 은유의 기능은 단지 예술적, 혹은 미적 목적뿐 아니라 어떤 개념을 더 잘 이해하기 위한 것이며, ③ 은유는 종종 유사성에 기초하지 않으며, ④ 은유는 특별한 재능을 지닌 사람뿐만 아니라 평범한 사람들도 일상생활에서 별다른 노력 없이 사용할 수 있으며, ⑤ 은유는 불필요하지만 마음을 흡족하게 하는 언어 장식이 아니라, 인간의 사고와 추론의 불가피한 과정이라고 주장"했다는 것이다.[40] 이러한 관점에 의거하여, 코베체쉬는 은유와 환유를 비교하면서 설명한다.

　　야콥슨의 경우도 그러하지만, 일반적으로 은유는 유사성에, 환유는 인접성에 근거한 것으로 이해되어 왔다. 그러나 은유가 근거하는 '유사성'은 단지 사물들의 유사성만이 아니다. 그것은 때로 "지각된 닮음, 경험적 상관관계"의 반영이기도 하다. 즉 우리의 인지체계에 의한, 인지되고 경험된 관점적·범주적 유사성이기도 하다는 것이다. 그러나 어찌 되었건 관습적·문화적 틀 안에서 은유가 포괄적 유사성에, 그리고 환유가 인접성에 근거한다는 설명은 설득력을 갖는다. "유사성과 인접성 사이의 차이점을 가지고 깁스(Ray Gibbs)는 우리가 은유적 표현과 관계가 있는지, 아니면 환유적 표현과 관계가 있는지를 결정하는 훌륭한 실험을 제안하였다. 그것은 '~과 같다' 테스트이다." 은유 문장은 '~과 같다'로 풀이되는 반면, 환유 문장은 그렇지 않다. 예를 들어, "그 기생오라비

39) 졸탄 코베체쉬, 『은유: 실용 입문서』, 이정화 외 옮김, 한국문화사, 2003, x쪽.
40) 같은 책, x~xi쪽.

는 싸움 첫판에서 나가떨어졌다"라는 은유를 "그 권투선수는 기생오라비 같다"로 풀이할 수 있다. 그러나 "우리는 3루에 새 글러브가 필요하다"라는 환유 문장을 "그 3루수는 글러브 같다"로 풀이할 수는 없다.[41]

다른 한편, 은유와 환유를 구성하는 두 개념이 어떤 개념체계에 속하는지에 따라 은유화와 환유화의 과정은 구분된다. 우선 은유는 개념체계 안에서 서로 멀리 떨어진 두 개념을 연관시킨다. "이 '거리'는 주로 한 개념이나 영역이 전형적으로 추상적인 것이고, 반대로 나머지 하나는 전형적으로 구체적인 것이라는 사실에서 나온다."[42] 예를 들어 "사랑은 여행이다", "사회조직은 식물이다"와 같은 은유를 보면, 앞의 개념은 추상적인 반면 뒤의 개념은 구체적이다. 그리고 이 두 개념이 속한 개념체계나 영역은 서로 다르다. 반면 환유의 두 개념은 밀접하게 관련되어 있다. 두 개념 요소는 같은 영역에 속한다. "환유적 관계에 있는 요소들은 단일 영역을 형성한다. 반대로 은유는 두 개의 상이하고 동떨어진 영역이나 이상적 인지 영역을 사용한다." 환유는 "전체와 부분", "생산자와 생산물", "원인과 결과" 등의 인접관계로 맺어지기 때문에 환유의 두 요소들은 동일한 영역에 속해 있다.[43]

인지언어학에서 보는 은유의 주요 기능은, 레이코프와 존슨이 이미 밝힌 바처럼, 한 사물을 다른 사물의 관점에서 이해하는 것이다. "반면 환유는 이해하기의 기능이 배제되는 것은 아닐지라도, 이해하기의 목적을 위해서는 덜 이용된다. 환유의 주요한 기능은 덜 쉽거나 덜 기꺼

---

41) 코베체쉬, 『은유』, 262~263쪽.
42) 같은 책, 264쪽.
43) 같은 책, 265쪽.

이 이용되는 목표 개체에, **심리적이고 인지적인 접근**을 제공하는 것처럼 보인다."[44] 즉 환유의 일차적 기능은 접근을 통한 주의 끌기이다.

환유는 은유와 달리 개념들 사이에서만 일어나는 작용이 아니다. 은유는 두 개념 혹은 두 관념 사이의 관계이며, 상징체계 내재적 관계에 의존한다. 반면 환유는 상징체계와 그 바깥 사이의 관계까지도 포괄한다. 환유는 낱말(언어)과 지시 대상(세계) 사이에서, 그리고 낱말과 그에 상응하는 개념 사이에서도 발견될 수 있다. 개념과 낱말 사이의 인접성, 낱말과 지시 대상 사이의 인접성이 환유 작용을 가능하게 하기도 한다. 즉 환유는 언어체계 내재적이지만은 않다. 환유는 언어체계와 세계 사이의 관계에서도 인접성의 관계를 맺는다. 환유를 이렇게 이해한다면, 예를 들어 '네 말은 웃겨!'라는 표현은 환유적이다. 이 표현에서의 '말'은 발화된 말이 아니라, 그 '내용'을 지시한다. '말'과 그 '내용' 사이의 관계는 언어체계와 그 바깥 사이의 관계를 지시한다. 여기서 '말'이라는 단어는 말의 내용을 지시한다는 점에서 환유적으로 쓰인 것이다.[45]


### 3) 은유와 환유의 관계

코베체쉬는 (레이코프와 존슨과 더불어) 환유를 은유보다 더 기본적인 문채로 보는 듯하다. 인지언어학의 관점에서 은유적이거나 환유적인 개념적 사유 틀 자체가 신체적인 체험과 문화적 컨텍스트에 토대를 두고 있기 때문이다. 신체적 체험과 문화적 컨텍스트는 수사적 문채의 구

---

44) 같은 책, 266쪽.
45) 같은 책, 268쪽.

성과 이해를 근거 지워 주는 토대로 소환된다. 그렇다면 은유적·환유적 문체의 일상적 사용은 문화적으로나 경험적으로 설명 가능한 것이 된다. 시공간적 인접성에 근거하고 있는 전체와 부분과 관계, 원인과 결과의 관계, 소유관계, 생산관계 등등은, 환유적 개념들의 대체관계를 쉽게 구성할 수 있게 하고 또 쉽게 이해할 수 있게 한다. 또한 우리의 일상적인 언어생활에 깊이 개입되어 있어 우리의 개념체계와 인지구조를 구성하는 토대가 된다.

인지언어학의 관점에서 환유가 은유보다 더 근저에 놓이는 이유는, 개념적인 은유가 개념적인 환유에서 도출된다고 보기 때문이다. 코베체쉬는 "화는 열"(anger is heat)이라는 은유적 인지체계에서, 환유가 은유의 토대가 된다는 사실을 설명한다. "화는 열"이라는 개념적 은유는 체열을 열로 일반화시키는 데에서 일어난다. "환유적 매개(체열)는 일반화의 과정을 거쳐 은유의 근원 영역이 된다. 이것은 은유가 종종 체험적 상관관계에 기반을 두고 있음을 보여 준다."[46] 또한 화와 체열의 상승이라는 인과 작용, 체열과 열이라는 부분과 전체의 관계, 그리고 우리 체험적 상관관계 등과 같은 환유적 관계들이 개념적 은유의 기저에 있음을 할 수 있다.

코베체쉬도 인정하는 것처럼, 특정 언어 표현이 은유인지 환유인지가 항상 분명한 것은 아니다. 우리는 종종 한 표현이 둘 다가 되는 경우를 발견한다. "두 특성이 단 하나의 표현에 섞여 있다." 예를 들어 "입술을 닫다"라는 표현은 은유와 환유가 상호작용하는 표현이다. 이 표현은 '침묵하다' 또는 '적게 말하다'를 의미할 수 있는데, '침묵하다'의 의

---

46) 코베체쉬, 『은유』, 281쪽.

미로 쓰일 때 "입술을 닫는 것은 침묵을 유발한다는 점에서 환유적 해석이 된다. 그러나 만약 평소 수다스런 사람이 우리가 그에게서 듣고 싶은 것을 말하지 않을 때, 입술을 닫는다고 기술한다면 은유적 해석을 하는 것이다". 환유적 해석이 지배적일 때, 이는 "환유로부터 나온 은유"라고 분류될 수 있다.[47]

반면 "말을 분사하다"라는 표현은 "은유 안의 환유"로 분류될 수 있다. "은유는 같은 언어 표현 안에서 환유를 통합시킨다. 말을 분사하듯 쏘다에서 우리는 '잘 알지도 못하거나 말하지 말아야 할 어떤 것에 대해 어리석게 말해 버리다'라는 비유적 의미를 갖게 된다."[48] "말을 분사하다"라는 표현은 "입은 총"이라는 은유를 내포하면서 동시에 "입과 말" 사이의 (입은 말하는 능력이라는) 환유적 관계에 의한 대체가 함께 일어난다. 여기서 환유는 은유에 묻혀 있다.

인지언어학의 관점에서 환유를 은유보다 기본적인 개념 구성으로 볼 수 있는 이유는, 환유적 관계가 은유가 내포하는 다양한 '유사성'을 설명하고 근거 지워 줄 수 있기 때문이다. 은유의 유사성이 모호한 개념인 만큼, 그 모호한 유사성의 발견 근거를 환유의 인접관계에서 설명하려는 것처럼 보인다.

복합적인 수사 표현에서 은유와 환유의 구분이 어렵다는 사실은, 인지언어학이 제시하는 설명의 한계를 보여 준다. 인지언어학의 설명은 은유와 환유의 가능 근거와 틀을 설명해 주고 우리의 은유적·환유적 개념과 사유를 설득 가능한 구조 안에 풀어 주지만, 이 설명은 역동성과

---

47) 같은 책, 286~287쪽.
48) 같은 책, 287쪽.

창조적 계기를 충분히 담아내지 못한다. 문채의 힘은 언어의 창조적 가능성에 있다. 은유의 힘은 경험세계나 이미 익숙한 인지구조의 틀에서 이해 가능성 근거를 확증하는 문제가 아니라, 언제나 이미 주어진 틀을 넘어 새롭게 만들어 가는 의미의 확장이라는 계기에 놓여 있다.

## · 2장 ·
## 은유와 알레고리

그리스 신화에서 오르페우스는 죽은 아내 에우리디케를 찾아 땅속의
세계로 들어간다. 에우리디케를 찾아 지상으로 데리고 나오던 마지막
순간, 그는 약속을 어기고 뒤를 돌아봄으로써 아내를 다시 하데스에게
빼앗긴다. "이 신화는 고대 그리스의 신비주의적이고 철학적인 오르페
우스 신앙의 핵심이었다." 그러나 또한 이 신화는 심리적인 사건의 알레
고리로 읽을 수 있다. "오르페우스와 그의 음악은, 인간 영혼의 높은 지
력과 구원의 힘을 나타내고, 에우리디케는 죄악과 죽음에 빠지기 쉬운
더 낮고 관능적인 성격을 나타낸다. 지상과 지하 세계에서의 오르페우
스의 고난은 인간의 영혼이 그가 사랑하는 관능적인 자아를 구원하기
에 필요한 희생을 나타낸다. 이 관능의 자아 없이는 영혼은 구원받지 못
하는 것이다."[1]

　　신화는 처음부터 알레고리와 밀접하게 연관되어 있었다. 알레고
리를 다중적인 의미를 담고 있는 수사법 내지는 서사 장치로 이해한다

---

1) 존 맥퀸, 『알레고리』, 송낙헌 옮김, 서울대학교출판부, 1980, 4쪽.

면, 신화 이야기는 전형적인 알레고리의 표본이다. 신화는 사계절의 변화나 천체의 운행과 같은 자연현상, 인간의 성격과 심리, 보편적인 경험 등을 이야기를 통해 가시화하는 알레고리이다. "모든 서양의 종교와 대개의 동양의 종교는 신화 속에 가장 완전한 표현을 보여 주고 있는데, 이 신화는, 다시 말하자면, 시간, 계절, 추수, 부족, 도시, 국가, 출생, 죽음, 결혼, 도덕률, 무력감과 좌절감, 그리고 자신감과 같이(이것들은 다 같이 대개의 인간의 특성임), 신자에게 가장 직접적으로 영향을 미치는 근본적인 사실들을 설명하기 위한 일련의 설화이다."[2]

예를 들어 그리스 신화에 포함된 '파리스의 심판' 이야기를 살펴보자. 신화의 이야기는 이렇게 전개된다. 신들이 모두 모인 펠레우스와 테티스의 결혼 잔치의 자리에 초대받지 못한 불화의 여신 에리스는 황금 사과에 '가장 아름다운 여신에게'라는 글자를 새겨 잔치 자리에 던진다. 헤라, 아프로디테, 아테네 세 미의 여신은 모두 이 사과가 자신의 것이라고 다툰다. 이에 제우스는 그들을 파리스에게 보내어 판결을 받도록 한다. 파리스에게 헤라는 세상의 권력과 부를, 아테네는 전장에서의 영광과 공명을, 그리고 아프로디테는 가장 아름다운 여인과의 결혼을 선물로 제안한다. 파리스는 아프로디테에게 사과를 준다. 그리고 이 판결로 인해 트로이 전쟁이 촉발된다.[3]

살루스티우스는 이 이야기를 세상에 대한 알레고리로 읽는다.

이 이야기에서 잔치는 신들의 초우주적인 힘을 뜻한다. 그렇기 때문에

---

2) 맥퀸, 『알레고리』, 1쪽.
3) 토마스 불핀치, 『그리이스 로마 신화』, 이상옥 옮김, 육문사, 2000, 264~265쪽.

신들이 다 모여 있는 것이다. 황금의 사과는 이 세상이며, 이것은 여러 가지 대립으로 이루어져 있기 때문에 당연히 '불화의 여신에 의해서 던져졌다'고 일컬어지는 것이다. 서로 다른 신들은 서로 다른 선물을 이 세상에 주기 때문에 사과를 가지려고 다툰다고 일컬어진다. 그리고 관능에 따라서 사는 영혼 ── 그것이 바로 파리스이다 ── 은 이 세상에 아름다움밖에는 딴 힘을 보지 못하기 때문에 그 사과는 아프로디테의 것이라고 선언하는 것이다.[4]

전통적으로 수사학 안에서 알레고리는 '복합적인 은유'로 이해되어 왔다. 알레고리도 은유처럼 하나의 텍스트에서 두 개(혹은 그 이상)의 정합적인 의미 해석을 허용하기 때문이다. 은유가 문자 그대로의 의미와 전의적인 의미를 동시에 함축하는 것처럼, 알레고리도 텍스트의 표면적인 문자적 이야기와 배면의 알레고리적인 이야기를 함께 가지고 있다. 오르페우스의 신화는 아내를 찾아 하계를 여행하는 오르페우스의 모험 이야기이자, 동시에 '관능을 극복해야 하는 지성의 모험'이라는 정신적 내용을 담은 이야기로 읽힐 수 있다. 파리스의 판결은 황금사과를 미의 여신 아프로디테에게 건넨 이야기이기도 하면서 동시에 이 세상이 욕망하는 아름다움과 관능에 대한 이야기로도 읽힐 수 있다. 그런 의미에서 알레고리는 더 풍성하게 은유의 힘을 보여 주는 것 같다. 두 겹의 의미가 포개지고, 그 의미를 발생시키고 읽어 낼 수 있는 가능성은 은유화의 과정에서 기인하기 때문이다.

그러나 알레고리는 은유와 경쟁한다. 그것은 단순히 은유의 공식

---

4) 맥퀸, 『알레고리』, 19~20쪽에서 재인용.

은 'A는 B이다'라는 문장 형식 안에 갇혀 있고, 알레고리는 그보다 자유로운 해석의 장 안에 놓여 있기 때문만은 아니다. 은유는 긴장관계에도 '불구하고' 두 개의 이질적 관념을 융합하는 작용임에 반해서, 알레고리는 그 안에 의미들을 병행시키기 때문이다. 알레고리에는 의미의 증위 '들이' 있다. 또한 은유가 사물과 사태를 보는 '새로운 관점'을 제공하는 것이라면, 알레고리는 하나의 표현을 다양하게 해석하는 의미의 병렬관계로서 각각의 해석 관점은 서로에게 영향을 미치지 않는다. 은유는 그것이 발화됨으로써 세계와 경험을 '~로서' 보는 하나의 해석 관점을 창조한다. 반면 알레고리에서는 해석을 통한 새로운 의미가 발생한다. 비약을 통해 하나의 의미 층위에서 다른 의미 층위로의 이동이 가능하고, 또 그 두 가지 의미 층위는 병존한다. 알레고리는 보일 수도 있고, 보이지 않을 수도 있다. 표면적 의미에만 머물러 문자적 해석으로만 그 텍스트를 읽은 채 멈출 수도 있다. 알레고리가 가능하기 위해서는 의미의 다른 층위를 길어 낼 수 있을 상징체계의 도입이 필요하다. 알레고리와 은유의 이 같은 차이는, 그 공통점 못지않게 은유의 고유성을 이해하는 데 좋은 착안점을 제공한다.

## 1) 알레고리와 해석의 다양성

### 알레고리 개념

알레고리는 두 개의 의미를 가지고 있는 텍스트이다. 그리스어 'allos'와 'agoreuein'의 결합에서 유래한 알레고리는 어원적으로 '다르게 말하기'이다. 그것은 공적인 장, 즉 시장이나 아고라에서 말하는 것과는 다른 것을 말하는 것에서 유래했다. 전통 수사학에서 보시우스(Vossius)

는 알레고리를 '다양하게 말하기'(diversiloquium) 또는 '낯설게 말하기'(alieniloquium)로 정의하였다.[5] 이러한 전통적인 알레고리 정의는 현대에도 크게 달라지지 않는다. 노스럽 프라이(Northrop Frye)에 따르면, "그것이 역사적 사건이든, 도덕적이거나 철학적인 아이디어이든 혹은 자연적인 현상이든, 서사의 사건들이 명백하게 그리고 지속적으로 사건 혹은 아이디어의 또 다른 동시적 구조를 가리킬 때, 우리는 알레고리를 갖는다".[6]

알레고리적인 텍스트는 그것이 담고 있는 핵심적인 요소들을 포괄하는 두 개의 체계적인 해석을 허용한다. 해석 전통에서 이 두 개의 의미는 각각 문자적 의미와 알레고리적 의미로 구분된다. '문자적 의미'는 이제까지 해석적 행위가 개입하지 않는, 그 자체로 드러나는 의미로 오인되어 왔다. 그러나 어떠한 해석 행위로부터도 완전히 자유로운 의미는 없다. 모든 의미는 해석 의존적이다. "'문자적' 의미와 '알레고리적' 의미의 구분은 따라서 비해석적 의미와 해석된 의미 사이의 구분이 아니라, 단지 그 자체로 이미 더 이상 해석된 것으로 의식되지 않는 해석된 의미와 해석된 것으로 의식되는 해석된 의미 사이의 구분이다."[7]

이와 같이 두 개의 정합적이고 체계적인 해석을 포용하는 알레고리적 표현방식은 다양하다. 예를 들어, 퀸틸리아누스(Quintilian)는 순수한 알레고리(tota allegoria)를 혼합 알레고리(permixa allegoria)와 구분했다. 순수한 알레고리에서는 알레고리적 의미가 함축적으로 이해되

---

5) Kurz, *Metapher, Allegorie, Symbol*, p.31.
6) Samuel R. Levin, "Allegorical Language", *Allegory, Myth, and Symbol*, ed. Morton W. Bloomfield, Cambridge: Harvard University Press, 1981, p.23.
7) Kurz, *Metapher, Allegorie, Symbol*, p.31.

도록 주어져 있고, 혼합 알레고리에서는 무엇이 알레고리적 의미인지 분명한 방식으로 주어진다.[8]

그런가 하면 알레고리의 존재론적 개념화와 해석학적 개념화가 대립한다. 존재론적 알레고리 개념은 발터 벤야민(Walter Benjamin)의 텍스트에서 찾아볼 수 있다. "그에게 모든 알레고리의 선(先)텍스트(Praetext)는 인간의 고통의 역사이자 죽음으로의 전락이다." 선텍스트란 "전제하는 그리고 전제되는 의미, 이미 이야기된 것, 알려진 것, 의식적인 것, 기억할 수 있는 것"을 말한다. 즉 알레고리의 전제된 의미, 이미 알려지고 이야기된, 기억에 새겨진 의미는 바로 인간의 고통과 죽음이라는 존재 조건이라는 것이다. 그런가 하면 해석학적으로 방향 지워진 알레고리의 개념은 알레고리에 대한 전통적인 규정들을, 존재론적 의미에 고정시키지 않으면서 비판적으로 수용할 수 있다.[9]

다양한 알레고리적 표현들 중 대표적인 요소로 이야기되는 것은 의인화이다. 정의상 의인화는 은유적이고 혼합된 양식으로, 인간이 아닌 어떤 것에 인간의 특징을 부여하는 것이다.[10] 의인화가 알레고리의 주요 요소라는 것은 신화적 알레고리로부터 유래했다. "큐피드와 프시케라는 신의 이름은 분명히 추상 개념의 의인화이다. 'Cupido'는 '욕망, 사랑'을 뜻하는 라틴어의 추상명사이며, 'Psyche'는 그리스어의 'Ψυχή'이며 '영혼'을 뜻한다. 큐피드의 어머니의 이름 비너스도 추상명사로서 '매력, 아름다움, 성적 사랑'을 뜻하고 큐피드와 프시케 사이에 생긴 자

---

8) Kurz, *Metapher, Allegorie, Symbol*, p.40.
9) *Ibid.*, p.42.
10) Levin, "Allegorical Language", p.24.

식의 이름은 '쾌락'을 의미한다. 이러한 추상 개념들이 신들로 그려 있기 때문에 이 이야기는 의미가 깊어진다."[11] 전체적인 서사가 구성되면, 그러한 방식으로 우리는 알레고리를 갖게 된다. 큐피드와 프시케의 신화 이야기는 그 자체로 영혼과 욕망의 관계를 묘사하는 하나의 해석이 된다. "영혼인 프시케는 사랑인 큐피드와 결합하기 위해서 육체의 욕망인 비너스와 투쟁한다."[12]

### 은유와 알레고리의 공통점과 차이

여러 가지의 해석을 통해 문자적 의미와 해석된 전의적 의미를 허용하는 알레고리의 구조는 은유와 동형적이다. 알레고리도 은유와 마찬가지로 의미론적 다의성에 의해 구성된다. 이 다의성은 두 가지 공존하는 의미 가능성, 해석 가능성에서 기인한다. 따라서 알레고리는 은유와 동일한 의미론적 구조를 갖는 것처럼 보인다. 수사학의 전통에서 알레고리는 일관되게 연장된 은유로 분류되어 왔다. 알레고리는 은유로부터 유래하는 것으로 여겨졌고, 문자적 의미와 알레고리적 의미의 관계는 은유와 마찬가지로 수사학적 대체이론에 의해 설명되었다. 18세기까지도 알레고리와 은유는 동의어로 사용될 수 있었다.[13]

    그러나 알레고리와 은유가 함축하는 두 가지 의미 연관 사이의 관계는 서로 동일하지 않다. 우선 그 차이는 통사론(syntax)의 차원에서 드러난다. 은유에서 문자적 요소와 은유적 요소는 통사론적으로 연결

---

11) 맥퀸, 『알레고리』, 13쪽.
12) 같은 책, 13쪽.
13) Kurz, *Metapher, Allegorie, Symbol*, p.37.

되어 있다. 즉 가장 기본적인 은유는 'A는 B이다'라는 문장 형태를 갖는다. 은유는 두 관념을 하나의 문장 안에 연결한다. 따라서 은유는 동일화/정체화의 결과물이다. 반면 알레고리는 두 관념을 하나의 문장 내지 표현 안에 결합하는 형식이 아니다. 알레고리는 하나의 표현에 담긴 여러 의미의 층위이다. 따라서 알레고리적 의미는 두번째의, 부차적인 의미로 재구성되는 것이다. 알레고리의 의미는 일차적이고 표면적인 의미와는 다른 층위에서 부차적으로 재구성된다. 알레고리적 의미가 두번째 의미이기 때문에, 논리적으로 따져 보면 알레고리적 의미는 첫번째 의미로부터 재구성되는 것이며, 첫번째 의미는 일반적으로 두번째 의미보다 시간적으로 선행하는 것으로 볼 수 있다.[14] 은유에서는 두 관념이나 의미가 동시적인 것에 비해, 알레고리적 의미는 시간적 선후관계로 생각할 수 있다.

은유와 알레고리의 결정적인 차이는 의미론의 차원에서 발생한다. 의미론적으로, 은유에서는 동일화를 통한 의미의 융합이 일어나는 반면, 알레고리에서는 두 개의 의미가 병행하며 두 가지의 의미 해석 사이에는 비약이 일어난다. "은유는 은유적으로 일의적이다." 반면 "알레고리는 이의적이다. 그것은 하나의 의미 그리고 또 하나의 다른 의미를 갖는다".[15] 은유는 그 안에 의미론적 긴장을 유지한다 해도, 하나의 은유적 의미를 갖는다. 그러나 알레고리는 표현 전체를 하나의 단위로 하여, 여러 가지의 해석들을 함축한다. 즉 알레고리는 여러 겹의 이야기, 여러 층위의 해석을 허용한다. 그리고 그 여러 층위의 해석과 이야기는 혼융

---

14) Kurz, *Metapher, Allegorie, Symbol*, p.33.
15) *Ibid.*, p.33.

되지 않고 나란히 병행·공존하며 각각의 단위로 남은 채 서로 만나지 않을 수 있다. 그 두 개의 해석은 나란히 놓인 서로 다른 이야기이다. "은유는 두 개의 의미를 하나로 융해시킨다. 알레고리는 그것들을 나란히 유지한다."[16]

알레고리의 기능은 추상적인 개념이나 사유를 구체화해 보여 주는데 있다. 이해하고 파악하기 쉬운 이야기를 통해 추상적·사변적인 사태를 설명하고 납득 가능하게 묘사할 수 있기 때문이다. 그러나 알레고리의 가능성은 표현 내부에 있다기보다, 해석의 과정에 있다. 물론 저자나 화자의 심층적 의도가 표현이나 이야기 안에 살아 있을 수 있지만, 알레고리가 알레고리로서 기능할 수 있는 가능성은 심층적 의미를 찾아내는 과정을 통해서만 주어진다. 읽어 낼 수 있을 때에만, 그리고 그 읽어 내는 것이 정합적일 때에만, 의미의 또 다른 층위가 기능할 수 있다.

### 우의론

알레고리가 다양하게 병행하는 의미들을 허용한다는 것은, 그것이 텍스트 요소들에 정합적이기만 하다면 다양하고 새로운 해석이 가능하며 받아들여질 수 있다는 것을 의미한다. 따라서 알레고리적 의미는 텍스트에 내재하는 것이 아니라 해석을 통해 증식될 수 있는 것이다. 알레고리가 문학의 형식으로 자리 잡기 이전에 해석 방법론으로서 우의론(Allegorese)이 있었다. 이것은 텍스트에 대한 알레고리적 해석을 말한다.[17] 우의론적 해석은, 하나의 텍스트는 그것이 표면적으로 내놓는 것과는 전혀 다른 (심층) 의미를 가질 수 있다는 믿음에 의해 정당화된다.

---

16) *Ibid.*, p.37.

우의론적 해석은 하나의 텍스트에 심층 차원의 의미를 부가할 수 있다.

　우의론적 해석은 하나의 텍스트가 심층적인 하부 의미들을 함축하고 있다는 생각에서 유래한다. 알레고리적 해석의 실천이 가장 중요하게, 또 가장 일상적으로 작동하는 지점 중 하나는 꿈이다. 오랫동안 꿈은 그것이 표면적으로 드러내는 것과는 다른 심층 이야기를 담고 있는 알레고리로 해석되어 왔고, 그러한 생각을 원용하는 많은 신화와 문학 작품들이 있다. 구약 성서의 꿈 해석자 요셉의 이야기를 비롯하여, 카프카의 소설 『성』이나 『심판』에서도 꿈은 중요한 예지적 기능을 한다. 꿈이 이야기하는 것들은 그것이 드러내어 말하는 것과는 '다른 것'을 말한다. 그리고 프로이트의 『꿈의 해석』도 우의론적 해석의 모범을 따라 표면화되지 못하는 무의식의 흐름과 역동을 해석한다.[18]

　우의론적 해석은 하나의 텍스트에 다층적인 의미를 부여할 수 있다는 것을 보여 준다. 그리고 알레고리가 이와 같은 우의론적 해석으로부터 유래했다는 사실은 알레고리적 해석의 개방성을 보여 준다. 하나의 텍스트는 늘 새로운 알레고리적 해석을 향해 열려 있다. 알레고리에 일정한 문화적 유형화나 전형성 또는 존재론적 함축을 갖는 것이 인정되어 왔지만, 알레고리적 이야기에는 또한 새로운 문화 컨텍스트에서 또는 새로운 해석을 통해서 하나의 새로운 의미 층위를 쌓아 갈 가능성이 열려 있다. 예를 들어, 알레고리적 유형화는 르네상스 시대에 고대의 신화를 기독교적인 것과 연관 지을 수 있게 했다. 오르페우스 신화는 신학적 해석 컨텍스트와 만나 예수와 구원의 알레고리로 재해석되었다.[19]

---

17) Kurz, *Metapher, Allegorie, Symbol*, p.45.
18) *Ibid.*, p.47.

그런가 하면 페르세포네의 신화도 다층화된 알레고리적 해석에 개방되어 왔다. 페르세포네의 어머니 데메테르는 대지의 여신이다. 딸이 자신에게 돌아와 있는 반년 동안에는 대지를 비옥하게 하지만 페르세포네가 하계에 갇혀 있는 동안 대지는 척박하게 메마른다. 사계절의 순환과 곡식의 생장 리듬이 이 신화 이야기의 알레고리를 구성한다. 그러나 다른 차원에서 "하계의 신 하데스는 죽음이고, 페르세포네는 죽음의 지배를 받지만 데메테르의 노력으로 구원받는 인간의 영혼"이라는 알레고리로 읽는 것이 가능하다. 그런가 하면 존 밀턴의 『실낙원』에서는 이 이야기를 구원 서사의 알레고리로 읽는다. 즉 "페르세포네가 겁탈당하는 것은 아담과 이브가 타락하는 것에 해당하고 디스(하데스)는 사탄에, 그리고 세레스(데메테르)는 구주인 그리스도에 해당한다".[20]

우의론적 해석의 개방성은 알레고리를 위험한 것으로 만든다. 하나의 의미 외에 병행하는 다른 의미들, '다르기 말하기'들은 어떠한 해석적 기준에 의해 채택되거나 폐기되는가? 알레고리적 해석은 어디까지 열려 있을 수 있는가? 오르페우스를 예수와 비유할 수 있는 가능성은 어디에 있는가? 알레고리는 비판적이고 풍자적이며 전복적이고 아이러니한 것으로 취급된다. 알레고리에는 의미의 안정성이 없다. 오직 불안정성만이 있을 뿐이다.[21]

알레고리는 상징과 반대되는 개념으로 받아들여져 왔다. 알레고리와 상징의 구분이 언제나 손쉬운 것이 아니었고, 또 많은 구분과 규정들

---

19) *Ibid.*, p.44; 맥퀸, 『알레고리』, 5쪽.
20) 같은 책, 3~4쪽.
21) Kurz, *Metapher, Allegorie, Symbol*, p.55.

로도 그 경계를 분명히 긋지 못하는 것이 사실이다. 그러나 일반적으로 상징은 존재론적인 것으로 여겨지는 반면, 알레고리는 해석적인 것으로 받아들여졌다. 독일의 고전주의에서는 상징과 대비해서 알레고리를 저급의 형식으로 평가했다. 예를 들어 괴테는 상징과 알레고리를 구분하면서, 이 둘은 생생한-경직된, 명료한-불명료한, 구체적인-추상적인, 형용하기 어려운-쉽게 말할 수 있는, 이성-오성, 이념-개념, 유기적-기계적, 자연적-인위적 등의 이분법과 연결 지었다.[22] 그리고 이 이분법에서 알레고리의 평가절하는 분명해 보인다.

그러나 1960년대 이후에는 오히려 알레고리의 해석적 가능성이 다시 관심을 끌기 시작했다. 벤야민의 알레고리 이론, 한스 게오르크 가다머(Hans-Georg Gadamer)와 한스 로베르트 야우스(Hans Robert Jauß) 등의 연구가 알레고리를 새롭게 부각시키고 재발견하는 데 중요한 출발이 되었다면, 폴 드 만 같은 해체주의 이론가들은 문학을 읽기와 쓰기의 알레고리로 정의했다. 그러면서 텍스트를 고정된 하나의 해석으로부터 떼어 내, 다양한 해석들의 가능성으로 개방한다. 그리고 텍스트의 알레고리적 읽기를 통해, 하나의 의미를 확정하는 읽기의 불가능성을 주장한다.


## 2) 독서의 알레고리: 드 만의 해체주의

### 언어의 수사학적 성격

드 만은 모든 종류의 텍스트 읽기를 알레고리로 규정하지만, 알레고리

---

22) Kurz, *Metapher, Allegorie, Symbol*, p.54.

는 해석의 영역에 속하는 문제가 아니라 언어 자체에 내재하는 속성에서 기인하는 것이라고 본다. 드 만에 따르면, 모든 읽기가 알레고리일 수밖에 없는 이유는 언어 자체가 알레고리적이기 때문이다. 알레고리는 언어 내재적이다. 알레고리적 의미는 해석에 의해 덧붙여지는 것이 아니라, 이미 기호가 함께 가지고 있던 것이다. 기호는 문자적 의미에 붙박여 있지 않다. 그것은 결정되지 않는 많은 의미들을 동시에 가지고 있다. 따라서 드 만은 아무런 선입견 없이 오로지 텍스트를 꼼꼼히 읽어 보면 동시에 허용하는, 받아들일 만한 여러 가지 서로 다른 의미로 그것을 읽는 것이 가능하다는 사실을 발견할 수 있다고 보았다. 따라서 그는 해석학이 아니라 문헌학적 탐구를 통해서 언어의 알레고리적 성격을 찾아내는 일이 언제나 가능하다고 본다.

예일 비평가 그룹(Yale Critics)[23]의 대표 이론가 중 하나인 드 만은 '저자의 의도, 작품의 뜻, 해석의 정당성, 주체와 객체 사이의 관계, 역사성' 등과 같은 전통적인 문예학의 기준들을 거부한다. 드 만에게 의미 있는 문예학적 도구는 오로지 문헌학(philology)과 수사학이다. 드 만은 언어기호를 세계경험과 연관 지어 이해하고자 하는 노력이나 텍스트 바깥에서 텍스트 해석의 근거를 찾고자 하는 노력을 모두 이데올로기적인 것이라고 비판한다. 오로지 텍스트 안에 머물러 그것이 드러내는 바를 꼼꼼히 읽어 내는 '엄밀한 읽기'(close reading)를 드 만은 자신의 방법론으로 소개한다.

---

23) 해럴드 블룸(Harold Bloom), 제프리 H. 하르트만(Geoffrey H. Hartman) 그리고 J. 힐리스 밀러(J. Hillis Miller)와 함께 드 만은 미국에서 신비평(new criticism)의 뒤를 이으면서 해체를 문학비평과 연결하는 새로운 문학비평의 흐름을 만들어 냈고 이들을 예일 비평가 그룹이라고 부른다.

드 만의 읽기는 텍스트의 텍스트성에만 집중한다. '엄밀한 읽기'는 철저한 텍스트 내적 읽기 방법이다. 그것은 텍스트에 밀착하여 기호로서의 텍스트를 문헌학자처럼 꼼꼼히 읽어 내는 것을 의미한다. 그 과정에서 드 만은 전제가 되는 의미론적 믿음을 거부하며, 동시에 구조에 대한 기호학적 믿음도 거부한다. 의미론적으로 텍스트를 해석하는 것도, 기호학적으로 텍스트의 구조를 분석하는 것도, 텍스트 자체를 바깥의 요소로 재단하는 그릇된 길이다. 드 만의 '엄밀한 읽기'는 어떠한 형이상학적 잔재도 없이, 텍스트의 연관들을 수사학적 형식들로 환원하여 읽는 방법이다.[24]

드 만에 따르면 언어는 그 근본에 있어, 본질적으로 '비유적'이다. 드 만은 언어의 본래적 의미와 전의적 의미라는 구분은 불가능하다고 주장한다. 이것은 니체의 언어 이론으로부터 유래한 생각이다. 드 만은 자신이 니체의 언어 이론과 수사학에 대한 아이디어를 계승하고 있다고 생각한다. 니체에 따르면 "**언어는 수사학이다.** 언어는 인식(episteme)이 아니라 단지 억견(doxa)을 원하기 때문이다".[25] 니체는 언어의 개념들이 "동일하지 않은 것을 동일화하는 작용"(Gleichsetzen des Nicht-Gleichen), 즉 은유를 통해 생겨난다고 본다. 개념은 개별적인 인상의 차이를 삭제하고 보편화하면서, 그리고 사물의 부분적 특징을 전체로 대체하면서 만들어지는 것이다. 따라서 "사람들이 요청할 수 있을 언어의 비수사적 '자연스러움'이란 전혀 없다. 언어 자체는 순전히 수사학적

---

24) Karl Heinz Bohrer, "Vorwort", ed. Karl Heinz Bohrer, *Ästhetik und Rhetorik: Lektüren zu Paul de Man*, F/M: Suhrkamp, 1993, p.8.

25) Friedrich Nietzsche, "Rhetorik-Vorlesung", *Gesammelte Werke*, Bd.5, München: Musarion Verlag, 1922, p.298.

기술의 결과물이다".[26] 드 만은 니체의 언어 이론을 더욱 급진적으로 받아들여, "비유는 파생된 주변적이거나 착란적인 언어 형식이 아니고, 언어의 범례 자체"라고 주장한다.[27]

드 만에게 비유나 수사적 문채는 여러 가지 언어 사용방식들 중 하나의 사용방식이 아니라, 언어의 본래적 특성 그 자체이다. 따라서 어떠한 이데올로기에도 의존하지 않고 텍스트를 내재적으로 엄밀하게 읽어가게 되면 언어가 가진 수사적 특성이 고스란히 드러나게 된다는 것이다. 나아가 텍스트를 문자 그대로의 의미로 해석하려는 시도 자체가 불가능하다. 드 만에 의하면, 그것은 해석의 무능력 때문이 아니라, '문자 그대로의 의미'라는 것 자체가 애초부터 불가능하기 때문이다.

기본적으로 드 만은, 수사학적 비유를 문자적 의미로 독해해 줄 문법적 규칙 같은 것이 없기 때문에, 문법과 수사학은 구분될 수 없다고 주장한다. 모든 언어가 수사적으로 읽힐 수밖에 없다는 사실을 보여 주기 위해, 드 만은 「올 인 더 패밀리」(All in the Family)[28]에서 에피소드를 하나 가져온다. 볼링 구두끈을 아래로 묶기를 원하는지 위로 묶기를 원하는지 묻는 아내에게 아치 벙커는 "차이가 뭐냐?"라고 묻는다. "숭고한 단순성의 독법을 견지하는 그의 부인은 끈을 위로 묶는 것과 아래로 묶는 것의 차이를 인내심 있게 설명하면서 대답하지만 남편을 화나게 만들 뿐이다." 벙커의 질문은 말 그대로 "차이"를 묻는 것이 아니기 때문이다. 오히려 그것은 "그게 도대체 무슨 차이가 있다는 말인가?"라는

---

26) Ibid., p.298.
27) 폴 드 만, 『독서의 알레고리』, 이창남 옮김, 문학과지성사, 2010, 149쪽.
28) 1971년부터 1979년까지 미국 CBS텔레비전에서 상영되던 시트콤. 이 시리즈의 주인공 아치 벙커는 제2차 세계대전 참전 경험이 있는 보수적이고 가정적인 노동자로 그려진다.

뜻을 담은 역설적인 물음이다. 그것은 차이를 진지하게 받아들이는 물음이 아니라, 차이를 없애 버리는 물음이다. "그와 같은 문법 유형은 상호배타적인 두 가지 의미를 생산한다. 즉 문자 그대로의 의미는 개념(차이)을 묻는 것이지만, 형상적 의미는 차이의 존재를 부인하는 것이다."[29]

벙커의 질문 "차이가 뭐냐?"는 어떻게 해석되어야 하는가? 이 물음을 문법적으로 올바르게 해석하는 부인과 벙커 사이에서 소통의 장애는 왜 발생하는가? 드 만은 문법적 올바름이나 지시 대상의 올바름이, 여기에서 병존하고 있는 두 개 이상의 의미 해석 중에서 어느 것이 더 올바른지를 확정해 줄 수 없다고 본다. 문법이나 사전적 의미가 이 의문문을 단 하나의 의미로 확인시켜 주고 하나의 올바른 해석으로 안착시켜 주지 못한다. 수사학적 표현이 문법을 통해 풀이될 수 있는 것이 아니다. 오히려 문법이 수사학적이라고 말해야 한다.

드 만은 언어의 기원을 수사학으로 보는 니체의 언어 이론으로부터 출발했지만, 드 만에게 언어의 수사학적 본성은 은유적이기보다는 알레고리적이다. 니체는 모든 개념의 기원을 수사로 보고, 또 수사적 문채의 대표적 형식으로 '은유'를 염두에 두고 있지만, 드 만에게 더 앞에 놓이는 수사적 문채는 알레고리이다. 그것은 은유는 하나의 은유적 의미를 가지고 있고 또 그것을 밝혀내기 위한 독서를 지향하는 반면, 알레고리는 무한한 새로운 읽기의 가능성을 병존시키기 때문이다. 드 만의 읽기 이론은 하나의 표현을 통해 병행하는 다양한 의미들을 읽어 내는 알레고리적 읽기를 보여 준다. 드 만은 하나의 텍스트에 정합적이며 때로는 서로 모순적인 다양한 읽기가 가능하다는 것, 그리고 그 읽기들 중

29) 드 만, 『독서의 알레고리』, 23쪽.

에서 어느 하나를 더 나은, 더 올바른 읽기로 평가·판단할 수 있는 기준
은 없다는 것을 보여 주고자 한다.

드 만이 가져오는 또 다른 예는 문학이다. 그는 윌리엄 예이츠
(William Butler Yeats)의 시구를 인용한다. 예이츠의 시 「학교 아이들
사이에서」(Among School Children)의 마지막 4행은 다음과 같다.

> 오, 밤나무여, 큰 뿌리를 드리우고 꽃을 피우는
> 너는 잎인가 꽃인가 줄기인가?
> 오, 음악에 따라 흔들리는 육체, 오, 빛나는 눈짓
> 우리는 어떻게 춤에서 춤꾼을 알 수 있는가?

가장 마지막 행 "우리는 어떻게 춤에서 춤꾼을 알 수 있는가?"라는
문장은 일반적으로 "수사학의 장치를 점점 더 강조하면서 형식과 경험,
창조자와 창조 사이의 잠재적 일치를 진술하는 것으로 해석된다".[30] 이
제까지 이 물음은 기호와 지시 대상 사이의 연관성, 부분과 전체 사이의
연속성을 강조하는 것으로 받아들여져 왔다. 이 해석에 따르면 춤은 춤
꾼과 구별되지 않는다. 춤은 춤꾼의 표현이다. 그러나 드 만은 이 해석
과는 반대되는 해석이 가능하다는 점을 강조한다. 즉 이 마지막의 의문
문을 수사적 표현이 아닌, 문자 그대로의 의미로 읽는 것이 가능하다는
것이다. 만일 우리가 기호와 의미 사이의 차이에 집중한다면? 부분과
전체 사이의 불연속성을 강조한다면? 그러면 우리는 이 문장을 문자 그
대로의 의미대로, 그저 하나의 물음, 춤과 춤꾼 사이의 차이를 묻는 물

---

30) 같은 책, 25쪽.

음으로 읽을 수 있다.

드 만은 어떤 문장을 문자 그대로의 의미대로 읽는 독서가 비유적으로 감춰진 의미를 읽는 독서보다 더 일차적이거나 더 쉬운 것도 아니라고 강조한다. "마지막 행의 질문이 수사학적이라고 가정하는 형상적 독서는 아마도 단순할 것이다. 반면 문자 그대로의 독서는 한층 복잡한 주제와 진술로 나아가게 된다."[31]

## 독서의 알레고리

드 만에게 모든 읽기는 알레고리이다. 드 만에 따르면 독서를 통해서 텍스트의 고유한 알레고리가 드러난다. 위의 두 예들은, 하나의 텍스트가 정합적인 두 개 이상의 읽기를 허용하고, 그 중 어느 하나를 더 우위에 두거나, 어느 하나를 더 정확한 읽기로 판가름할 수 있는 기준이 없다는 것을 보여 준다. 문법적 독해, 즉 문자 그대로의 의미로 읽는 것이 다른 읽기, 수사적 독해보다 더 정확한 것도 아니다.

드 만은 텍스트에 동시적으로 현존하는 다의성을 드러내기 위해서 알레고리에 주목한다. 드 만에 따르면 "알레고리는 일차적으로 그것의 본래적인 근원과의 거리를 표시한다."[32] 알레고리는 언어 표현이 하나의 의미와 동일하게 되는 읽기는 애초에 불가능하다는 것을 보여 준다. 드 만은 은유와 알레고리를 확실히 구분 짓는다. 그에게 수사학은 은유가 아니라 알레고리이다. "메타포의 경우 문자 그대로 지시된 것을 대체

---

31) 드 만, 『독서의 알레고리』, 26쪽.

32) Paul de Man, *Die Ideologie des Ästhetischen*, ed. Christoph Menke, F/M: Suhrkamp, 1993, p.104.

하는 형상은 종합을 통해 어떤 고유의 의미를 산출하는데, 이 의미는 형상 자체에 의해 구성되는 한 내재적인 것으로 남을 수 있다. 그러나 알레고리의 경우, …… 저자는 유사성에 의해 생성된 대체의 효과에 대한 확신을 상실한 것처럼 보인다."[33] 동일하게 되고자 하는 희망과 동경은 포기되어야 한다.

드 만은 프루스트의 『잃어버린 시간을 찾아서』를 "진리와 오류 사이에서 유희하는 알레고리"로 읽는다. 드 만이 주목하는 대목은 '조토(Giotto)의 자애'라는 별명에 대한 마르셀의 성찰로 이루어져 있다. "스완은 요리사 프랑수아즈에 의해 잔혹하게 학대당하는 부엌 하녀를 그 별명으로 부르곤 한다."[34] '조토의 자애'라는 은유는 그녀의 임신한 몸에 걸친 옷과 조토의 이 알레고리적 벽화 사이의 유사성에 기인한다. 그러나 이 연결은 (스완의) 은유에 머물지 않고, 곧 (마르셀의) 알레고리로 옮겨진다. 이 알레고리는 은유의 구조와 다르지 않아 보인다. "스완보다는 더 문학적인(즉 수사학적으로 덜 소박한) 마르셀은 부엌 하녀와 조토의 「자애」가 외적인 모습과는 다른 방식으로 서로 닮았음을 감지했다. …… 하녀와 자애가 공유하는 속성은 몰이해다."[35] '조토의 자애'라는 비유에서 마르셀이 읽어 내는 알레고리적 요소는 이 둘이 모두 무지와 몰이해로 비난받고 있다는 동형성을 공유한다는 점이다.

'조토의 자애'는 은유인가, 알레고리인가? 이 두 가지 접근방식은 큰 차이를 갖는다. "메타포의 경우 문자 그대로 지시된 것을 대체하는

---

33) 드 만, 『독서의 알레고리』, 108쪽.
34) 같은 책, 107쪽.
35) 같은 책, 108쪽.

형상은 종합을 통해 어떤 고유한 의미를 산출하는데, 이 의미는 형상 자체에 의해 구성되는 한 내재적인 것으로 남을 수 있다. 그러나 알레고리의 경우, 여기서 기술된바 저자는 유사성에 의해 생성된 대체의 효과에 대한 확신을 상실한 것처럼 보인다. 따라서 저자는 직접 혹은 테스트 내적인 코드나 전통을 경유하여 어떤 고유의 의미를 진술한다."[36]

더욱이 마르셀은 조토의 프레스코를 직접 마주한 데서 출발한 것이 아니라, 그에 대한 존 러스킨의 주석에서 출발한다. "러스킨은 「자애」라는 그림 속의 여인이 심장으로 보이는 물건을 왼손에 들어 머리 위로 쳐들고 있는 것으로 묘사하고 있다."[37] 신이 자애로운 심장을 그녀에게 건네는 것인가? 아니면 나중에 러스킨이 정정한 것처럼, 그녀가 자신의 심장을 신에게 바치는 것인가? 이 형상의 양가성은 두 가지 해석을 모두 허용한다. 그런데 소설에서 「자애」라는 그림은 프랑수아즈의 비유로 옮겨진다. "그녀는 자신의 빛나는 심장을 신에게 내민다. 혹은 그녀는 마치 요리사[프랑수아즈]가 코르크 뽑개를 지하실 창문을 통해 누군가 1층에서 그것을 요청하는 사람에게 건네주듯, 그 심장을 신에게 건넨다고 말하는 편이 더 나을 것이다."

알레고리적 모호함은 여기에 있다. 부엌 하녀는 '어떠한 견지에서' 조토의 「자애」를 닮았다. 그러나 「자애」의 제스처는 그것을 프랑수아즈와 닮도록 만드는 것처럼 보인다. 첫번째 비유는 나름의 개연성을 주장할 수 있다. 그러나 하녀를 학대하는 프랑수아즈와 조토의 프레스코화 사이의 연결은? 조토의 「자애」는 그림의 테두리에 'KARITAS'(자애)라

---

36) 드 만, 『독서의 알레고리』, 109쪽.
37) 같은 책, 110~111쪽.

고 썼기 때문에 알레고리의 의미를 알 수 있다. 우리는 이 테두리 글자의 독서를 통해 그 의미에 동의하는 것뿐이지, 형상 자체가 그렇듯 '자애'로 읽혀야 하는 것은 아니다. 그 형상, 그 제스처를 '자애'로 읽는 것이 언제나 타당한 '고유한' 의미는 아니다. 그런 읽기도 하나의 알레고리임이 분명하다. 그렇다면 다르게 읽는 것, 즉 '자애'를 프랑수아즈와 비유하는 것이 불가능한 것은 아니다. 이 두 가지 읽기는 결정 불가능성 안에 대립하고 있다. "어떤 독서가 진실이라고 공표된다 하더라도, 그것은 늘 다른 독서에 의해 무화될 수 있다. 한 가지 독서가 틀린 것으로 판명된다 하더라도, 그것은 늘 그 착란의 진실을 개진한다고 설명할 수 있다."[38] 더욱이 의미의 근거가 어딘가 (그것이 외부이든, 내부이든, 초월이든, 내재이든) 주어져 있지 않은 이상, 우리의 독서는 결정되지 않는다.

드 만은 알레고리를 언어 그 자체의 피할 수 없는 본래적 특성으로 받아들였다. 알레고리적 읽기는 외부에서 개입되는 것이 아니라 텍스트 내적으로 잠재되어 있는 것이다. 독서는 하나의 고정된 의미를 발견하는 것을 불가능하게 하는데, 왜냐하면 많은 층위의 의미들과 해석 가능성들이 이미 언어 안에 공존하고 있기 때문이다. 드 만에 따르면 하나의 텍스트에는 각각 정합적이면서, 하나의 해석이 다른 해석들을 완전히 극복할 수 없는, 다양한 읽기들이 병존한다. "우리는 어떤 방식으로도 어느 독서를 우위에 둘 수 있을지에 대해 유효한 결정을 내릴 수도 없다."[39]

---

38) 같은 책, 112~113쪽.
39) 같은 책, 27쪽.

## 독서 불가능성

드 만에게 독서는 알레고리이고, 독서의 알레고리는 곧 '독서 불가능성' (unreadability)을 의미한다. "독서의 알레고리는 독서의 불가능성을 이야기한다. 그러나 이 불가능성은 필수적으로 그처럼 모든 지시적 의미를 강탈당한 '독서'라는 말에 확장된다." 독서가 언제나 알레고리일 수밖에 없는 이유는, 독서가 텍스트의 진리와 오류를 결정할 수 없기 때문이다. "어떤 독서가 진실이라고 공표된다 하더라도, 그것은 늘 다른 독서에 의해 무화될 수 있다. 한 가지 독서가 틀린 것으로 판명된다 하더라도, 그것은 늘 그 착란의 진실을 개진한다고 설명할 수 있다."[40] 독서 불가능성은 바로 독서를 통한 텍스트 의미의 확정 불가능성을 의미한다. 텍스트 자체가 수사학적이기 때문에 텍스트에서 하나의 의미를 발견할 가능성은 없다.

"독서 불가능성이라는 은유는 드 만에게 독서 과정 자체의 패러다임이다. 드 만에 의하면 텍스트가 '비유적'으로 또는 '문자 그대로' 이해되어야만 하는지 여부를 더 이상 확정할 수 없다면, 그 텍스트는 읽을 수 없는 것이다."[41] 텍스트의 독서 불가능성은 또한 모든 독서는 오류 안에 있다는 것을 의미한다. 텍스트의 다양한 해석들 가운데 어떤 하나를 선택하는 것이 불가능하다면, 모든 독서는 오류 안에 있는 것이다. 텍스트가 함축하는 결정 불가능성에도 불구하고, 독서는 늘 하나의 해석을 선택하고자 하기 때문이다.

---

40) 드 만, 『독서의 알레고리』, 112~113쪽.
41) David Martyn, "Die Autorität des Unlesbaren: Zum Stellenswert des Kanons in der Philologie Paul de Mans", ed. Karl Heinz Bohrer, *Ästhetik und Rhetorik: Lektüren zu Paul de Man*, F/M: Suhrkamp, 1993, p.16.

드 만에 따르면 독서 불가능성은 독자의 문제가 아니다. 독서 불가능성은 텍스트에서 유래한다. "우리의 독서는 텍스트 자체에 의해 제공되는 언어 요소들을 사용하므로, 엄밀히 '우리의' 독서가 아니다."[42] 따라서 드 만의 '엄밀한 읽기'라는 방법론에 따라 텍스트를 꼼꼼히 읽게 되면, 텍스트는 스스로를 해체한다는 사실을 발견할 수 있다. 외부적인 개입 없이, 텍스트는 스스로 해체된다. "해체는 우리가 그 텍스트에 부가한 어떤 것이 아니라, 처음에 텍스트를 구성한 것이다. 문학 텍스트는 그 자체의 수사적 양태의 권위를 주장하면서 동시에 부인한다."[43]

드 만은 자신의 해체 작업이 엄밀한 읽기를 통해 텍스트가 스스로를 해체한다는 사실을 발견하는 것이라고 이야기한다. 드 만은 자크 데리다와 그의 '해체'(deconstruction) 사이의 차이를 묻는 스테파노 로소(Stefano Rosso)의 질문에 답하면서 이렇게 말한다.

> 저는, 텍스트가 텍스트 외부로부터의 철학적 개념에 의해 해체되기보다는, '텍스트는 자기 자신을 해체하며, 자기 해체적이다'라는 진술을 고수할 것입니다. …… 데리다의 텍스트는 그토록 뛰어나고, 그토록 예리하고, 그토록 강해서, 데리다에서 무엇이 발생하든, 그것은 그와 그의 텍스트 사이에서 발생한다는 점입니다. …… 저는 제 자신의 생각을 가져 본 적이 없고, 생각이 항상 텍스트를 통해서, 텍스트에 대한 비판적 검토를 통해 왔기 때문인데요……. 저는 문헌학자이지 철학자가 아닙니다.[44]

---

42) 드 만, 『독서의 알레고리』, 34쪽.
43) 같은 책, 34쪽.

텍스트의 자기 해체적 본성은 드 만에 의하면 독서 내에서 독서를 변화시킨다. 그것은 독서의 불가피한 맹목성(blindness)을 결과한다. 맹목성은 독자가 텍스트의 독서 불가능성을 고려하지 않고 텍스트에서 하나의 의미 또는 하나의 구조를 발견하고자 시도하는 데서 기인한다.[45] 드 만에 따르면, 맹목성은 독서에서 단순히 부정적인 현상은 아니다. 많은 경우 저자의 통찰은 독서의 맹목적 수행으로 인해 가능하다.[46]

드 만은 데리다의 루소 독해에서 독서가 드러내는 맹목의 한 예를 발견한다. "그의 루소 해석은 비판적 맹목과 비판적 통찰의 상호작용을 보여 주는 예로 사용될 수 있다. 여기서 이 상호작용은 더 이상 반(半)의식의 이중 구조라는 외양에서 발생하는 것이 아니라, 모든 비판적 언어 자체의 본성으로부터 부과되고 통제된 필연성으로 수용된다."[47] 데리다는 서양 사상이 이제까지 언어의 모든 문자적 형식을 억압하고 문자적 언어를 말해진 언어의 생생한 현전성에 대한 보충으로 강등시킨다고 해석해 왔다. 드 만에 따르면, 이러한 해석적 맥락에서 데리다는 루소를 이 연쇄의 한 고리로 보았다. 그러나 드 만은, 루소가 말하기와 음악에 대한 서술에서 이미 서양 형이상학의 음성 중심주의에 대항하여 거리를 유지하면서 그것을 부정하는 요소들을 가지고 있었다고 본다. 루소는 이미 "쓰여진 언어는, 각각의 직접적인 현전성의 상태를 요구하는 것을 방해한다"는 사고의 단편을 가지고 있었다는 것이다. 드 만

---

44) 폴 드 만, 『이론에 대한 저항』, 황성필 옮김, 동문선, 2008, 223쪽.

45) Jürgen Fohrmann, "Misreading revisited. Eine Kritik des Konzepts von Paul de Man", ed. Karl Heinz Bohrer, *Ästhetik und Rhetorik: Lektüren zu Paul de Man*, F/M: Suhrkamp, 1993, p.90.

46) de Man, *Die Ideologie des Ästhetischen*, p.193.

47) *Ibid.*, p.194.

**164** 2부 · 경쟁하는 문체들

은 데리다가 자신의 의식적인 전략 때문에 전통적인 루소 해석을 그대로 넘겨받았다고 본다. 데리다는 '전통적 해석'에 따라 "루소는 쓰여진 단어에 대해 음성의 우위를 주장했다는 것, 기원적 무구성에 대한 신화에 매어 있었다는 것, 직접적인 현전성을 반성보다 더 높게 가치 평가했다 것"이라고 생각한다.[48] 그러나 이러한 해석은 루소를 오독한 결과이다. 드 만은 데리다가 해체의 대상을 잘못 찾았다고 본다. 드 만이 보기에 루소는 해체할 필요가 없다.[49] 루소의 텍스트는 그것이 오해되리라는 사실을 이미 알고 있었으며, 이미 자신에 대한 그릇된 해석의 알레고리를 내포하는 이야기를 하고 있기 때문이다.[50] 데리다는 문학언어의 수사적 본성을 고려하지 않고 루소의 텍스트를 철학 텍스트로 읽음으로써, 그릇된 대상을 해체하는 맹목을 드러냈다고, 드 만은 해석한다.

그러나 드 만에 의하면 이러한 오독은 피할 수 없는 것이다. 그리고 오독이 바람직하지 않은 것도 아니다. 언어가 알레고리인 이상, 이와 같은 맹목과 오독은 불가피하다. 오히려 이러한 오독과 맹목이 새로운 읽기를 가능하게 하고, 새로운 알레고리적 의미를 덧붙여 줄 수 있다.

### 3) 열린 해석의 한계

#### '독서 불가능성'의 불가능성

독서 불가능성에 대한 드 만의 주장은 언어의 수사적 특성에 의해서 근

---

48) *Ibid.*, p.198.
49) *Ibid.*, p.223.
50) *Ibid.*, p.220.

거 지워지는 것처럼 보인다. 그러나 그의 독서 이론은 근본적으로 증명되기 어려운 논증과 해석을 포함하고 있다는 비판을 받기도 한다. 그의 논증이 포함하는 '수사학, 오독, 독서 불가능성, 맹목성'과 같은 개념들은 전통 문예학의 '주체, 자아, 의미, 역사' 등과 같은 범주들 못지않게 권위적으로 도입된다. 이 개념들은 정의되지 않고 순환한다. 프랭크 렌트리키아(Frank Lentricchia)는 드 만이 수사학에 대해 수사학적으로 설명한다고 비판하면서, 그것을 "권위의 수사학"(the rhetoric of authority)이라 부른다.[51] "권위의 수사학" 위에서 드 만의 "엄밀한 읽기"는 텍스트에 대한 독서 불가능성, 해석들 사이의 결정 불가능성, 독서에 있어서의 오류를 '보편적인 것'으로 확립한다는 것이다. 이 과정에서 텍스트의 복합성은 사라지고 각각의 독서 경험은 독서 불가능성 안에서 소멸한다. "모든 흥미로운 개별적 결과들에도 불구하고 [드 만의 읽기는] 궁극적으로는 늘 텍스트들이 읽히고 분류되는 하나의 이분법적 대립, 즉 텍스트들의 '독서 불가능성'을 아는가, 알지 못하는가의 문제가 된다."[52] 그러면서 드 만의 독서 이론은 주장을 동어반복한다. 언어는 본질적으로 비유적이고, 독서는 늘 오독이고, 텍스트의 의미는 언제나 확정 불가능하다고 전제하면서 출발하고, 그렇게 읽고, 그것을 확인하면서 끝맺는다.

　　드 만에게는 언어 자체가 알레고리이다. 언어는 다양한 해석 가능성을 공유하고, 그 해석들은 병행한다. 은유적 통합을 갈망하는 수사적

---

51) 프랭크 렌트리키아, 『신비평 이후의 비평이론』, 이태동·신경원 옮김, 문예출판사, 1994, 393~441쪽.
52) Fohrmann, "Misreading revisited. Eine Kritik des Konzepts von Paul de Man", p.92.

표현들도 결국은 알레고리적인 결정 불가능성으로 회귀하게 되는데, 그것은 텍스트 자체가 그 알레고리성을 극복할 수 없기 때문이다. 따라서 드 만에게 가장 우선하는, 본질적인 문채는 바로 알레고리이다. 드 만에게 텍스트 읽기의 알레고리는 언어기호 내재적이다.

그러나 알레고리의 의미론적 애매성은 해석의 결과가 아닌가? 하나의 표현이 알레고리로 읽힐 수 있는 것은 그것이 그렇게 '읽히기' 때문이다. 텍스트를 알레고리로 읽을 수 있는 가능성은 독자가 그 '알레고리적 의미'를 발견할 수 있는 읽기를 해야 주어진다. 오르페우스의 신화를 예수의 알레고리로 읽을 수 있는 이유는, 이 두 겹의 해석 가능성을 모두 알고 있기 때문이다. 예수의 생애와 의미를 알지 못하면, 이 새로운 알레고리적 해석의 가능성은 차단된다. 그런 의미에서 알레고리는 텍스트 자체가 생성할 수 있는 것이 아니다. 하나의 텍스트가 알레고리로 읽히는 것, 즉 두 가지 이상의 양립 가능하고 정합적인 읽기의 대상이 되는 것은 그것이 그렇게 해석되었기 때문이다.

알레고리의 구조는 의미론적 **애매성**(Ambiguität)을 수단으로 구성된다. …… 문자적이든, 은유적이든 **애매성**은 언어 그 자체의 본래적 특성이 아니라 오히려 해석학적 기대에 의존하는 것이다.[53]

다시 아치 벙커의 예로 돌아가 보자. 벙커의 물음은 고립된 텍스트가 아니다. 그것은 대화 상황 안에 놓여 있다. 오해와 소통 장애, 오독과 두 가지 해석의 가능성은 대화를 통해 조정된다. "차이가 무엇인가?"라

---

53) Kurz, *Metapher, Allegorie, Symbol*, pp.32~33.

는 물음은 극복할 수 없는 다양성에 노출되어 있는 떠도는 알레고리가 아니다. 차라리 이 짧은 소통 장애가 제공하는 해석에의 자극 자체가 대화의 일부이며, 이 문장의 의미의 일부이다. 이 물음이 확정 불가능성의 무한 회로에 갇히지 않을 수 있는 이유는, 대화 상대자들, 벙커와 그의 부인이 상대에 대한 오해를 질문과 대답의 교환으로 교정해 갈 수 있기 때문이다. 이때 강조된 억양, 제스처, 표정, 다른 외적 신호들이 이 장애의 제거를 도와줄 것이다. 드 만의 독서 불가능성은 이와 같은 실질적이고 화용론적인 현실을 도외시함으로써만 지지된다. 드 만의 '엄밀한 읽기'라는 독단은 바로 이와 같은 해석적 상호작용의 조건을 무시함으로써만 유지된다.

## 해석의 한계

한 인디언 노예가 주인에게서 무화과가 든 바구니와 편지를 전하라는 임무를 부여받았으나, 도중에 열매의 대부분을 먹어 치우고 남은 열매 몇 알만 전해 준다. 물건을 전달받은 사람은 편지를 읽은 후, 그 내용을 밝히면서 노예를 책망한다. 그러나 무지한 인디언 노예는 (증거가 있음에도 불구하고) 사실을 부인하며 종이를 향해 거짓 증거라고 욕설을 퍼붓는다.

그 후, 무화과 바구니와 함께 열매의 정확한 수를 명시한 또 다른 편지를 전하라는 심부름을 하게 된 인디언은 처음과 마찬가지로 열매의 대부분을 먹어 치운다. 그러나 이번에는 열매를 먹기 전에 편지를 큰 바위 밑에 숨긴다. 편지가 열매 먹는 것을 보지 못하면 고자질을 할 수 없을 것이라고 생각했기 때문이다.

그러나 인디언에게는 전보다 더욱 큰 책망이 가해졌다. 결국 인디언은 종이의 신성(神性)에 감탄하며 자기의 잘못을 시인한다.[54]

텍스트에 대한 알레고리적 해석은 어디까지 가능한가? 드 만은 텍스트의 본래적 의미와 수사적 의미의 구분은 불가능하다고 주장한다. 뿐 아니라 어떠한 읽기도 텍스트의 의미를 한정할 수 없다고 주장한다. 텍스트의 의미를 결정하는 것은 불가능하다는 것이다. 이러한 주장을 일관되게 유지한다면, 해석은 무한하다. 에코는 드 만과 같이 기호의 무한한 해석 가능성을 주장하는 논의에 대항하기 위해, 하나의 사고 실험을 제안하며 위의 이야기를 도입한다.

메시지를 전달하는 '글/텍스트'의 기능을 입증하는 위의 에피소드는 존 윌킨스(John Wilkins)를 인용한 것이다. 인디언 노예가 전달한 쪽지에 아마도 "친구여, 나의 노예가 전해 줄 바구니에는 내가 자네에게 선물로 보내는 30개의 무화과가 있소"와 같은 메시지가 적혀 있었을 것을 상상할 수 있다. 이 전언이 의미하는 바를 과일 바구니를 받은 친구가 알고 있었기 때문에, 노예에게 책임을 묻는 것이 가능했을 것이다. 즉 이 전언은 '30개의 무화과'가 전해지리라는 사실을 믿게 하고, 그렇기 때문에 30개에 미치지 못하는 과일 열매의 숫자를 보고 그 사이 노예가 그 과일을 먹었으리라는 걸 추측할 수 있게 한다.

그러나 이 텍스트를 문자 그대로의 의미로밖에 읽을 수 없을까? 다른 의미, '다른 이야기를 하는' 수사적 텍스트로 읽을 가능성은 없는가? 이 텍스트를 문자 그대로의 의미로 묶어 줄 확고한 대상적 진리를 확증

---

54) 움베르토 에코, 『해석의 한계』, 김광현 옮김, 열린책들, 1995, 5~6쪽.

할 수 있을까?

에코는 이 전언 텍스트가 다르게 읽힐 가능성을 탐색해 본다. 예를 들어 "1. 이 메시지는 암호로 작성되었다"고 상정해 볼 수 있다. "'바구니'는 '군대'를, '무화과'는 1천 명의 '군인'을, 그리고 '선물'은 '원군'을 뜻하므로 편지는 발신자가 3만 명의 지원군을 수신자에게 보낸다는 암시적 의미를 담고 있다." 또는 "2. '무화과'(figues)를 수사학적 의미(불어로 무화과는 'figue'라 하며 이는 'mi-figue mi-raisin', 즉 '이것도 저것도 아닌 것'을 뜻하는 숙어로 나타난다)로 받아들인다면 메시지는 (적어도 오늘날에는) 또 다른 해석을 가능하게 한다." 그리고 "3. 병 안에 든 메시지는 일종의 우의(寓意)[알레고리]이며 이것은 개인의 시적 코드에 의거하는 제2의 의미를 갖는다"고 읽을 수도 있다. "즉, '무화과'는 '과일'을 뜻하는 제유법이 될 수 있으며, '과일'이 '천체의 긍정적 영향'을 의미하는 은유라면 '천체의 긍정적 영향'은 '신의 은총'을 나타내는 우의가 될 수 있다."[55]

이와 같은 해석적 조작은 어디까지나 가능하다. 무한히 열린 새로운 해석 가능성의 실험이 근거 지워질 수도 있다. 그러나 에코는 "해석자는 이러한 익명의 메시지에서 다양한 의미와 지시 대상을 추출해 낼 수 있"지만 "이 메시지가 무엇이나 의미할 수 있다고 말할 권리는 없다"고 정리한다.[56] 최소한 이 메시지가 의미할 수 없는 그 무엇도 있다는 것이다. 텍스트의 본래적 의미를 상정할 수 없고, 또 텍스트 해석의 가능성이 열려 있다는 것을 긍정한다 하더라도, 해석의 가능성을 한계 지을

---

55) 에코, 『해석의 한계』, 10쪽.
56) 같은 책, 11쪽.

수 있는 다양한 현실적·상식적·이해맥락적·화용론적 한정들이 기능할 수 있기 때문이다. '무화과 30개를 보낸다'라는 메시지가 설령 그 발신자와 수신자와 지시 대상과 상황에서 고립되어 전혀 다른 맥락에 던져진다 하더라도, 이 메시지가 일차적으로 바로 '그것'인 '무화과'라는 열매와 '30개'라는 숫자를 시시하는 것으로 받아들여지는 것이 일차적일 것이다.

하나의 텍스트를 알레고리로 확장해서 해석하는 가능성은, 그것의 적정한 타당성을 보증받아야 한다. 그것은 결코 텍스트의 일의성으로 귀환하는, 드 만이 말하는 '이데올로기적 읽기'로 되돌아가는 것을 의미하지는 않는다. 단지 하나의 텍스트를 알레고리로 읽기 위해서라도, 우리는 이미 그 텍스트를 둘러싼 '이야기'를 구성할 수 있어야 한다. 에코가 제시한 다양한 (다소 과장된) 읽기의 가능성도, 그 가능성을 지지해 줄 '이야기' 안에서만 열릴 수 있다. 하나의 메시지를 그것이 출발한 장소로부터 떼어 내어 떠돌게 하는 것은, 그러한 가능성을 상상할 수 있는 하나의 세계를 만들어 낼 때뿐이다. 하나의 텍스트를 다르게 읽는 것은 가능하다. 그러나 모든 다르게 읽기가 무한정하게 허용되는 것은 아니다. 다르게 읽기는 하나의 가능한 해석의 설정된 맥락 안에서만 타당하게 받아들여질 수 있기 때문이다.

# 3장

# '유사성'의 문제

은유는 어떻게 만들어지는가? 은유의 성립을 논리적으로 설명하려고 하는 많은 시도들은 은유의 근거가 '유사성'에 있다고 보아 왔다. 환유가 성립되는 이유는 두 개념 사이의 인접성이다. 그러나 은유는 멀리 떨어져 있는 두 개념을 연결한다. 그 두 개념을 연결할 수 있는 이유는 무엇인가? 그것은 드러나 있건 감추어져 있건 그 두 개념 사이에 있는 어떤 '유사성'이다. 일찍이 아리스토텔레스는 훌륭한 시인은 유사성을 인식할 수 있는 재능을 가지고 있는 사람이라고 보았고, "우리는 유사하지만 첫눈에는 [그러한 사실이] 명백히 드러나지 않는 사물들로 은유를 만들어야 한다"라고 주장했다.[1] "은유에 능하다는 것은 서로 다른 사물들의 유사성을 재빨리 간파할 수 있는 것"을 뜻한다.[2] 훌륭한 시인은 서로 떨어져 있는 사물들 또는 개념들 사이의 유사성을 인식할 수 있는 재능을 가진 사람이다.

---

1) Aristoteles, *Rhetorik*, p.194.
2) 아리스토텔레스, 『시학』, 125~126쪽.

은유는 두 개념들 사이의 '거리'를 통해 긴장을 만들어 낸다. 은유의 새로움과 자극은 익숙하지 않은 비유를 통해 만들어진다. 그것은 파격이거나 모순이거나, 의미론적이고 화용론적인 규범의 위반이다. 대부분의 은유 문장은 문자적 의미에서는 거짓이다. 이 같은 파격과 모순과 위반에도 불구하고 그 두 개념 사이의 '유사성'이 발견된다면, 그것은 성공한 은유가 된다. 그 이유는 무엇인가? 은유는 개념들에 내재하는 유사성의 발견인가? 아니면 은유가 두 개념의 (원래는 없거나 희박하던) 유사성을 만들어 내는 것인가? 은유가 만들어지면 은유에 속한 각 개념의 어떤 의미요소는 부각되고 또 다른 의미요소들은 도외시된다. 어떤 부분은 강조되고, 다른 부분들은 삭제된다. 멀리 떨어져 있는 개념들의 결합을 통해 만들어지는 은유가 더 큰 긴장을 유발할 수 있는 이유는, 그것이 이미 드러나 있는 잘 알려진 유사성을 확인하는 것이 아니라, 감추어져 있어서 발견하기 어려운 유사성을 발굴해 내기 때문이 아닐까?

유사성은 발견될 뿐 아니라 만들어진다. 그 극적인 예를 우리는 다다(DADA) 시에서 발견할 수 있다. 1920년 발표된 「연약한 사랑과 씁쓸한 사랑에 대한 다다 선언」에서 트리스탕 차라(Tristan Tzara)는 '다다 시를 쓰기 위해'라는 제하에 다음과 같은 제안을 한다.

신문을 들어라.

가위를 들어라.

당신의 시에 알맞겠다고 생각되는 분량의 기사를 이 신문에서 골라내라.

그 기사를 오려라.

그 기사를 형성하는 모든 낱말을 하나씩 조심스럽게 잘라서 푸대 속에

넣어라.

조용히 흔들어라.

그다음엔 자른 조각을 하나씩 하나씩 꺼내어라.

푸대에서 나온 순서대로

정성들여 베껴라.

그럼 시는 당신과 닮을 것이다.

그리하여 당신은 무한히 독창적이며, 매혹적인 감수성을 지닌, 그러면서 무지한 대중에겐 이해되지 않는 작가가 될 것이다.[3]


무작위로 뽑아낸 단어들의 결합을 통해 '당신과 닮은 시'를 만들어 낼 수 있다는 이 실험은, 유사성은 사물들에 내재하는 어떤 성질이 아니라, 두 사물을 연결하고 난 후에 부과하는 해석일 수 있다는 사실을 보여 준다. 예를 들어, 다다 시 작법을 따라 임의의 두 단어를 뽑아내어 '책은 반지다' 또는 '달은 TV다'라는 은유가 만들어졌다고 생각해 보자. 위의 두 '은유' 문장에서 개념들 사이의 거리는 건너기 어려울 만큼 멀어 보인다. 두 개념 사이의 유사성은 즉각적으로 드러나지 않는다. 그러나 우리는 두 개념의 유사성을 발견해 낼 수 있다. 이 은유 문장이 발화된 후에, 우리는 두 개념에 어떤 유사성이 내재한다고 상정하고 둘 사이의 작은 연관성을 확대하고 과장하여 간극을 메우는 '모범적 독자', '성실한 해석자'가 될 수 있다. 그 결과 '책은 반지다'라는 은유에서, 책과 반지 사이의 유사성은 만들어질 수 있다. 책은 반지처럼 귀하고, 하나의

3) 트리스탕 챠라·앙드레 브르통, 『다다/쉬르레알리슴 선언』, 송재영 옮김, 문학과지성사, 1987, 45쪽.

전체로서 닫혀 있고, 약속의 상징이므로, 책은 반지와 '유사성'을 공유한다고 말할 수 있다. '달은 TV다'라는 (백남준이 사용했던) 은유도 수용 가능하다. 왜냐하면 달은 기울거나 차면서 변화하는 영상을 보내 주고, 우리는 고래로 달을 멀리서 바라보아(tele-vision) 왔기 때문이다. 이와 같이 유사성을 발견하고 그 타당성을 설명하는 일은 언제나 가능하다. 그것은 결국 '모든 것은 모든 것과 유사하다'는 사실을 증명하는 듯하다. 그러나 모든 것이 모든 것과 유사하다면, '유사성'이라는 기준은 아무것도 말해 주지 못한다.

정말 모든 것은 모든 것과 유사한가? 은유가 담아내는 유사성은 무엇인가? 유사성은 은유적 발화의 원인인가, 결과인가? 사물들 사이에 있는 유사성을 발견할 수 있기 때문에 우리는 은유를 만들 수 있는 것인가? 아니면 은유적 발화가 발생하면서 유사성이 생산되는가? 유사성은 사물의 속성들에 있는가, 아니면 인간의 인지적 능력에 있는 범주 또는 도식의 결과인가? 유사성은 사물들의 상호비교를 통해서 갑자기 드러나는가? 유사성의 발견은 차이에도 불구하고 발견되는 동일성에 귀속하는가? 아니면 영원히 계속되는, 결코 동일성으로 수렴되지 않는 차이들을 드러내는가? 이 모든 질문들은 바로 다음의 질문으로 되돌아온다. 유사성으로 은유를 설명할 수 있는가?

## 1) 유사성의 작용

### 동일하지 않은 것의 동일화

유사성은 동일성과 차이 사이에 있다. 같음과 다름을 동시에 갖는다. 유사성을 본다는 것은 서로 다른 것들 안에서 동일한 것을 보는 것이다.

유사성의 논리적 구조를 폭로하는 것은 바로 은유이다. "왜냐하면 은유적 발화 안에서 '유사한 것'은 차이에도 **불구하고**, 모순을 **고려하지 않고** 인지되기 때문이다."[4] 은유적 발화가 그렇게 하는 것처럼, 유사한 것들을 동일시하게 될 경우 그것은 결과적으로 서로 다른 것들을 같은 것으로 만드는 조작적 과정을 겪는 것이다. 유사한 것들은 차이의 관점에서 고찰하면 서로 다른 것들이지만, 동일성의 관점에서 접근하면 서로 같은 것이 된다.

니체는 은유를 언어의 기원으로 본다. 은유는 '동일하지 않은 것의 동일화'이다. 니체에 따르면 "은유는 사람들이 어느 한 지점에서 **유사한** 것으로 인식한 것을, **동일한** 것으로 다루는 것을 의미한다".[5] 니체는 언어의 개념들이 동일하지 않은 것을 동일화하는 작용을 통해 생겨나며, 서로 다른 개별적인 인상을 보편화한 결과로 생겨난다고 본다.

> 하나의 나뭇잎이 다른 어떤 나뭇잎과도 동일하지 않다는 사실이 확실한 것처럼, 나뭇잎이라는 개념이 개별적인 다양성들의 임의적인 제거를 통해, 그리고 차이들의 망각을 통해 형성된다는 사실은 확실하다. 나뭇잎이라고 하는 개념은 이제, 마치 자연 안에서의 나뭇잎들 외부에 어떤 것이 있는 듯한, 그 '나뭇잎'이 있는 듯한, 그것을 통해 모든 나뭇잎들이 만들어지고, 표시되고, 정밀하게 재어지고, 채색되고, 주름지고 그려질 수 있는 하나의 원형상이 있는 듯한 표상을 일깨운다.[6]

---

4) Ricœur, *Die lebendige Metapher*, p.186.
5) Friedrich Nietzsche, *Kritische Studienausgabe*, Bd.7, eds. Giorgio Colli and Mazzino Montiari, Berlin: de Gruyter, 1980, 19[249].
6) Nietzsche, *Kritische Studienausgabe*, Bd.1, p.880.

니체에게 개념은 개별적인 특질들의 제거와 개체들의 고유한 특성의 생략을 의미한다. 이 과정에서 생생한 은유들은 하나의 도식이 된다. 개념적인 언어는 한때 살아 있던 은유들의 흔적이다. 그러나 그것이 은유적 기원을 가지고 있었다는 사실은 잊혀지고, 어떤 추상적이고 불변하는 보편관념이 존재하는 것 같은, 즉 "하나의 원형상이 있는 듯한" 믿음을 갖게 된 것이다.

그러면 진리란 무엇인가? 움직이는 한 떼의 은유들, 환유들, 의인화, 간단히 말해 인간적인 관계들의 합이다. 이 인간적인 관계들은 시적이고 수사적으로 고양되고 전용되고 장식된 것이다. 그리고 이는 오랜 사용 이후에 한 민족에게 고정적으로, 규범적으로 그리고 구속력을 가지고 사유된 것이다. 진리는 환상이다. 사람들이 그것에 대해 그것이 무엇인지를 망각한 그러한 환상이다. 진리는 낡아 빠진 그리고 감각적인 힘을 상실한 은유들이다. 진리는 그것에 새겨진 그림이 닳아 버려서 더이상 하나의 동전으로 여겨지지 않고 그저 금속 조각으로 여겨지는 그러한 동전들이다.[7]

개념들이 은유적이고 인간 중심적인 전용이었다는 사실이 잊혀지기 때문에, 진리는 환상이자 거짓말이 된다. 기원이 망각되고 난 이후, 개념들은 사물의 본질을 파악하고 대상들을 재현할 수 있다고 여겨진다. 그러나 "인식은 단지 가장 임의적인 은유들 안에서의 작업일 뿐이다".[8] 니체는 유사성에 근거한 동일화라는 은유의 작용이 궁극적으로는

---

7) *Ibid.*, pp.880~881.

차이를 감추고 망각하고 삭제하는 과정이라는 사실에 주목한다. 은유는 유사성에 주목하면서, 차이를 지운다.

## 같음과 다름 사이: 유사와 상사

유사하다는 것은 무엇인가? 미셸 푸코(Michel Foucault)는 두 사물 사이의 닮음을 유사(類似, resemblance)와 상사(相似, similitude)로 구분한다. 두 개의 사물의 '닮음'은 'A가 B를 닮는' 경우와 'A와 B가 서로 닮는' 경우로 나뉠 수 있다는 것이다. 푸코를 따라 우리는 전자를 유사의 관계로, 후자를 상사의 관계로 구분할 수 있다. 유사는 하나의 원본에 대한 모방적 재현의 관계이다. "유사에는 주인이 있다. …… 유사하다는 것은 지시하고 분류하는 제1의 참조물을 전제로 한다."[9] 예를 들어 파이프 그림은 파이프를 닮지만, 파이프가 파이프 그림을 닮는 것은 아니다. 유사의 관계는 하나의 원본에 대한 모방의 관계이며, 따라서 여기서는 원본과 재현 사이의 존재론적 위계가 있다. 플라톤이 말하는 예술적 모방의 존재론적 위치는 바로 이 위계의 대표적인 예이다. 이때 유사성은 바로 이 원본에 비추어 평가된다. 반면 상사의 관계는 상호적이다. "비슷하다는 것은 시작도 끝도 없고, 어느 방향으로도 나아갈 수 있으며, 어떤 서열에도 복종하지 않으면서, 조금씩 조금씩 달라지면서 퍼져나가는 계열선을 따라 전개된다." A가 B를 닮은 만큼, B는 A와 닮아 있다. 예를 들어 공장에서 갓 출고된 캠벨수프 깡통들은 서로서로 닮아 있다. 어느 것이 다른 것을 일방적으로 닮지는 않는다. 즉 그 어느 것도 다

---

8) Nietzsche, *Kritische Studienausgabe*, Bd.7, 19[228].
9) 미셸 푸코, 『이것은 파이프가 아니다』, 김현 옮김, 고려대학교출판부, 2010, 61쪽.

른 것의 원본이 되지는 않는다. 이 관계가 바로 상사의 관계이다. "유사는 재현에 쓰이며, 재현은 유사를 지배한다. 상사는 되풀이에 쓰이며, 되풀이는 상사의 길을 따라 달린다. 유사는 모델에 따라 정돈되면서, 또한 그 모델을 다시 이끌고 가 안정시켜야 하는 책임을 떠맡는다. 상사는 비슷한 것으로부터 비슷한 것으로의 한없고 가역적인 관계로서의 모의(simulacre)를 순환시킨다."[10]

그렇다면 은유가 함축하는 유사성은 유사인가 상사인가? 은유를 유사성으로 설명하고자 하는 시도는 이중의 덫에 걸린다. 한편에서는 유사성을 상사관계로 설정할 때 '모든 것은 모든 것과 유사하다'라는 무한 연쇄의 가능성을 피할 수 없다. 다른 한편 유사의 관계가 '주인', '원본'과의 재현적 관계를 상정하는 것처럼 유사성을 동일성의 이념을 전제하는 것으로 보게 될 경우, 유사성의 발견은 "동일하지 않을 것의 동일화"로서 개별자들의 차이를 사소한 것으로 만든다.

상사의 관점에서 은유의 유사성은 동일성의 이념을 전제하는 것이 아니라 차이들 사이를 유영하는 놀이가 된다. 여기서 은유는 내재하는 하나의 '은유적 진리'의 발견을 목표로 하는 것이 아니라, 어떠한 경우에라도 발견되고 창조될 수 있는 유사성을 만들고 조작하는 과정이 된다. 다다와 초현실주의가 실천했던 실험들은 이 은유적 놀이가 무한히 확장 가능하다는 것을 보여 준다.

반면 존재론적 유사를 전제하게 되면, 거기에는 일정한 위계가 개입한다. 은유가 발굴한 유사성은, 어떤 동일성의 규준에 따라 '더 혹은 덜 유사한 것'으로 구분되고, 타당하거나 부적당한 것으로 평가된다. 그

---

10) 같은 책, 61쪽.

리고 은유는 늘 이미 전제되어 있는 그 동일성을 기준으로 '은유적 진리'를 추적해야 한다. 은유라는 문체를 통제하고자 했던 수많은 시도들은, 은유가 고삐 풀린 말처럼 언어의 숲을 누비는 것을 막고자 한다. 그러기 위해서는 '좋은' 은유를 위한 단 하나의 의미론적 지침이 전제되어야 한다고 본다.

은유에서의 두 개념 사이의 관계를 유사 또는 상사로 보는 것은, 은유의 해석을 하나의 종합적 표상의 획득으로 보는가, 혹은 여전히 살아 있는 여러 가지 표상들의 공존 가능성으로 보는가와 연결된다. 다시 말해 은유 읽기에 하나의 타당한 '더 좋은' 해석이 있는지, 아니면 서로 긴장하고 경쟁하는 해석'들'이 공존할 수밖에 없는지 물어질 수 있다.

## 2) 은유의 발견론적 기능

### 은유의 갈등

리쾨르에 따르면, 살아 있는 은유의 세 가지 조건은 이례성, 타당성, 그리고 은유를 통한 뜻(sense)의 확장에 있다.[11] 이례성은 살아 있는 은유가 충족시켜야 할 첫번째 조건이다. 은유는 의미론적 규칙 안에 이례적인 것을 가져온다. 그러나 이 이례적 발화는 타당한 것이어야 한다. 즉 은유를 통해 논리적으로 서로 멀리 떨어져 있는 개념들이 연결된다면, 그 연결은 최소한 타당해야 한다. 이것이 두번째 조건이다. 여기에서 유사성은 타당성의 근거로서 은유 구성의 요소가 된다. 두 개념의 연결이

---

11) Paul Ricœur, "Poetik und Symbolik", ed. Hans Peter Duerr, *Die Mitte der Welt: Aufsätze zu Mircea Eliade*, F/M: Suhrkamp, 1984, pp.20~21.

타당하게 여겨질 수 있는 것은, 그 둘 사이의 '유사성'이 발견될 수 있을 때이다. 세번째 조건은 단어 뜻의 확장이다. 은유적 발화가 그 이례성에도 불구하고 타당한 것으로 받아들여지게 되면 그 연관 안에서 은유의 두 개념들은 새로운 의미를 획득하게 된다. 은유에 비추어 각 단어들은 새롭게 읽히고 더 확장된 뜻으로 받아들여지게 된다. 이 주장에 따르면, 은유는 서로 통합될 수 없을 것처럼 보이는 개념들을 연결하여 이제까지 알려지지 않은 뜻을 만들어 내는 이례적인 발화이다. 그리고 이 발화를 받아들일 만하려면 서로 동떨어져 있던 두 개념들 사이에서 '유사성'이 설득될 수 있어야 한다.

유사성은 오랫동안 은유를 '대체'로 설명하는 관점과 연결되어 있었다. 대체이론에 따르면 개념의 대체는 유사성을 근거로 일어난다. 그러나 대체이론의 관점에서 유사성의 수수께끼는 해결되지 않는다. 유사성은 그저 주어져 있는 어떤 속성이 아니다. 더욱이 은유에서의 두 개념은 단지 유사한 것이 아니라, 이례적인 개념들의 연결이다. 그런데 대체이론은 유사성에 근거한 개념들의 이동은 설명할 수 있지만, 그 두 개념 연결의 이례성이 만들어 내는 긴장을 설명하지는 못한다.

은유적 발화에서 두 개념 사이의 거리가 만들어 내는 긴장은 의미론적 도전이다. 은유에서 긴장을 유발시키는 거리를 청자나 독자가 어떠한 형태로든 메워야 한다. 은유는 의미론적 규칙의 차원에서는 파괴적이고 모순적인 발화이지만, 그럼에도 불구하고 그 발화는 의미가 충만한 것으로 받아들여지는 그런 변환이어야 한다. 리쾨르에 따르면 은유적 뜻을 완성시키는 것은 개념들 사이의 논리적 거리에도 불구하고 발생하는 의미론적 접근이다. 그리고 은유에 포함되어 있는 긴장, 모순, 대립은 의미론적 접근의 이면이다. 접근이 없으면 긴장도 발생하지 않는다. 리쾨르는, 유사성은 이와 같은 은유의 의미론적 도전이라는 측면에서 숙고되어야 한다고 보았다. 만일 유사성이 은유의 의미론적 도전, 긴장, 대립 안에서 어떠한 역할을 하는 것이라면, "그것은 이름의 대체가 아닌 술어적 속성의 특징이어야 한다".[12] 그렇다면 리쾨르가 말하는 은유 문장에서의 '술어적 속성'이란 무엇인가?

은유는 서로 다른 개념들을 연결하여 동일시하지만, 그것이 그 두 개념을 단순히 일치시키는 것은 아니다. 리쾨르에 따르면, 은유 문장에서의 동일시는 동화가 아니다. 은유는 두 개념을 연결하지만 또한 지속적으로 모순을 유지함으로써 여전히 '동일성'이 아닌 '유사성'의 작용 안에 머물도록 한다. 여기에서 은유의 긴장이 생겨나고 살아 있게 된다는 것이다. "'동일한 것'과 '서로 다른 것'은 단순히 섞이는 것이 아니라, 서로서로 대립적인 것으로 남는다. 이러한 특별한 특질을 통해서 수수께끼는 은유의 가장 내면적인 것 안에 유지된다. 은유 안에서는 '동일성'이 '다름'에도 불구하고 작용한다."[13]

### '~로 보기'와 발견론적 기능

물론 모든 판단과 모든 개념은 서로 다른 것들을 동일시하는 것이다. 'A는 B이다'라는 판단은 A와 B를 동일시하는 것이다. 그러나 은유의 동일시는, 리쾨르에 따르면, 판단의 동일시와는 다른 특질을 갖는다. 그 다른 특질이란 '형상화'라는 매개이다. 아리스토텔레스는 좋은 은유는 무언가를 '눈앞에 가져오는 것'이라고 말했다.[14] 이것을 리쾨르는 유사성의

---

12) Ricœur, *Die lebendige Metapher*, p.182.
13) *Ibid.*, p.182.

작용과 연결한다. "유사성은 여기서 추상적인 것으로부터 구체적으로 것으로 인도한다."[15] 리쾨르는 유사성을 형상화의 문제와 연결 짓는다. 리쾨르에게 유사성의 발견은 다름 아닌, 하나의 관점 도입을 의미한다. 즉, 한 개념의 관점에서 다른 개념을 재해석하는 것, 그것이 은유의 '발견론적'(heuristic) 기능이다.

은유의 유사성 문제를 형상화와 연결 지어 해명할 수 있는 가능성은 칸트의 '생산적 상상력'(produktive Einbildungskraft) 개념과 '도식'(Schema) 개념에서 발견된다. 칸트에게 상상력의 선험적 종합은 형상적 종합이다. 상상력은 현존하지 않는 대상을 직관(Anschauung) 안에서 표상할 수 있는 능력이다. 그리고 그것은 감각(Sinnlichkeit) 영역에 속한다.[16] 리쾨르에 따르면 "생산적 상상력의 기능은 …… 부재하는 어떤 것으로부터 현재적 인상을 매개하는 데 있는 것이 아니라, 오히려 새로운 형상적인 상호연결을 실행하는 데 있다".[17] 상상력은 보는 것이다. "생산적 상상력의 자리와 역할은 **통찰력**(insight) 안에 있다. …… 유사성에 대한 통찰력은 생각하는 것이자 동시에 보는 것이다."[18] 이 통찰력 덕분에, 은유적 발화는 서로 떨어져 있는 개념들을 연결 지어, 유사성을 구성하고 생산할 수 있다. 그리고 이것을 리쾨르는 '술어적 동화'라고 부른다. "동화는 엄밀히 말해서 유사하게 **만드는** 것 안에 있다."[19]

---

14) Aristoteles, *Rhetorik*, p.193.

15) Ricœur, *Die lebendige Metapher*, p.181.

16) Immanuel Kant, *Kritik der reinen Vernunft*, Hamburg: Meiner, 1993, pp.166b~168b.

17) Ricœur, "Poetik und Symbolik", p.21.

18) Paul Ricœur, "The Metaphorical Process as Cognition, Imagination, and Feeling", ed. Sheldon Sacks, *On Metaphor*, Chicago; London: The University of Chicago Press, 1980, p.145.

다른 한편 아리스토텔레스가 말한 은유의 재능인 "유사성의 발견"을, 리쾨르는 칸트의 도식 개념으로 설명할 수 있다고 생각한다. 칸트는 한 개념에 형상을 부여하는 상상력의 일반적 방법을 개념에 대한 도식이라고 부른다.[20] 따라서 "은유는 이제 그 안에서 은유적 속성이 일어나는 도식론으로 보인다. 도식론은 동일성과 차이의 놀이 안에서 상상력을 형상적 감각의 발생 장소로 만든다".[21] 리쾨르에 따르면, 은유는 도식론을 가시화하는 담화의 장소이다.

은유는 형상화한다. 어떤 형상을 눈앞에 가져온다. 그것이 두 개념의 매개를 통해 '술어적 동화'로 작동하는 한, 그것은 하나의 새로운 관점에서 사물을 볼 수 있게 하는 형상화이다. 비트겐슈타인은 "나는 이것을 본다"와 "나는 이것을 ~로 본다(sehen als)" 사이의 차이에 주목한 바 있다. '이것을 본다는 것'이 직접적인 시각 경험을 말한다면, '~로 본다는 것'은 해석하는 것이다.[22] 리쾨르에 따르면, 비트겐슈타인의 '~로 보기'는 사유이자 경험이다. 반은 사유이고 반은 경험인 '~로 보기'는 감각과 형상 사이의 연관을 수립하는 직관적 관계이다. 이 직관적 관계는 특징들의 선택을 통해 가능하다. 은유적 발화도 어떤 것을 다른 것으로 볼 수 있도록 묘사하는 것이다. 리쾨르의 이 해석에 따르면, 유사성은 주어진 속성들 안에 놓여 있는 정적인 요소들이 아니다. 유사성의 발견은 능동적으로 두 사물을 연결하여서 '보는' 행위이자, '~로 보는'

---

19) Ricœur, "The Metaphorical Process as Cognition, Imagination, and Feeling", p.146.

20) Kant, *Kritik der reinen Vernunft*, p.199.

21) Ricœur, *Die lebendige Metapher*, p.191.

22) Ludwig Wittgenstein, *Tractatus logico-philosophicus: Tagebücher 1914-1916. Philosophische Untersuchungen* (*Werkausgabe*, Bd.1), F/M: Suhrkamp, 1984, p.519.

해석의 활동이다. 예를 들어 셰익스피어의 "시간은 동냥치"라는 은유를 보자. 이 은유를 통해 시간은 동냥치'로 보인다'. 동냥치를 통해 시간의 어떤 속성이 생생하게 묘사된다. "은유를 읽을 때, 우리는 다음과 같이 한다. 읽는다는 것은, X를 모든 견지에서가 아니라, 특정한 견지에서, 즉 Y와의 관계를 설정하는 것이다."[23] 리쾨르는 '~로 보기'가 유사성을 규정하는 것이지, 그 반대는 아니라고 본다. 유사성은 '~로 보는' 행동으로부터 산출되는 것이다. 따라서 '~로 봄'으로서 비어 있는 개념은 감각적 형상과 결합한다.

'~로 보기'를 통해 실재는 새롭게 기술되고, 사태는 다른 관점에서 해석된다. 리쾨르는 은유의 발견론적 기능을 믿는다. 은유는 글자 그대로의 의미로는 정확한 기술이 아니고, 참인 문장이 아니다. 그러나 은유 문장이, 논리실증주의자들이 주장하는 것처럼 의미가 없는(non sense) 문장은 아니다. 문자적 의미로는 아니더라도, 은유는 무언가를 말한다. 은유가 말하는 것은 문자적 의미만으로는 읽어 내지 못할 새로운 관점을 개시한다. 리쾨르에 따르면 은유는 실제의 직접적인 기술 기능으로부터 언어를 해방한다. 그러면서 '은유적 진리'가 물어질 수 있다. 그러나 그 '진리'는 동일성으로 회귀하여야 하는 단일한, 이미 존재하는 그 무엇이 아니다. 은유적 진리는 서로 떨어진 사물들 사이에서 어떤 관점을 획득하는 해석적인 것이다. 아리스토텔레스는 『수사학』에서 은유를 만드는 것을 '철학함'과 비교한 바 있다. "우리는 유사하지만 첫눈에는 [그러한 사실이] 명백히 드러나지 않는 사물들로 은유를 만들어야 한다. 그것은 마치, 예를 들어 철학에서도 멀리 떨어져 있는 사물들에서 유사

---

23) Ricœur, *Die lebendige Metapher*, p.205.

함을 인식하는 것이 올바르게 사유하는 사람들의 특징인 것과 마찬가지이다."[24] 은유적 직관은 유사성을 통찰한다. 그것은 철학적 사유의 특징이기도 하다. "이 은유적 직관이 통찰하는 유사성은 사실적 유사성일 수 있고, 개념적 유사성일 수 있고, 표상적 유사성일 수 있다. 그런데 우리가 특히 주목해야 할 것은, 두 유사 사태가 은유적 관계에 놓일 때, 그 두 사태가 각기 지니고 있는 정서적 요소를 서로 합치게 된다는 점이다."[25] 은유를 통한 유사성의 통찰은 어떠한 사태를 더 풍부하고 새롭게 해석하는 관점을 제공한다.

### 직유와 은유의 관계

다름을 유지하면서 동일시의 가능성을 발견해야 하는, 은유에서 유사성을 발견하는 해석은 '하나의 이야기'를 통해 가능하다. 멀리 떨어져 있는 두 개념을 연결하는 낯선 은유를 수용 가능하게 만드는 것은, 사물들에 존재하는 유사성이 아니고, 또 그 개념들이 불러일으키는 표상들 사이의 유사성도 아니다. 은유가 유사성을 생산하려면, 또 은유가 유사성을 생산하여 실제를 새롭게 기술하는 관점을 제공하는 것이려면, 그것은 하나의 이야기를 함축하는 것이어야 한다. 멀리 떨어져 있는 두 관념을 연결해 주는 것은, 은유의 청자 또는 독자의 해석이다. 그리고 이 해석을 가능하게 하는 것은 두 표상 사이의 간극을 메우는 '이야기'이다. 이야기를 만드는 능력만이 은유를 가능하게 한다.

그리고 그러한 의미에서 직유는 그것이 더 확연하고 명백하게 유

---

24) Aristoteles, *Rhetorik*, pp.194~195.
25) 김상환, 『해체론 시대의 철학』, 문학과지성사, 1996, 249쪽.

사성을 드러내 주는 듯이 보이지만, 사실 은유적 직관이 없이는 성립되지 않는 것이다. 박목월의 시 「나그네」에 포함되어 있는 "구름에 달 가듯이 / 가는 나그네"라는 시구는 직유와 은유를 모두 포함하고 있다.

나그네

강나루 건너서
밀밭 길을

구름에 달 가듯이
가는 나그네

길은 외줄기
남도 삼백리

술 익는 마을마다
타는 저녁놀

구름에 달 가듯이
가는 나그네

"구름에 달 가듯이 / 가는 나그네"라는 시구는 "구름에 달 간다"라는 은유와 "달 '가듯이' 가는 나그네"라는 직유를 모두 담고 있다. 여기서 나그네의 걸음은 달의 흐름과 "~듯이"로 연결되지만, 이것은 특정한 관점적 해석의 산물이다. "달 가듯이 / 가는 나그네"는 은유적 직관 없이는 성립되지 않는 직유이다. 이것이 가능하기 위해서는 두 사태의 '유사성'을 그렇게 볼 수 있게 하는 해석이 먼저 요구된다. 그리고 그 해석은 이 시가 제공하는, "강나루 건너서／밀밭 길"과 "술 익는 마을마다／타는 저녁놀"과 같은 전체적인 정경과 함께 그려진 '이야기'의 세계 안에서 주어진다. 하나의 장면, 하나의 이야기가 이 시의 은유적 직관을 통한 '유사성'의 발견론적 인식을 가능하게 한다.

3부

철학, 은유, 이야기

철학은 늘 수사적 언어를 '위험하지만 거부할 수 없을 만큼 매력적인' 도구로
경계해 왔다.

> 오류와 속임수의 강력한 도구인 수사학이 그 분야의 인정받는 교수들을
> 갖게 되고, 공적으로 사유되고, 언제나 위대한 평판을 갖게 된 이래로, 얼
> 마나 많은 사람들이 기만하고 기만당하기를 사랑하고 있는지는 분명하
> 다. …… **능변**(eloquence)은 여자처럼, 그 안에 너무나 우세한 아름다움을
> 가지고 있다. 그것을 거부하는 것 자체가 고통스럽도록. 그리고 이처럼 사람
> 들이 기만당하는 즐거움을 발견하는 곳에서, 기만하는 예술의 잘못을 발견
> 하는 것은 헛된 일이다.[1]

존 로크의 이 인용문이 말하고자 하는 바는 분명하다. 아름다운 말, 수사
학적으로 잘 꾸며진 언어는 "여자처럼"(like a fair sex) 우리를 유혹한다. 그
것은 우리로 하여금 기만하고, 또 기꺼이 기만당하기를 욕망하게 한다. 우리
는 진리보다 이러한 기만과 속임수, 매혹적인 아름다움과 즐거움에 더 쉽게
빠져든다. 철학이 진리를 추구하는 것이라면, 철학은 이와 같은 수사적 비유
의 유혹을 경계해야 할 것이다. 비유적 언어는 그것이 담을 수 있는 내용보다
더 많은 것을 더 은밀하게 유통시킨다. "비유들은 단지 여행자가 아니다. 그
들은 밀수꾼이 되곤 한다. [그리고] 아마도 훔친 물건의 밀수꾼이 되곤 한다.
사태를 더 나쁘게 만드는 것은 그들이 범죄의 의도를 가지고 있는지 아닌지

---

1) John Locke, "Of the Abuse of Words", *An Essay Concerning Human Understanding*,
  Bk.3, ch.10, p.106, Paul de Man, "The Epistemology of Metaphor", *Critical Inquiry*, Vol.5,
  No.1, Chicago: The University of Chicago Press, 1978, p.15에서 재인용. 강조는 드 만.

를 알아낼 방법이 없다는 것이다."[2]

　　엄밀한 사유와 수사적 기만 사이의 경계, 정확한 언어 사용과 아름다운 장식적 언어 사용 사이의 간극, 일의성이라는 언어의 본질과 다의적 해석 가능성의 개방 사이의 갈등. 철학은 언제나 수사학을 정확성, 엄밀성, 일의성 안에서 통제하고자 한다. 수사학적 매혹이 피할 수 없는 것이라면, 그것은 최소한 제어될 수 있어야 한다.

　　그러나 은유가 없는 철학이 있는가? 나아가 은유가 없이 철학이 가능한가? 철학은 추상적 사유를 은유를 통해 언어화할 수밖에 없다. 철학은 추상적 사유의 과정을 가시화하고 구체화할 수 있는 비유적 언어의 사용을 피할 수 없다. 철학이 이 피할 수 없는 비유들을 제어하고 통제하고자 노력하면서 일의성이라는 이념과 논리적 엄밀성을 요구하면 할수록, 수사적 문체는 거부할 수 없는 언어의 본질이라는 사실은 더 도드라져 보인다.

　　이제 은유에 대한 철학의 애증을 검토하고자 한다. 철학이 은유를 거부하면서도 피할 수 없는 이유는, 철학적 사유가 (아리스토텔레스가 생각한 것처럼) 바로 은유 만들기와 동일한 능력을 요구하기 때문은 아닐까? 철학이 은유를 피할 수 없는 이유는, 철학이 은유와 같기 때문이 아닐까?

---

2) de Man, "The Epistemology of Metaphor", p.19.

# 1장

# 철학과 은유

철학과 은유의 관계를 밝히는 작업은 해체주의자들의 주된 관심이었다. 그들은 철학적 개념의 은유적 기원을 밝힘으로써, 의미의 본래성 내지는 의미의 본질주의를 해체하고자 한다. 철학은 늘 은유의 작용을 의심하지만, 다른 모든 일상언어와 마찬가지로 철학의 언어도 은유를 피할 수 없다. 그러한 사실은 철학 텍스트에서 쉽게 발견된다. '토대'(Grund), '개념'(Begriff), '실체'(Substanz) 등과 같은 철학적 개념들은 모두 은유로부터 파생되었다. 그러나 철학은 은유를 통제함으로써 확고한 진리 기반을 확립하고자 노력해 왔다. 그 이유는 은유적 표현의 불확실성과 다의성과 유동성이 확고한 개념적 지반을 흔들기 때문이다. 그러나 철학은 은유를 성공적으로 통제하지 못한다. 해체주의자들은 이와 같은 사실을 드러냄으로써 서구 형이상학의 전통을 해체하고자 한다.

드 만은 계몽주의 시대 철학자들의 인식론 저작에서 개념들의 비유적 기원을 읽어 낸다. 이 작업에서 흥미로운 점은, 드 만이 해체하는 로크나 콩디야크(Étienne Bonnot de Condillac), 칸트와 같은 철학자들이 '비유적 언어'의 인식론적 위험을 깊이 의식하고 있었다는 데 있다. 이들은 모두 비유적 언어의 위험을 경계했으며, 철학에서 이 위험을 제거하고자 노력했다. 그리고 그 노력이 성공했다고 믿으면서, 인식론의 토대를 확립하고자 한다. 그러나 드 만은 '엄밀한 읽기'를 통해 그들의 신념이 하나의 허구적 믿음이었음을 밝혀낸다. 수사학이 인식론으로부터 분리될 수 없다는 드 만의 독서는 데리다의 「백색신화」(La mythologie blanche)를 참조한 것이다.[1]

데리다의 「백색신화」는 서구 형이상학의 개념들이 은유적 기원을 망각하고 있다는 사실을 지적한다. 은유적 기원의 망각을 토대로 서구 형이상학은 '태양 중심주의'적인 체계를 구성한다. 그에 따르면, 하나의 빛, 하나의 중심으로부터 모든 것들이 유래하는 형이상학적 위계의 완성으로 서구 형이상학은 구축되었다. 철학 개념의 은유적 본성을 밝히는 데리다의 작업은 따라서 궁극적으로는 서구 형이상학의 위계와 '로고스/음성/서구/태양 중심주의'를 해체하는 작업이다.

데리다의 해체는 "은유적인 것은 오로지 형이상학 안에만 있다"고 한 하이데거의 명제를 지지하는 것처럼 보인다. 형이상학적 개념화는 은유화이고, 개념의 추상성은 은유의 결과라는 것이다. 그러나 형이상학의 추상 개념은 더 이상 살아 있는 은유가 아니다. 리쾨르는 데리다의 해체가 이 은유의 '생생함'이라는 특질을 삭제한다고 비판한다. 철학함이 은유 작용이려고 한다면, 그것은 아직 낡지 않은, 살아 있는 은유로서 그렇게 해야 한다.

---

1) de Man, "The Epistemology of Metaphor", p.29.

## 1) 철학적 개념과 비유: 드 만의 '은유의 인식론'

### 철학적 언어와 수사적 언어

수사학직 언어 사용은 철학에게는 언제나 곤란한 문세였다. 과장, 장식, 능변은 부정확성, 기만, 속임수 등의 부정적인 힘과 연결되어, 엄밀하게 논리적이고 차갑게 이성적인 철학적 담론을 어지럽히는 매혹으로 비난받는다. 그것은 플라톤 이래 철학이 문학과 거리를 두면서 경계해 온 바이다. 철학은 언어를 엄밀하게, 명석하고 판명하게, 철학적으로 사용함으로써 수사학이 제공하는 것과 같은 미혹으로부터 사유의 본질을 보호해야만 한다고 강조해 왔다.

그러나 철학의 언어는 수사학적 언어와 그처럼 확연히 구분될 수 있는가? 그 구분선을 확증할 수 있는가? 그와 같은 구분이 가능하다는 것 자체가 하나의 형이상학적 믿음이 아닐까? 드 만은 철학·자연과학·신학의 담론과 시적 담론을 확실하게 구분 짓는 일이 우리가 믿고 있는 것보다 훨씬 더 어려운 일이라고 주장한다.[2] 철학은 수사학을 피할 수 없을 뿐 아니라, 수사학 위에서 자신의 사유를 드러낼 수밖에 없다.

로크는 언어의 순수하지 않은 사용을 피해야 하며, 올바른 인식에 도달하기 위해 '언어의 비유적 힘'을 통제할 수 있어야 한다고 생각했다. 로크는 비유가 인식에 있어 오류와 속임수의 본질적인 원천이라고 보았다. 우리는 비유의 매혹적인 힘에 이끌려 건조한 진리로부터 멀어질 수 있기 때문이다. 그러나 로크의 인식론은 과연 철학 안에서 비유들을 적절히 통제하고 있는가?

---

2) de Man, "The Epistemology of Metaphor", p.13.

로크에게 단어는 관념(ideas)의 대체물이다. 기호는 관념을 표현하기 위한 '도관'(conduit)일 뿐이다. 따라서 문제는 언제나 관념이다. 언어는 단지 관념을 표현하는 기호일 뿐이기 때문이다. 어떤 관념을 의미하는 기호의 선택은 자의적이다. "기표(signifier)인 기호의 자의성은 분명히 그에 의해 확립되었다. 그리고 언어에 대한 그의 생각은 기호학적이기보다는 의미론적이다. 즉 '관념'을 단어로 대체하는 의미화(signification)의 이론이다."[3] 소리는 관념과 아무런 자연적인 연결도 가지고 있지 않기 때문에, 그것의 의미화는 자의적인 도입으로부터 생겨난다. 그리고 관념을 잘, 정확히 드러낼 수 있는 단어가 올바르게 사용된 단어가 된다. 이러한 바탕 위에서, 그의 언어 이론은 자연스럽게 관념의 분류로 이어진다.

로크는 관념을 단순관념(simple idea), 실체(substance) 그리고 혼합양식(mixed mode)으로 구분한다. 단순관념은 명목적이고 실질적인 본질이 단어와 일치하고, 단순하면서 분리되지 않기 때문에, 단어와 대상의 분리나 속성과 본질의 분리가 없다. 그러므로 단순관념은 정의가 불가능하다. 정의라는 것 자체가 구분을 포함하기 때문에, 만일 정의가 가능하다면 그것은 더 이상 단순관념이 아니다. 따라서 로크에게 단순관념들은 단순하게 마음에 떠오른 것이지, 오성의 대상이 아니다.[4] 로크는 단순관념의 예로 '운동'과 '빛'을 제시한다. 우선, 단순관념은 정의되지 않는다. 운동이란 무엇인가? 운동은 "한 장소에서 다른 장소로의 통과"다. 그렇지만 통과는 운동이 아닌가? 이와 같은 동어반복은 계속

---

3) Ibid., p.16.
4) Ibid., p.17.

될 수 있다. 운동은 통과다, 통과는 이동이다, 이동은 다시금 운동을 의미한다. 그런데 이 동어반복의 순환 안에서 운동은 '은유'와 연결된다. 은유는 'epiphora', 곧 이동이다.[5] '빛'의 경우도 동어반복 이상의 정의를 허용하지 않는다. 빛의 관념을 이해하는 것은 곧 빛을 이해하는 것이다. "그러나 '관념' 자체가 빛을 의미하기 때문에, 빛을 이해한다는 것은 곧 빛의 관념을 인지하는 것이라고 말하는 것은, 오성은 빛의 빛을 본다고, 그렇기 때문에 그 자체가 빛이라고 말하는 것이다."[6] 단순관념은 어떻게 언어가 되는가? 어떻게 언어로 표현될 수 있는가? 드 만은 이 과정이 비유적이라고 지적한다. 로크는 단순관념의 언어화는, 관념에 상응하는 단어 소리의 환유적 근접성에 근거하고 있다고 보기 때문이다.

실체는 단순관념보다 더 복합적이다. 실체는 "속성들의 모음" 또는 "속성들의 바탕이 되는, 속성들을 떠받치는 단위(entity)"로 고찰된다. 로크는 실체의 첫번째 예로 '금'을 들고 있는데, 금이라는 실체의 속성들은 다양한 곳에서 발견될 수 있다. 그런데 실체와 속성의 관계는 존재론적이라기보다는, 그렇게 존재하라고 명해진, 사물에 부과된 권위의 문제이다. 그리고 이 권위는 어떤 권위적인 중심부에서 주어진 것일 수 없고, 일상언어의 자유로운 사용에서 수반되는 것이다.[7] 그렇다면 실체를 속성의 종합이 아닌, 바탕이나 버팀대(hypokeimenon)로 생각하면 어떨까? 로크는 이 지점에서 실체의 두번째 예인 '인간'을 가져온다. 참된 인간의 본질은 무엇인가? 전통적으로 서로 상반된, 통합될 수 없

---

5) de Man, "The Epistemology of Metaphor", p.17.
6) Ibid., p.18.
7) Ibid., p.19.

는 두 가지 대립적 답이 제시되어 왔다. 그 하나는 외양의 언어(플라톤의 "깃털 없는 두 발 짐승")로, 다른 하나는 내적인 영혼 혹은 존재의 언어로 정의되어 왔다. 이 두 정의는 인간이 동물임과 합리성이라는 극단적인 두 속성으로 만들어진 복합관념이라는 사실을 보여 준다. 그리고 "문제는 '안'과 '밖' 사이, 이원론적 대립의 양 요소 사이에 걸려 있는 필연성의 문제이다. 그것은 어느 모로 보나 보충과 상응의 문채인 은유의 문채이다".[8] 그로부터 드 만은 문채가 언어의 미학적 수단이 아닌, 강력한 강제라는 점을 확인한다. 드 만은 단순관념을 단어와 사물 사이의 환유적 근접성으로 해석하고, 실체에 대해서는 속성들과 본질 사이의 은유적 상응으로 해석한다. 마지막으로 로크의 혼합양식은 드 만에 의해 남유(catachresis)로 해석된다. 로크는 '살인', '근친상간', '존속살인', '간통' 등을 혼합양식의 예로 제시한다. 혼합양식은 현실적 실재를 분해해서 자의적으로 혼합한 것이다. 그리고 그것은 곧 남유와 동일시될 수 있다. 이 둘은 모두 자연 안에서는 그 대응물을 발견할 수 없는 대상을 생산해 내기 때문이다.

자신의 로크 독해를 통해 드 만은, 관념의 각 단계는 모두 비유적 조작을 통해 설명될 수 있다고 주장한다. 비록 로크가 비유적 언어의 매혹적인 힘에 대해 경고하고 있지만, 로크의 대상은 수사적 비유 앞에서 어떤 보호막도 발견하지 못한다는 것이다.

### 인식론의 수사학적 토대

로크뿐 아니라 계몽기 철학자 콩디야크의 『인간 인식의 기원에 관한 에

---

8) Ibid., p.19.

세이』(*Essai sur l'origine des connaissances humaines*)에서 발견되는 개념적 추상화 과정의 구조도 고전적 정의에 의거한 은유화 과정과 상응한다. 콩디야크에 의하면 추상 개념은 "서로 상응하는 것만을 생각하기 위해서, 사물들의 [서로] 구별 지어지는 속성들에 대해서는 생각하기를 중단하면서" 사물에 기입된다. 이것은 곧 니체가 말한 은유의 특징, 즉 "동일하지 않은 것의 동일화" 작용과 일치한다. 드 만은 콩디야크의 추상 개념은 은유나 수사적 문채로 번역될 수 있다고 주장한다. 나아가 우리가 추상 개념 구성의 인식론적 함의를 알아채게 되면, 곧 개념은 비유이고, 비유는 개념이라는 사실이 분명해진다고 본다. 콩디야크는 추상 개념이 불가피하다는 사실을 인정한다. 그리고 추상 개념이 무한히 확산될 수 있는 위험을 가지고 있다는 사실도 알고 있다. "그것들(추상 개념들)은 잡초나 암세포와 같다. 단 한 번이라도 사용하기 시작하면, 도처에 나타날 것이다."[9] 비판적으로 분석되고 난 이후에라도 그것들을 적절히 통제하거나 지배할 가능성은 거의 없다.

드 만은, 콩디야크의 '주체' 개념에서도 비유적 특질을 발견한다. 콩디야크에 의하면 "존재와 동일성은 사물들 안에 있는 유사성이 아니라, 오로지 언어적인(verbal) 정신의 활동에 의해 상정된 유사성의 결과이다".[10] 언어적인 것이 실제가 아닌 환상에 불과한 유사성에 기반을 두고 두 개념 사이의 대체를 허용하는 것인 한, "정신 혹은 주체는 중심적 은유, 은유들 중의 은유이다."

근대 인식론이 수사학과 비유를 경계해 왔지만 철학적 개념에 내

---

9) de Man, "The Epistemology of Metaphor", p.22~23.
10) Ibid., p.23.

재하는 비유적 특성을 피할 수는 없었다는 사실은 칸트의 텍스트에서도 확인된다. 드 만은 도식과 상징언어의 구분을 다루었던 『판단력 비판』(*Die Kritik der Urteilskraft*)의 한 부분을 분석하면서 그 사실을 증명하려고 한다. '59. 도덕성의 상징으로서의 미에 대하여'에서 칸트는 도식적 박진법과 상징적 박진법을 구분한다. 칸트는 '박진법'(hypotyposis)이라는 개념으로부터 시작한다. 박진법은 감각이 도달하지 못하는 어떤 것을 감각적으로 제시하는 것을 말한다. 도식은 선험적인 반면, 상징은 유추를 통해 이해된다. 예를 들어 유기체의 몸을 기계로 상징화할 수 있다면, 우리는 그 몸의 상태가 기계라는 것이 아니라, 그것이 기계처럼 기능한다는 것, 이 기능이 긴 추상적 설명에 의한 것보다 '기계'라는 상징에 의해 더 경제적으로 전달될 수 있다는 것이다.[11] 드 만에 따르면, 칸트의 이러한 설명은 비유를 인식론적으로 믿을 만한 것으로 보이게 한다. 대체 문채에 의한 추상 개념의 재현은 전적으로 합리적이면서 또 적합하다는 것이다. 박진법을 통해 추상 개념은 합리적이고 적합한 것으로 재현된다.

그런가 하면, "철학자의 용어들은 은유로 가득 차 있다".[12] 칸트도 그러한 사실을 의식하면서, '토대'(Grund), '의존하다'(abhängig), '흘러나오다'(fliessen), 그리고 (로크도 사용했던) '실체'(substnace) 등과 같은 예들을 언급한다. 이 박진법들은 모두 상징적이며, 도식적이지는 않다. 칸트에 의하면 이 용어들은 "순전히 직관 대상에 대한 반성을, 아마도 결코 그 직관과 직접적으로 부합할 수 없는, 전적으로 다른 개념에 전

---

11) Ibid., p.26.
12) Ibid., p.27.

이한 것들이다".[13] 그런데 여기서 드 만은 '아마도'라는 부사를 강조한다. 드 만에 따르면, 이 단어('아마도')는 칸트 철학에 내재하는 불확실성 내지는 결정 불가능성을 드러내는 단어이다. 통제되지 않는 은유들, 비유들의 위험에 대한 칸트의 고려가 오히려 엄밀성에 드리워진 불확실성을 살려 냈다는 것이다. 칸트는 이 불확실성을 완전히 제거할 수 없었다. 드 만은 칸트에게서도 문자 그대로 쓰인 것과 비유적으로 쓰인 것을 구분하는 일의 어려움은 극복되지 않는다는 사실을 강조한다. 선험 판단과 상징 판단의 구분 자체가 상징 질서에 속하는 은유를 수단으로 해서만 이루어질 수 있기 때문이다. 로크, 콩디야크, 칸트의 경우에 모두 '수사학, 추상 개념, 상징'은 언어의 다른 형식들과 선명하게 구분되지 않는다.

드 만은 근대 철학자들의 인식론적 토대가 그들 자신이 믿고 견지하는 것보다 훨씬 수사학적 비유로부터 자유롭지 못하다는 사실을 보여 주고자 한다. 그것은 철학이 문학과 수사학적 언어를 자신의 엄밀한 사유의 영역 밖으로 몰아내고자 시도하고, 또 자신의 영토 안에서 그것들을 통제하고 지배하기를 기대하지만, 그것을 쉽게 성취하지는 못한다는 것이다. 철학은 그저 은유로부터 자유롭지 못한 것이 아니다. 오히려 철학이 은유로부터 시작한다고 말할 수 있다. 은유 없이는 철학도 불가능하다.

드 만은 철학은 결국 문학이라고 주장한다. 그리고 철학 텍스트는 그 진리의 결정 불가능성을 함축한다고 주장한다. 이와 같은 드 만의 주장은 극단적이며 논란의 여지가 있다. 그러나 철학이 은유로 가득 차 있

---

13) de Man, "The Epistemology of Metaphor", p.27에서 재인용. 강조는 드 만.

으며, 은유를 완전히 통제할 수는 없다는 사실만큼은 피할 수 없는 것으로 보인다.

## 2) 태양이라는 은유: 데리다의 '백색신화'

### 개념의 은유적 기원

"철학 담론 안의 은유. …… 철학 텍스트에 은유가 있는가? 어떤 형식으로? 어느 정도까지? 그것은 본질적인가? 우연적인가?"[14] 「백색신화」에서 데리다의 이 질문은 던져지자마자 곧 쉽게 다음과 같은 확실성에 도달한다. "은유는 철학적 언어의 전반적인 사용에서, 소위 자연언어가 철학 담론 **안**에서 사용되는 것이나, 심지어는 자연언어가 철학언어**로** 쓰이는 것보다 더 많이 쓰이는 것처럼 보인다."[15] 그러나 데리다가 "철학 텍스트에서의 은유"를 분석함으로써 도달하고자 하는 것은, 이 빠른 인식이 아니다. 그보다는 은유가 철학 담론 안에서 어떻게 기능하고 있는지, 그 전반적인 과정의 철학사적 의미를 밝히고자 한다.

철학의 은유를 다루면서, 데리다는 먼저 '사용'이라는 용어를 'usure'라는 용어로 대체한다. 철학에서 은유의 사용은, 은유의 'usure'이다. 데리다가 '사용'에 대체하는 프랑스어 단어 'usure'는 '마모, 마멸, 소모'의 의미와 더불어 '폭리, 고리'의 의미를 함께 가지고 있다. 데리다는 이와 같은 이의성이 철학에서 은유가 행하는 이중적 작용을 잘 드러

---

14) Jacques Derrida, "Die weiße Mythologie: Die Metapher im philosophischen Text", *Randgänge der Philosophie*, Wien: Passagen Verlag, 1988, p.205 [「백색신화」, 김보현 편역, 『해체』, 문예출판사, 1996].

15) Ibid., p.205.

낼 수 있다고 본다. "가장 먼저 우리는 철학적 교환 안에서 은유적 힘의 특별한 **소모**(Abnutzung, usure)에 관심을 기울여야 한다. ······ 그것은 철학적 은유의 고유한 역사와 구조를 구성하는 것이라 할 수 있다."[16]

데리다는 철학에서의 은유의 소모/폭리(usure)를 묘사하는 아나톨 프랑스(Anatole France)의 『에피쿠로스의 정원』(*Le Jardin d'Epicure*) 의 마지막 장면을 인용한다.

> 폴리필로스: 그것은·단지 하나의 몽상이었습니다. 나는 형이상학자들이 하나의 언어를 만들어 내면, [그 위에 새겨진] 제명, 연도 그리고 초상을 지우기 위해, 칼이나 가위 대신 메달이나 동전을 숫돌 위에 올려 놓는 칼 가는 사람 같다고 공상합니다. 100수(sous)짜리 동전에서 [새겨진 형상들이 지워져] 빅토리아도, 기욤도, 공화국도 더 이상 알아볼 수 없게 되면, 그들은 말합니다. '이 동전은 그 자체 안에 영국적인 것도, 독일적인 것도, 프랑스적인 것도 가지고 있지 않다. 우리는 그것을 공간과 시간 외부에 세웠다. 이것의 가치는 이제 더 이상 5프랑이 아니다. 그것의 가격은 가늠할 수 없으며, 그 시세는 한없이 높다.' 그렇게 말하는 그들이 옳습니다. 이 저임금의 산업에서 단어들은 물리적인 것으로부터 형이상학적인 것으로 옮겨집니다. 그러면 사람들은 거기서 잃은 것을 알아봅니다. 그러나 거기서 얻는 것은 바로 알아차리지 못하지요.[17]

---

16) Derrida, "Die weiße Mythologie", p.205.
17) Ibid., p.206에서 재인용.

이 장면은 형이상학적이고 추상적인 개념들이 근본적으로는 감각적으로 인지 가능한, 그러나 더 이상은 인지할 수 없도록 감추어진 근본 의미들을 가지고 있었다는 사실에서 출발한다. 제명이 갈려 없어진, 그래서 그것의 본래 가치를 더 이상 알려 주지 못하는 동전은 그러나 더 높은 가치를 얻는다. 그로부터 'usure'의 경제학이 생겨난다. 만일 개념의 은유적 기원이 잊혀지고, 표현의 근원적이고 감각적으로 인지할 수 있는 의미가 더 이상은 발견되지 않으면, 그 단어들은 철학적 이념을 표현하는 추상적이고 형이상학적인 개념들이 된다. 데리다는 이렇게 덧붙인다. "그것[근본 의미, 감각적으로 인지 가능한 물질적 형태]은 철학적 담론에 의해 유통되자마자 은유가 된다. 동시에 첫번째 의미와 첫번째 전이는 망각으로 빠져든다. 우리는 더 이상 은유를 알아차릴 수 없고, 그것을 순수한 의미로 여긴다."[18] 여기서 감각적 형상 '지우기'는 이중적 기능을 갖는다. 그것은 소모이자 마멸이면서 동시에 폭리이다. 근원적이고 감각적으로 인지할 수 있는 근본 의미는 마모되지만, 철학 담론 안에서 추상적이고 형이상학적인 개념이 되면서 그 표현의 가치는 엄청난 폭리를 가져온다.

그런데 데리다는 이와 같은 형이상학적 개념 구성에서 이상화(Idealisierung)의 과정을 본다. "무엇보다도 은유화의 움직임(은유의 기원과 해소, 문채라는 우회를 통한 본래적이고 감각적인 의미에서 본래적이고 정신적인 의미로의 이행)은 이상화의 움직임에 다름 아니다."[19] 이 과정은 변증법적 이상주의의 중심 범주인 '지양'(止揚, Aufhebung)으로

---

18) Ibid., p.207.
19) Ibid., p.219.

파악된다. 데리다에 따르면, 이 개념의 이상화 운동이 형이상학의 가능성을 설명한다. 감각에 기초했던 개념이, 일련의 은유화 과정을 통해 그 감각적 의미를 탈각하고 추상적이고 이상화된 의미를 획득하면서, 그것이 곧 형이상학적 개념이 된다. 이 과정은 결국 은유가 철학에 우연적인 요소가 아니라, 철학 그 자체의 성립에 개입하고 있음을 보여 주는 것이다. 철학이 은유에서 비롯되는 것과 마찬가지로, 은유는 철학에서 비롯된다. "철학의 체계에 속하는 개념적 언어의 기원을 파헤치면 은유적 언어가 나오고, 은유의 기원을 파헤치면 개념적 언어의 기원인 형이상학이 나오게 된다."[20]

"은유적인 것은 오로지 형이상학 안에만 있다."[21] 데리다는 철학 담론에서 은유의 이상화에 대해 설명하는 부분의 한 주석에서 하이데거의 은유론을 언급한다. 하이데거는 은유 개념에 있어서 중요한 특징 중 하나인 '감각적인 것/비감각적인 것', '물리적인 것/비물리적인 것'의 대립을 강조한다. 하이데거에 따르면, 은유가 감각적인 것에서 비감각적인 것으로의 전이(Übertragung)를 표시하는 한, 그것은 형이상학적이다. 감각적인 것으로부터 비감각적인 것으로 전이는 형이상학적 개념화 과정에 속하기 때문이다. 예를 들어 'begreifen'이라는 단어는 애초에 손으로 붙잡는 행위를 표시하는 감각에 기초한 단어였다. 그것이 점차 동작에서 직관으로 확대되면서 '파악하다, 이해하다'라는 철학적 개념으로 자리 잡는다. 그러면서 'Begriff'(개념)이라는 철학 개념을 파생시킨다. 이 상승적 이동이 바로 철학적 개념화의 과정이라는 것이다.

---

20) 김상환, 『해체론 시대의 철학』, 240쪽.
21) Derrida, "Die weiße Mythologie", p.347, n.31에서 재인용.

따라서 철학적 은유학은 언제나 다시금 근본적인 대립 쌍인 자연 대 기술, 자연 대 법, 감각적인 것 대 지성적인 것, 공간 대 시간, 기표 대 기의 등과 같은 이분법으로 되돌아온다. 데리다에 따르면, 감각에서 비감각적 지성으로의 전이로 철학적 개념을 설명하는 이 구조에서 철학적 은유학은 실패할 수밖에 없다. 왜냐하면 위의 이분법적 구분들 자체를 받쳐 주는 것은 언어의 '본래적 의미/비본래적 의미'라는 대립인데, 이 대립 자체가 성립될 수 없기 때문이다. 감각적 언어가 본래적 의미를 확정할 수 있어야, 비감각적·지성적 언어가 전의의 결과물이 될 것이다. 그러나 '본래적 의미'라는 것 자체가 확립될 수 없다면? 데리다는 철학적 은유학을 떠받치고 있는 이 '본래적 의미'라고 하는 토대의 불안정성을 드러냄으로써, 철학적 은유학의 이분법적 대립구도를 해체한다.

### 아리스토텔레스의 언어목적론

철학적 은유학의 감추어진 의도를 해체하기 위해서, 그리고 철학적 은유학의 근거가 되는 이분법을 해체하기 위해서, 데리다는 아리스토텔레스의 『수사학』으로 돌아가 은유에 대한 정의를 분석한다. "수사학이 은유를 정의할 때면 언제나, 그것은 그저 하나의 철학이 아니라, 그 안에서, 그리고 그것과 더불어 유일한 철학을 구성하는 개념적 그물망을 만든다. 이 그물망의 가닥들은 모두 하나의 커브(tour), 하나의 은유를 구성한다고 생각할 수 있다. …… 따라서 정의에서 정의된 것은 정의하는 것 안에 결합되어 있다."[22] 바로 그 '유일한' 철학을 구성하는 은유의 그물망을 밝힘으로써, 데리다는 아리스토텔레스 은유론의 형이상학적 전

---

22) Ibid., p.223.

제를 해체하고자 한다.

은유에 대한 아리스토텔레스의 정의를 고찰하는 것은 항상 동시에 두 가지 의미를 생각하는 것이다. 즉 은유는 표현된 의미와 사유된 의미를 동시에 가지고 있다는 것이다. "하나의 은유는 그 자체로는 보이지 않고 감추어져 있거나 잠재적인 것으로 남아 있는 생각을 외화함으로써 표현하는, 누군가에 의해 수락된 것이다."[23] 이 이중의 의미, 이중의 아이디어를 보유하고 종합하는 것이 바로 은유이다.

그런데 아리스토텔레스는 '좋은' 은유에 대한 확고한 기준을 가지고 있다. 그리고 그 좋은 은유의 기준은 그가 말하는 본래적 의미와 연관된다. 한 단어의 본래적 의미는 의미의 존재론적 기준이며, 또한 명사와 지시 대상과의 관계이다. 데리다는 아리스토텔레스가 은유를 평가할 수 있는 이유는 그가 '본래적 의미'라는 언어목적론을 전제하고 있기 때문이라고 본다. 데리다는 미메시스 개념과의 연관하에서 '좋은' 은유에 대한 아리스토텔레스의 전제를 밝혀낸다. "『시학』에서 은유에 대한 정의는, 미메시스에 대해 다루기 시작하는 바로 그 자리에 있다. 미메시스는 전적으로 유사성 또는 동일성에 대한 이론적 인지와 연관된다. 다시 말해서, 그것은 늘 은유의 조건으로 여겨지는 것과 연관된다." 데리다에 따르면, 아리스토텔레스에게 '좋은' 은유를 위한 조건은 진리의 조건과 동일하다. "이러한 방식으로 규정된 미메시스는 로고스에 속한다. …… 미메시스는 담론 안에서의 의미와 진리의 가능성과 연결되어 있다." 아리스토텔레스는 미메시스를 인간의 본질에 속한다고 보고, 그것이 인간에게 기쁨을 준다고 규정한다. 여기서 데리다는 '목적론'을 발

---

23) Derrida, "Die weiße Mythologie", p.225.

견한다. "미메시스를 통한 자연(physis)의 충족으로서의 진리 가능성은 동일한 방식으로 인간의 육체적 소질, 인간의 자연(Anthropophysis)에 속한다. 이러한 본성에 시작(詩作)의 자연적 기원이 있고, 이러한 본성에 은유의 자연적인 기원이 있다."[24] 그러므로 아리스토텔레스에게 은유는 하부적이기는 하지만, 명백한 인식의 수단이다.

그러나 다른 한편, 은유의 진리는 전적으로 보장될 수 없는 것이다. 은유는 늘 진리를 상실할 수 있다. 은유는 언제나 의미론적 우회를 경유하기 때문이다. 은유가 진리를 상실할 수 있다는 위험에도 불구하고, 미메시스는 그것이 인간의 본성에 속하는 한 늘 진정한 은유의 가능성을 보증하는 보루로 남는다. "미메시스는 은유를 자연으로, 그것의 진리와 현전성으로 되돌려 놓는다."[25]

물론 이러한 데리다의 미메시스 독해는 반박될 수 있다. 리쾨르는 미메시스를 인간의 본성이 아닌, 실천으로 해석한다. 또한 미메시스를 동일성을 보증하는 진리의 근거가 아니라, 인간의 행위를 구조화하는 이야기의 가능성으로 본다. 리쾨르에 따르면 아리스토텔레스의 미메시스는 데리다가 보는 것처럼 진리의 불변하는 근거가 아니라, 인간 활동을 통해서만 활성화되고 현실화되는 하나의 잠재성, 잠재적 능력이다.

하지만 데리다가 아리스토텔레스가 지시하는 '좋은' 은유에 대한 기준을 숙고함으로써 밝혀내고자 하는 것은, 아리스토텔레스의 은유가 늘 다시금 회귀하여야 하는 하나의 의미 기준, 즉 '의미론적 일의성'이라는 목적론에서 출발하고 있다는 사실이다. 그리고 그러한 해석은 타

---

24) Ibid., pp.228~229.
25) Ibid., p.236.

당하다. 아리스토텔레스는 은유 구성을 하나의 자연적 재능으로 보았다. 또한 아리스토텔레스의 은유론은 '본래성', '본래적 의미'의 가치 위에 수립되어 있다. 그 사실을 증명하기 위해 데리다는 아리스토텔레스가 'idion'이라는 개념을 어떻게 사용하는지 주목한다. 아리스토텔레스의 텍스트에서는 '고유한, 본래적인'이라는 뜻으로 번역될 수 있는 개념을 세 가지로 사용한다. 그것은 'prepon', 'kurion' 그리고 'idion'이다. 'prepon'은 '적당한'의 의미로, 'kurion'은 '통상적인' 표현이라는 의미로 사용된다. 그리고 'idion'은 아리스토텔레스의 『수사학』에서 본래적인 표시, 바꿔 쓰기를 사용하지 않는 표기의 의미로 사용되었다.[26]

데리다의 해석에 따르면, 아리스토텔레스는 모든 언어의 이상형을 전제한다. 아리스토텔레스가 말하는 언어의 이상형이란, 그 자체로 무엇인가를 인식 가능하도록 만드는 것이다. 그리고 언어가 단 하나의 의미를 가지고 있을 때, 그 하나의 이름이 '본래적'인 것이라 생각한다. "일의성은 [언어의] 본질이다. 또는 더 정확히 말해서, 그것은 언어의 목적(telos)이다."[27] 물론 아리스토텔레스도 하나의 단어가 여러 개의 의미를 가지고 있다는 사실을 잘 알고 있다. 그러나 그에게 다의성은 한정적이다. 서로 다른 의미들이 그 수에 있어서 한계 지워질 수 있으면 충분히 명료한 것이라고 볼 수 있다. 아리스토텔레스에게 "언어는 다의성을 통제하에 두고 분석할 수 있을 때에 한해서, 바로 그것인 바의 것, [본질적인] 언어가 된다".[28]

---

26) Aristoteles, *Rhetorik*, p.178.
27) Derrida, "Die weiße Mythologie", p.238.
28) Ibid., p.239.

언어에 대한 이와 같은 목적론적 표상을 근거로 아리스토텔레스는 은유의 가능성과 위험을 말한다. 데리다는 아리스토텔레스에게 은유는 직접적이고 완전하며 본래적인 방식으로 표현되는 것은 아니지만, 그럼에도 불구하고 표현의 본성을 표현할 수 있는 것으로 상정된다는 점을 지적한다. "전의된(Übertragene) 의미들은 주체나 기체로서의 어떤 본래성은 아니지만, 참조된(zugewiesene) 본래성의 의미들이다. 그 안에서 은유는 추상적이고 매개된 것으로 남아 있다."[29] 따라서 아리스토텔레스에게 '좋은' 은유란 본래적 의미로의 귀환을 가능하게 하는 은유를 말한다. "그 대리적 명칭으로서의 은유가 그 우회적 거리를 성공적으로 지나서 원래 의도되었던 의미를 명확히 지시하는 경우, 그 은유는 '좋은' 은유라 한다. 좋은 은유란 의미의 성공적인 자기 귀환이다."[30] 반면 전의의 과정이 너무 멀리 떨어져, 본래적 의미로의 귀환을 방해하는 은유는 '나쁜' 은유이다.

### 태양 은유

그렇다면 아리스토텔레스 은유론의 전제가 되는 의미의 본래성은 어디에 근거하고 있는가? 아리스토텔레스의 언어목적론은 도달 가능한 것인가? 데리다는 아리스토텔레스의 '태양 은유'를 고찰하면서, 그의 은유론을 떠받치는 '본래성, 본래적 의미'를 해체하는 방향으로 나아간다. 데리다에 의하면, 아리스토텔레스가 은유 이론의 근거로 전제한 본래성은 그 자체로 이미 하나의 은유이다. 아리스토텔레스에게 '태양'은 본

---

29) Ibid., p.240.
30) 김상환, 『해체론 시대의 철학』, 296쪽.

래성의 은유이며, 따라서 은유들의 은유이다. 아리스토텔레스는 향일성 (向日性) 은유가 은유들 중 가장 나쁜 은유라고 지적한 바 있다. 태양을 직접적으로 감각하는 것이 불가능하기 때문에 태양의 본성은 알 수 없는 것으로 남는다. "실제로 태양의 본성, **감각적으로 인지 가능한** 태양이 본래 무엇인지 쉽게 알 수 없다. 그렇기 때문에 태양과 연관된 모든 은유는 …… 우리에게 명백하고 안전한 인식을 가져다주지 못한다."[31]

데리다는 아리스토텔레스의 태양에 대한 담론에서 하나의 전환을 목격한다. 아리스토텔레스의 형이상학은 태양 은유를 기피함에도 불구하고, 태양 체계의 기초 위에서 수립된다. 드러나는 것과 감추어지는 것, 낮과 밤, 보이는 것과 보이지 않는 것, 현전하는 것과 부재하는 것, 이 모든 것의 구분은 태양 아래에서만 가능하다. 아리스토텔레스의 태양은 "유일하고, 대체될 수 없고, 자연적인 지시물이다. 모든 것은 그 주변을 돌고, 모든 것이 그것을 향해야만 한다".[32] 그러나 '본래의' 태양은 감각적으로 인지할 수 없다. 그렇기 때문에 우리가 태양에 대해 말할 때면 언제나 하나의 은유가 생겨난다. 태양은 은유이다. 모든 은유들을 가능하게 하는 바로 그 하나의 은유이다. "태양이 이미 언제나 은유적이라면, 그것은 더 이상 전적으로 자연적인 것이 아니다. 그것은 언제나 이미 인위적인 빛이다."[33]

데리다에 따르면, 아리스토텔레스의 태양은 '하나의' 은유이다. "본래적인 태양, 감각적으로 인지될 수 있는 태양은, 그것이 나쁜 은유들을

---

31) Derrida, "Die weiße Mythologie", p.241.

32) Ibid., p.242.

33) Ibid., p.242.

야기하기 때문에 단지 나쁜 인식을 가져다주는 것이 아니다. 그것은 순전히 은유적이다."[34] 태양은 감각적으로 인지 가능한 본질적 특성을 보증할 수 없기 때문에, 결코 단 한 번도 본래적인 방식으로 담론에 나타난 적이 없다. 태양이 있을 때는, 언제나 은유가 먼저 나온다. 따라서 언젠가 다시 되돌아가 재발견해야 하는 의미의 본래성이란 없다. 본래성은 본래 그 자체로 은유적이다.

아리스토텔레스의 태양 은유를 해체하면서 데리다는 수사적 의미와 본래적 의미 사이의 경계는 전적으로 언제나 은유에 근거하여 발생함을 드러낸다. "철학적 평가는 늘 이중적 의미를 갖는다. 은유는 **직관**(통찰 또는 접촉)의 관점에서, **개념**(기의의 장악 또는 본래적 현전)의 관점에서, 그리고 의식(자기 현전의 근접성)의 관점에서, 위협적이고 낯설다. 그러나 은유는 그것을 통해 위협하는 것과 공범이며, 피할 수 없는 것이다. 그 우회로(Um-weg)가 유사성('mimesis'와 'homoiosis')의 기능에서 유래하고, 동일성의 법칙에서 도출된 귀로(Rück-weg)인 한에서 그러하다."[35] 철학적 담론에서 은유는 본래적 의미의 전체적인 목적론과 연관 지어 일반화의 형식으로 기능했다.

데리다에 따르면 형이상학은 은유들의 은유인 하나의 은유로부터 수립되었다. 이 분석을 토대로 데리다는 서구의 형이상학을 '백색신화'라고 부른다. 데리다는 다시 아나톨 프랑스를 참조한다. 『에피쿠로스의 정원』에는 다음과 같은 대목이 있다. "추상화된 이념의 모든 표현은 단지 알레고리일 수밖에 없습니다. 이 특이한 운명을 통해 현상의 세계에

---

34) Ibid., p.242.
35) Ibid., p.257.

서 벗어났다고 믿는 형이상학자는, 지속적으로 알레고리 안에서 살도록 강요당합니다. 비극적인 시인으로써 그들은 오래된 우화들을 창백하게 만드는 우화 수집가들일 따름입니다. 그들은 백색신화를 만듭니다." 시구 형이상학은 로고스의 신화를 포함한다. 서구 형이상학은 이성의 보편적 형식을 믿는다. 데리다는 다음과 같이 쓴다. "백색신화 ― 형이상학은 그 자체 안에 전설적인 무대를 가지고 있다. 그 무대는 형이상학을 산출했고, 여전히 활기차고 활동적인 채로 남아 있다. 그것은 보이지 않는 그림으로, 원래의 글자가 지워진 양피지 위에 감추어진 채, 하얀 잉크로 쓰여 있다."[36]

철학적 담론에서의 은유를 해체함으로써 데리다는 형이상학적 개념 구성의 망각된 과정과 개념적 그물망의 은유적 위계 구조를 가시화한다. 이 해체는 그러나 형이상학의 추방을 목적으로 하는 것이 아니라, 전통적인 형이상학을 근본적으로 되묻는 것을 목적으로 한다.

## Plus de métaphore: 추상 개념과 살아 있는 은유

리쾨르는 데리다의 철학적 은유에 대한 논의가 어떤 치우친 오해로부터 시작한다고 본다. 리쾨르는 자신의 『살아 있는 은유』(*La métaphore vivre*)에서 데리다가 인용한 하이데거의 문장 "은유적인 것은 오로지 형이상학 안에만 있다"에 주목한다. "이 격언은 은유(Meta-pher)의 넘어가기와 형이상학(Meta-physik)의 넘어가기는 동일한 전이라는 사실에서 출발한다."[37] 리쾨르에 따르면 이 격언의 함의는 세 가지로 구분된

---

36) Derrida, "Die weiße Mythologie", pp.209~210.
37) Ricœur, *Die lebendige Metapher*, p.254.

다. 첫째, 그것은 형이상학 안에서 정신은 보이는 것을 보이지 않는 것으로 옮겨 놓는다는 의미를 함축한다. 다른 한편 이 격언은 은유는 본래적인 것으로부터 비유적인 것에로의 전이로 정의될 수 있다는 의미를 내포한다. 마지막으로 하이데거의 이 격언은 이 두 가지 전이를 동일한 방식이라고 보는 것이다. 그러나 리쾨르는 하이데거에게 있어 이 격언의 범주는 맥락적으로 한정되어야 한다고 주장한다.

하이데거는 『근거율』(Der Satz vom Grund)에서 "사유는 듣는 것(ein Hören)이자 보는 것(ein Sehen)"이라는 표현을 은유로 보는 사람들에 대해서, 우리의 보기와 듣기는 결코 단순한 감각을 통한 수용이 아니라고 주장한다. 그렇기 때문에 우리가 사유를 듣기(Er-hören)나 관찰하기(Er-blicken)라고 말할 때, 그것은 결코 전의적 의미로만, 즉 비감각적인 것을 감각적인 것으로 전이한 것으로만 볼 수 없다는 것이다. 이 맥락에서 위의 두 전이, 즉 감각적인 것에서 비감각적인 것으로의 형이상학적 전이와 본래적인 의미에서 형상적 의미로의 은유적 전이가 제기된 것이다. 리쾨르는 이러한 사정을 분석하면서, 여기서 문제가 되고 있는 은유는 '시적 은유'가 아닌 '철학적 은유'라는 사실을 강조한다.[38] 리쾨르는 데리다가 이 특정한 맥락을 무시하고, 하이데거의 격언을 무한히 확장함으로써 왜곡했다고 본다.

리쾨르는, 철학적 담론에서의 은유에 대한 데리다의 해석을 두 가지 주장으로 구분한다. "첫번째 주장은 철학적 담론에서의 낡은 은유의 효과와 만나고, 두번째 주장은 은유적 전이 그리고 가시적인 존재에서 지성적 존재로의 유추 사이의 깊은 연관성과 만난다." 첫번째 주장은

---

38) *Ibid.*, p.256.

'usure' 개념에서 도출될 수 있다. 리쾨르의 해석에 따르면, 데리다는 철학 담론에서 은유가 언어학적 잉여일 수 있다고 생각한다. 데리다의 해체는 "감추어진 형이상학과 낡은 은유 사이에 고려되지 않은 연관을 밝혀내는 것"을 목적으로 하는 것처럼 보인다. 그러면서 데리다는 은유에서의 감각적 의미의 소모와 은유적인 기원의 망각을 형이상학적 개념 구성의 이상화 운동으로 고찰한다. 이러한 맥락에서 리쾨르는, 데리다의 논지를 다음과 같이 형식화할 수 있다고 본다. "은유가 지워진 곳에서 형이상학적 개념이 생겨난다."[39] 이러한 논지는 니체의 은유론과 공명하는 울림을 가지고 있다. 니체는 다음과 같이 쓴다. "그러면 진리란 무엇인가? …… 진리는 환상이다. 사람들이 그것에 대해 그것이 무엇인지를 망각한 그러한 환상이다. 진리는 낡아 빠진 그리고 감각적인 힘을 상실한 은유들이다. 진리는 그것에 새겨진 그림이 닳아 버려서 더 이상 하나의 동전으로 여겨지지 않고 그저 금속 조각으로 여겨지는 그러한 동전들이다."[40]

데리다는 형이상학적 개념에서 은유가 지워진다는 사실을 드러내면서, 은유의 패러독스를 발견한다. "이 패러독스는 다음과 같은 모양새를 가지고 있다. 은유적으로 구성된 개념적 그물망과 함께 작동하지 않는, 은유에 대한 담론은 없다. 은유적 영역의 질서와 경계를 조망할 수 있는, 은유로부터 자유로운 장소는 없다. 은유는 은유적으로 표현된다."[41] 데리다에게 은유 이론은 언제나 이론의 은유이다. 그렇기 때문에

---

39) Ricœur, *Die lebendige Metapher*, pp.260~262.
40) Nietzsche, *Kritische Studienausgabe*, Bd.1, pp.880~881.
41) Ricœur, *Die lebendige Metapher*, p.263.

정의하는 것이 그 자신 안에 정의되는 것을 포함하지 않는 정의란 있을 수가 없다. 데리다의 관점에 따르면 은유성은 전적으로 제어할 수 없다. 여기서 "은유적인 것은 오로지 형이상학 안에만 있다"는 하이데거의 격언이 연결된다. '지양'은 결코 자의적인 언어 현상이 아니다. 그것은 특별한 의미의 철학적 제스처이다. 그것을 통해서 개념의 형태 안에 낡은 은유는 감춰지고, 형이상학 내부에서 가시적인 것보다 비가시적인 것이, 그리고 감각적인 것보다 지성적인 것이 겨냥된다. "따라서 단 하나의 '지양'이 있다. 은유적 '지양'이 동시에 형이상학적 '지양'이다."[42]

리쾨르는 데리다가 형이상학적 개념의 '지양'을 말하는 것은 "낡은 은유, 죽은 은유"의 문제라는 점을 지적한다. 리쾨르는 은유적 지양과 형이상학적 지양을 동일시할 수 있다고 보는 데리다의 논지에 반대한다. 리쾨르는 낡은 은유는 특별한 작용력을 가질 수 없다고 주장한다. 그것은 이미 고정된 다의성과 다르지 않다. 그런데 데리다는 여전히 낡은 은유의 작용을 전제한다는 것이다. 죽은 은유는 더 이상 은유가 아니다. 낡은 은유 혹은 죽은 은유는 다의성으로 확장되면서 문자적 의미로 들어간다. 리쾨르에게 은유의 작용력을 말할 수 있는 은유는, 오로지 "살아 있는 은유"이다. 살아 있는 은유는 단어의 은유적 의미가 문자적 의미와의 긴장과 대립을 유지하는 은유이다.

다른 한편 리쾨르는 데리다가 비유적 의미와 본래적 의미의 이분법을 전제하고 있다고 비판한다. 리쾨르는 본래적 의미와 비본래적 의미의 대립은 하나의 가상이라고 본다. 이 대립에 따르면 단어들은 그 자체 안에 하나의 본래적인, 즉 근원적이고 자연적이며 고유한 뜻을 가지

---

42) *Ibid.*, p.264.

고 있는 것이 된다.[43] 그러나 리쾨르에 따르면, 의미는 어딘가에 있는 것이 아니라, 매 순간 발생하는 것이다. 하나의 단어가 의미를 얻게 되는 것은 담화 안에서 쓰일 때이다. 사전에는 살아 있는 언어가 없다. 단지 그 잠재적 가능성만이 있을 뿐이다. 단어의 뜻은 각각의 담화상황(Redesituation)의 토대 위에서 생겨난다. 리쾨르는 벤베니스트의 '담화'(discours) 개념을 차용하여 언어의 의미가 어떻게 담화 안에서 활성화 되는지를 보여 준다.

벤베니스트에 의하면 한 표현의 의미는 담화가 벌어지는 구체적인 상황에서 생겨난다. "담화 사건은 일시적이고 스쳐 지나간다. 담화 사건은 그러나 동시에 '같은 것'으로 동일시될 수 있고, 반복적으로 동일시될 수도 있다. 각각의 담화 단위의 원칙적인 동일화와 더불어, 가장 넓은 의미에서 의미가 도입된다."[44] 따라서 한 단어의 은유적 사용은 언제나 그것의 문자적 사용과 대립될 수 있다. 그렇다고 문자적 사용이 고유하다는 의미에서 "본래적인 것"은 아니다. 문자적 의미란 단지 통용되는, 관습적 의미를 말할 뿐이다. 리쾨르는 문자적 의미와 은유적 의미 사이의 차이를 정당화하기 위해서, '본래성'의 형이상학이 반드시 필요한 것은 아니라고 주장한다. 문자적인 의미와 은유적인 의미 사이의 차이는 오직 담화상황을 통해 규정될 수 있을 뿐이다. 은유성은 매 상황 안에서, 담화의 사용 안에서만 발견된다.

"나아가 은유적인 것과 문자적인 것의 구분은 오로지 두 가지 해석 사이의 갈등에 근거해서만 존재한다."[45] 한 문장은 사전적 의미의 근거

---

43) Ricœur, *Die lebendige Metapher*, p.266.
44) *Ibid.*, p.124.

위에서 해석될 수 있다. 그리고 다른 한편 그것은 비유적 조작으로 고찰될 수도 있다. 이 해석들 간의 긴장으로부터 살아 있는 은유가 생겨난다. 이러한 이유에서 리쾨르에게는 철학적 언어의 죽은, 낡은 은유를 고찰하는 것은 중요하지 않다. 오히려 중요한 것은 그 언어를 새롭게 살려 내는 일이다. 철학적 담론에서 죽은 은유를 새로이 소생시키려면, 그리고 낡은 은유를 다시 젊어지게 하려면, 은유의 서술 기능을 충족시켜야 한다. 은유를 하나의 이야기로 다시 만들어 내어, 새로운 관점으로 사태를 기술할 수 있을 때, 은유는 다시 살아난다.

데리다는 「은유의 중지」(Der Entzug der Metapher)에서 리쾨르의 비판적 지적에 답한다. 데리다는 리쾨르의 지적이 자신의 논지에 대한 일련의 오해에 기반한다고 생각한다. 데리다가 하이데거의 주장을 확장하려 했다고 오해하고 있다는 것이다. 데리다는 결코 하이데거의 격언을 확장하거나 급진화하려는 것이 아니며, 그의 가시적인 것과 비가시적인 것, 또는 감각적인 것과 지성적인 것 사이의 대립과 이분법을 넘겨받고자 하는 것도 아니라고 강변한다. 데리다는 이러한 생각을 오히려 부정한다. "실제로 「백색신화」 전체는 일관되게 은유에 대한 일반적인 철학적 해석, 즉 은유는 감각적인 것을 지성적인 것으로 전이하는 데서 생겨난다는 해석에 의문을 제기하고 있기 때문이다."[46] 데리다는 자신이 은유 이론 내의 대립 쌍을 넘겨받은 것이 아니라, 오히려 그 대립 쌍을 해체하고자 시도하고 있음을 강조한다.

또한 「백색신화」에서 하나의 논지를 발견하는 리쾨르의 독서방

---

45) *Ibid.*, p.268.
46) Derrida, "Der Entzug der Metapher", p.325.

식도 거부한다. 데리다에 의하면 리쾨르의 오독은 해체의 대상과 해체 작업 자체를 혼동한 데서 기인한다. 데리다는 자신에게 중요한 것은 'usure'의 도식을 확인하는 것이 아니라, 그 도식 위에서 구축된, 은유라는 이름의 비유를 특권화하는 '철학적 개념화'를 해체하는 것이다. 데리다에게 형이상학은 없다. 그의 관심은 텍스트의 여백, 표시되면서도 지워지고, 살아 있으면서도 죽은 흔적이다.

　데리다는 은유에 대해 비은유적으로 말하는 것을 불가능하다고 본다. 우리는 은유에 대해 말하고자 하고 본래적 의미 또는 문자적 의미가 무엇인지 말하고자 하지만, 우리는 은유의 도움 없이 은유를 다룰 수 없다. 이에 대하여 리쾨르는 은유에 대해 은유적으로 이야기하는 것이 결코 순환논리는 아니라고 지적한다. "은유 개념은 결코 그것의 고유한 낡은 은유의 이상화만이 아니다. 오히려 모든 죽은 은유들을 다시 젊어지게 하는 것 그리고 …… 새로운 살아 있는 은유를 발견하는 것이, 은유 생산을 새로운 개념 생산과 접목할 수 있게 한다."[47]

　데리다와 리쾨르는 모두 표현의 본래적 의미와 비유적 의미 사이의 구분이 불가능하다고 생각한다. 그러나 이 불가능성은 전혀 다른 관점에서 고찰된다. 데리다는 형이상학이 부재하는 것을 현존하는 것으로 받아들이고 있다고 비판한다. 데리다에게 본래적 의미의 불가능성은 철학 담론의 특성 안에 있다. 은유적인 우회의 결과인 형이상학은 본질적으로 존재의 중단에 상응한다. "존재는 은유·환유적 이동 또는 변형 안에서만 자신을 명명하도록 만든다. 그것은 일시적인 규정 안에 …… 은폐되지 않고서는 드러날 수도, 나타날 수도 없기 때문이다."[48]

---

47) Ricœur, *Die lebendige Metapher*, p.272.

그래서 데리다에게 은유 이론은, 현존의 고정된 가치가 없는 상호전이로 여겨지며, 경제학이 된다.

반대로 리쾨르는 은유의 재생은 각각의 담화상황에서 주어지는 해석의 과제라는 점을 강조한다. "하나의 죽은 은유를 살려 내는 것은 결코 개념을 폭로하는 것이 아니다. 우선 다시 살려 내어진 은유는 죽은 은유와는 다르게 작용하기 때문이다. 그리고 무엇보다도 개념은 은유가 사전적으로 파악되는 과정에 자신의 온전한 기원을 가지고 있지 않기 때문이다."[49] 리쾨르에게 철학 텍스트의 해석은 하나의 개념 안에 있는 죽은 은유를 다시 살아나도록 일깨우는 작업이다. 추상적인 의미는 낡은 은유를 통해 만들어지는 것이 아니다. 형이상학 안에 은유는 없다. 은유는 해석 안에서만 산다. 한 개념의 추상적 의미는 구체적 사유 안에서만 다시금 활성화될 수 있다.

리쾨르는 철학적 개념 구성의 과정에서 은유화의 경로가 발견된다는 데리다의 생각에는 동의한다. 은유화는 서로 다른 사물들을 한자리에 가져오는 동일화의 본성을 가지고 있다. 데리다는 은유에서 벌어지는 이 동일화의 본성을 철학적 개념에서의 이상화 과정과 비교한다. 개념 구성 내지는 개념의 추상성은 살아 있는 은유와는 다른 의도에서 만들어지는 '다른' 과정이다. 데리다는 물론 철학적 개념과 살아 있는 은유 사이의 이러한 차이를 인식하고 있다. 그렇지만 데리다는 철학적 개념들이 개별적인 각 계기마다 생생하게 살아 있는 은유들을 갈취한다고 본 것이다. 데리다는 철학에서의 은유의 역할, 그리고 은유가 없이는

48) Derrida, "Der Entzug der Metapher", p.337.
49) Ricœur, *Die lebendige Metapher*, p.269.

철학이 불가능하다는 사실을 증명한다.

개념적 추상성은 보편성과 연관되는 반면, 살아 있는 은유는 각각의 담화상황에 따른 '다름' 내지는 개별성과 관련된다. 추상화된 보편적 개념은 구체적이고 특수한 담화상황에서 활성화될 때에만 재생될 수 있다. 그렇지 않다면, 그것은 단지 비어 있고 딱딱한, 죽은 것에 불과할 것이다.

## · 2장 ·
# 은유와 이야기

은유에 대한 리쾨르의 관심은 언어의 규칙과 창조성 사이의 연관관계
를 밝히려는 노력과 더불어 시작되었다. 창조한다는 것은 규칙과의 투
쟁이다. 무로부터의 창조란 없다. 창조한다는 것은 주어진 규칙으로부
터 새로운 어떤 것을 만들어 내는 활동이다. 리쾨르는 은유 안에서 창조
적 능력의 흔적을 인식한다. 그의 관심은 시적 언어의 의미론적 혁신이
다. 리쾨르의 은유 이론은 의미론적 혁신과 발견론적 기능을 다룬다. 의
미론적 혁신은, 확립된 의미론적 규칙을 위반하면서 생겨나는 새로운
뜻의 창출을 의미한다. 그리고 발견론적 기능이란, 현실을 새롭게 기술
할 수 있는 관점을 획득하는 것을 말한다.

　　은유를 처음 접할 때, 우리는 그것을 두 개념이 동일시하는 계사 '~
이다'로 연결된 것이라고 본다. 아리스토텔레스의 은유 이론도 은유를
두 개념의 '대체' 관계로 보면서 출발했다. 그는 은유를 '하나의 단어가
다른 단어의 자리에 들어가는 것'으로 보았다. 그러나 은유는 단지 단어
들 사이의 교환으로 볼 수 없다. 은유는 '단어'의 단위가 아닌 '문장'의
단위에서 고찰되어야 한다. 문장 단위로 보게 되면 은유를 두 단어의 결

합이 아닌, 단어와는 '다른' 차원에서의 작용으로 보게 된다. 문장은 단어의 복합체, 복합적 단어가 아니기 때문이다. "문장은 담화의 단위이다." 문장과 더불어 언어는 다른 차원의 작용을 시작한다. "무한히 창조되고, 끝없이 다양한 문장은 활동 중인 언어의 삶 자체이다. 이로부터 우리는, 문장과 함께 기호체계로서의 언어(langue)의 영역을 떠나게 되며, 다른 세계, 담화로 표현되는 의사소통의 도구로서의 언어의 세계로 들어간다는 결론을 내린다."[1] 문장은 사전에서 벗어나 담화로 생동한다. 은유도 문장의 차원에서 살펴져야 한다. 은유는 단지 두 단어의 결합관계가 아니라, 그 결합을 통해 언어의 새로운 차원으로 들어가는 것이다. 술어적 결합관계 안에서 은유 문장은 세계에 대한 어떤 관점을 가져온다.

은유 문장이 새로운 관점으로 작동하는 데에는, 하나의 세계가 함께 참여한다. 은유는 그저 하나의 사태가 아닌, 하나의 세계를 보여 준다. 그런 의미에서 문장의 단위에 머물러서는 은유의 해석은 불가능하다. 은유 해석은 텍스트 차원으로 확장되어야 한다.

서정주의 「국화 옆에서」에는 "내 누님같이 생긴 꽃이여"라는 비유가 들어 있다. 이 직유 "내 누이 '같은' 꽃"은 "내 누이는 (국화)꽃이다"라는 은유를 품는다. 내 누이는 꽃과 동일시된다. 그 은유 문장의 의미는 이 시가 드러내는 다른 이미지들과 함께 해야만, 읽을 수 있다. 봄부터 울던 소쩍새, 먹구름 뒤에서 우는 천둥, 먼 젊음의 길을 돌아온 여정이 구성하는 하나의 이야기, 그리고 그 이야기가 품고 있는 하나의 세계가 구성되고 난 이후에야, 그 문장은 살아 있는 은유로 작동할 수 있다.

---

1) 벤베니스트, 『일반언어학의 제문제』, 1권, 183쪽.

### 국화 옆에서

한 송이 국화꽃을 피우기 위해
봄부터 소쩍새는
그렇게 울었나 보다.

한 송이 국화꽃을 피우기 위해
천둥은 먹구름 속에서
또 그렇게 울었나 보다.

그립고 아쉬움에 가슴 조이던
머언 먼 젊음의 뒤안길에서
인제는 돌아와 거울 앞에 선
내 누님같이 생긴 꽃이여.

노오란 네 꽃잎이 피려고
간밤엔 무서리가 저리 내리고
내게는 잠도 오지 않았나 보다.

　　　　　　　　　　　　　·

은유를 이해하기 위해서 해석은 작품이라는 전체 범위를 받아들여야 한다. 여기서 문제가 되는 것은 언어적 산물의 길이가 아니다. '작품'을 구성하는 것은, 조직화된 형식과 전체성의 구조이다. 리쾨르는 모든 은유는 '가장 짧은 시'(Minimalgedicht)라고 말한다. 은유는 하나의 작품을 함축한다.

은유가 만들어지고, 사용되고, 이해되기 위해서는 하나의 이야기가 필요하다. 이야기를 통해 하나의 세계를 만들어 낼 수 있을 때에만, 우리는 은유를 쓰고 또 이해할 수 있다.

## 1) 세계에 대해 새로 쓰기

### 은유와 언어의 창조성

은유에 대한 리쾨르의 관심은 '언어의 창조성'이라는 주제로부터 시작한다. 사전은 한정된 수의 어휘를 가지고 있고, 문법은 일정하게 체계화할 수 있으며, 언어의 공시적 구조는 분석 가능하다. 반면 언어의 사용은 무한하다. 언어의 규칙과 재료는 한정적이지만, 언어의 사용 가능성은 무한정 열려 있다. 한정된 어휘와 문법 안에서 언어는 매 순간 새로운 표현을 만들어 낼 수 있다. 이제까지 없던 표현을 창출하는 것이 가능하며, 전혀 새로운 어법이 언어의 규칙 안에 수용될 수 있다. 그러한 새로운 사용을 통해 언어는 살아간다. 규칙을 따라서, 또는 규칙에서 벗어나 언어는 무한히 변화하고 확장하고 성장한다. 한정된 요소의 무한한 사용 가능성을 통해, 언어는 사용 안에서 언제나 새로울 수 있다. 물론 언어는 일정한 통사론적·문법적 규칙을 따라 사용되어야 한다. 약속된 규칙을 지나치게 일탈하면 언어는 기능하지 못한다. 또한 언어의 새로운 사용도 일정한 의미론적 가능성의 장(場) 안에서 움직여야 설득될 수 있다. 그 한계를 너무 멀리 밀고 나가면, 그 표현은 이해되지 않는다. 개인언어(private language)는 있을 수 없다. 그러나 언어는 규칙과 사전적 어휘와 체계에 한정되지 않는다. 한 언어에 능숙하다는 것은 그 언어의 규칙을 완전히 숙지하는 것을 의미하지 않는다. 오히려 그 언어로 문법적 일탈과 사전적 의미의 변용을 유연하게 실천할 수 있을 때, 우리는 그 언어에 능숙하다고 말할 수 있다.

언어는 언제나 규범적이어야 하면서도, 일탈과 더불어 더 생생하게 살아갈 수 있다는 역설이 여기에 있다. 그러한 언어의 역설적 특성을 가장 잘 보여 주는 것이 '은유'이다. 그리고 바로 그렇기 때문에 은유가 없는 언어는 상상할 수 없다.

은유는 단어의 사전적 의미를 이동시켜 새로운 사용을 시도한다. 그리고 은유를 통해 의미론적 실험이 행해지고, 그것의 성공을 통해 언어의 '의미론적 혁신'이 가능해진다. 그러나 은유를 통한 의미론적 혁신은 '명사'의 차원에서 벌어지는 현상이 아니다. 아리스토텔레스는 자신의 은유에 대한 설명과 이론화를 명사의 단위에서 시작했고, 또 그를 계승하는 많은 은유 이론가들이 은유를 명사 단위에서 벌어지는 언어 현상으로 다루었다. 그러나 리쾨르는 은유를 명사들의 위치 바꾸기로 보아서는 그것이 수행하는 '의미론적 혁신'의 특징을 제대로 드러낼 수 없다고 본다. 리쾨르의 주장에 따르면, 은유는 '술어적'이다.

'술어적'이라는 것은 우선 문장의 의미화 방식이 구조기호학적인 것이 아니라, 담화상황적이라는 것을 의미한다. 그것은 두 개의 단어의 값이 교환·대체되는 방식이 아니라, 구체적인 담화상황 안에서 발화를 통해 의미가 발생하는 방식과 연관된다는 뜻이다. 또한 '술어적'이라는 것은 두 단어의 관계가 관점적이라는 것을 의미한다. '아킬레우스는 사자다'라는 은유 문장에서 '아킬레우스'와 '사자'는 동위의 대체관계에 놓이는 것이 아니라, '사자'의 견지에서 '아킬레우스'의 어떤 면모를 드러내는 '관점'의 전환이 발생한다.

은유적 발화는 의미론적 규칙의 위반임에도 불구하고, 하나의 뜻을 만들어 낸다. 그 뜻은 기존의 규칙에 따른 뜻과는 다른 뜻이다. 그러나 은유의 의미론적 규칙 위반이 새로운 관점을 매개하고, 그것을 만들어 내는 사람이나 그것을 듣거나 읽는 사람에게 모두 새로운 경험을 가능하게 해준다. 은유적 발화의 규칙 위반이 허용되는 이유는, 그것이 새로운 뜻을 만들어 낼 수 있기 때문이다. 그러한 의미에서 은유는 창조적 언어의 근본원리이다.

### 작품과 세계의 관계

그런데 은유가 만드는 새로운 의미는 무엇을 말하는가? 은유는 세계와 어떻게 관계 맺는가? 은유는 그저 언어의 일인가? 아니면 은유는 세계에 대해서 '새로운' 무언가를 말하는가? 리쾨르는 은유를 의미론적으로는 어떤 새로운 것도 만들어 내지 않는, 오직 평범하고 일상적인 표현을 낯설지만 새롭고 흥미로운 표현으로 대체하는 수사적 '장식'이라고 주장하는 이론들에 반대하여, 은유의 발견론적 기능을 주장한다. 은유는 단지 장식이 아니다. 수사학은 단지 '아름답게 말하기'를 목적으로 하는 것이 아니다. 리쾨르에 따르면 은유는 세계를 보는 새로운 눈과, 이제까지는 알지 못했던 시각에서 세계를 해석하는 관점을 제공하는 것이다. 은유를 통해 세계는 다르게 보이고, 다르게 읽히고, 다르게 쓰인다.

　　은유의 발견론적 기능을 밝히려면, 일단 은유가 '말하는 바'가 단지 그 문장의 '표현된 것'에 한정되어 분석될 수 없다는 점이 해명되어야 한다. 은유적 표현이 세계에 대해 무엇을 말하는지 알고자 한다면, 은유에 대한 논의는 문장의 의미론을 넘어 텍스트의 해석학으로 나아가야 한다. 리쾨르는 은유의 지시 대상(reference)이라는 문제는 해석학적 차원에서 다루어져야 한다고 주장한다. 은유적 발화에서 '의도된 것'을 알고자 한다면, 관심을 그것의 '대상'이 되는 세계로 향하게 해야 한다. 언어 외부 세계와의 관계가 함께 성찰되어야 한다.

　　리쾨르에게 텍스트는 복합적인 담화의 단위이다. "그것의 특징은 단순한 담화 단위, 혹은 문장으로 환원될 수 없다."[2] 은유가 세계와 맺는 관계를 밝혀내기 위해, 문장의 의미론적 분석의 차원을 넘어서 해석 작업을 시작해야 하는데, 그 단위는 바로 '작품으로서의 텍스트'이다. 리쾨르가 말하는 '작품'이라는 단위는 구성, 장르 귀속성, 독특한 스타일 등의 요소들이 모여진 것이다. 이 요소들의 결합을 통해 하나의 작품은 독특한 개별성과 개성을 소유하게 된다.

리쾨르의 해석 작업은 그런데 작품의 구조를 분석하고 그 뜻을 파악하는 것에 머물지 않고, 작품의 세계를 받아들이는 것으로 나아가야 한다고 주장한다. 텍스트의 구조를 과학적으로 분석하고 텍스트의 구성요소들을 설명하는 것만으로는 텍스트의 의미를 해석할 수 없다. 해석은 작품의 세계를 이해하는 것이다. 따라서 "해석학은 작품의 구조로부터 작품의 세계로의 이행을 규제하는 이론에 다름 아니다. 작품을 해석한다는 것을 세계를 펼치는 것이다. 작품 '구성', '장르', '스타일' 덕분에 작품은 세계와 관계 맺는다".[3]

문학작품이 세계와 관계 맺는 방식은 세계를 객관적으로 기술하는 것은 아니다. 문학작품은 세계를 직접 기술하지 않는다. 오히려 작품은 세계에 대한 직접적인 기술을 중지한다. 세계와 거리를 두고, 세계와 직접적으로 관계 맺지 않는 방식으로, 작품은 세계와 관계 맺는다. 문학작품은 자기 나름의 방식으로 언어 외적 현실과의 관계를 유지한다. 문학작품이 세계와 맺는 관계에서 발생하는 이와 같은 긴장은 은유에도 마찬가지로 적용된다. "아마도 중지된 지시 대상(Referenz)과 펼쳐진 지시 대상 사이의 관계를 보여 주는 것이 바로 은유적 발화이기 때문일 것

---

2) Ricœur, *Die lebendige Metapher*, p.213.
3) *Ibid.*, p.214.

이다."[4] 문자 그대로의 뜻과 은유적 뜻이 하나의 해석 안에서 구별되고 활성화될 수 있다면, 은유 안에서 중지된 직접적인 세계 기술의 의미도 해석 안에서 펼쳐질 수 있다.

앞서 언급한 것처럼, 리쾨르는 은유가 한 편의 시(詩)로, 하나의 작품으로 해석되어야 한다고 주장한다. 그래야 은유가 세계와 경험에 대해 '다르게' 이야기하고자 하는 바를 해석할 수 있다. 은유는 시적 구조화와 작품으로서의 세계 창조를 통해 우리의 세계와 경험을 바라보는 새로운 관점을 준다. 시적 은유는 그 자체가 세계와 경험에 대한 하나의 해석이다. 지시 대상의 문제를 배제하면서 시적 전략에서 다루는 상상적인 것은 지시 대상이 없는 언어유희라고 주장하는 문학 비평의 경향에 대해 리쾨르는 반대한다. 리쾨르에게 시적 은유는 나름의 방식으로 지시 대상과 관계 맺고, 바로 그 지시 대상에 대해 무언가를 말하는 것이기 때문이다. 그것은 직접적인 지시적 관계는 아니다. 그러나 시적 은유는 여전히 세계에 대해 무언가를 말하고 있다는 것이다.

## 2) 은유의 이중적 지시체와 발견론적 기능

### 이중적 지시체의 문제

리쾨르는 "기술적 담화의 규범이라는 의미에서 지시 대상을 중지하는 것은, 해석을 통해 해명되어야만 하는 지시 대상의 근본 양태를 드러내기 위한 부정적 조건"이라고 주장한다.[5] 은유는 기술적 담화의 규범이

---

4) Ricœur, *Die lebendige Metapher*, p.216.
5) *Ibid.*, pp.224~225.

라는 차원에서는 지시체를 중지한다. 그것은 기술적 담화의 의미에서 어떤 대상을 지시하는 것이 아니기 때문이다. 그러한 의미에서 은유는 언제나 '~이다'와 '~이 아니다'를 함께 함축한다. 그것은 지시 대상에 대한 긍정과 부정을 동시에 포함한다는 것이다. '아킬레우스는 사자다'는 '아킬레우스는 사자가 아니다'를 포함한다. 아킬레우스는 기술적 담화의 규범에 따르면, 사자가 아니다. '~이 아니다'라는 부정 없이 은유는 생생하게 살아나지 못한다. 그러나 은유적으로 아킬레우스는 사자이다. 이 긍정의 동일시가 은유의 기본 구조이다. 따라서 이 이중의 지시적 관계, 즉 지시체에 대한 긍정과 부정의 관계가 공존한다는 사실이 은유의 핵심적인 생명력이다. 은유는 이 모순적 긴장 안에 산다. 그리고 이 긴장이 감정의 차원에서 인식을 자극한다. 그러한 의미에서 리쾨르는 언어의 감정적 요소와 인지적 요소를 가르는 논리실증주의의 전제에 반대한다. 감정적 요소는 존재의 양태를 드러내는 중요한 인지적 요소일 수 있기 때문이다.

리쾨르의 이론에서, 시적 언어의 지시 연관에 대한 논의는 은유 발화의 분석으로부터 시작한다. 시적 언어는 한편으로는 일상언어 안에서 명시적 지시체에 대한 거리 두기이고, 다른 한편으로는 이중화된 지시체 개념을 포함하는 것이다. 만약 은유적 발화가 문자 그대로의 뜻의 폐허 위에 새로운 뜻을 세운다면, 이 은유적 발화는 또한 지시 대상을 보는 새로운 관점을 열 수 있다. 은유적 발화에서 개시되는 새로운 관점은 작품의 세계를 파악할 수 있게 하는 발견론적 기능을 갖는다. 은유의 지시 대상은 주어진 세계를 향하는 것이 아니라, 작품 안에서 형상화된 세계를 향한다. 은유는 단지 하나의 단어, 단지 하나의 문장일지라도 '가장 짧은 시'이다. 가장 짧은 시로써 은유는 세계를 기획하고 새롭게

기술하는 능력을 가지고 있다.[6]

## 발견론적 기능과 새롭게 기술하기

은유적 발화의 발견론적 기능을 해명하기 위해 리쾨르는 과학언어에서의 '모델'의 역할을 참조한다. 과학언어에서 '모델'은 발견론적 도구이자 대상을 새롭게 기술하는 수단이다. "모델은 논증 논리에 속하는 것이 아니라 발견 논리에 속한다."[7] 리쾨르에게 발견 논리는 인식적 과정과 합리적 방법론을 포함하는 것이다. 리쾨르의 지적에 따르면 은유적 발화는 하나의 모델처럼 기능할 수 있다. 그런데 은유가 모델로 기능할 수 있으려면, 그것은 이야기나 알레고리와 같은 복합적 은유로 확장되어야 한다. 왜냐하면 모델은 복합적인 그물망을 끌고 오는 것이기 때문이다. 은유가 고립된 문장이 아닌, 하나의 시로 받아들여지고 그것이 은유적 세계를 구성하는 이야기로 해석될 수 있으면, 그것은 세계를 새롭게 기술하는 하나의 '모델'을 제공할 수 있다. 리쾨르에 따르면 "은유의 지시체 기능은 고립된 은유적 발화보다는 은유의 그물망에 닿아 있다".[8]

은유의 발견론적 기능은 새로운 관점의 개시이자, 현실을 새롭게 기술하는 것이다. 리쾨르에 따르면, 세계에 대한 새로운 기술과 은유의 연결은 아리스토텔레스 『시학』에서의 미메시스와 플롯의 결합으로 돌아간다. 리쾨르는 플롯과 미메시스 사이의 관계를 다음과 같이 요약한다. "시작(詩作)은 인간 행동의 모방이다. 그리고 미메시스는 이야기의

---

6) Ricœur, *Die lebendige Metapher*, p.157.
7) *Ibid.*, p.228.
8) *Ibid.*, p.234.

발명을 통해 행동을 매개하고 구성과 질서와 윤곽을 제시한다."[9] 리쾨르는 데리다와 달리 미메시스를 본래적 의미를 향한 언어목적론이라는 관점으로 보지 않는다. 리쾨르에 따르면 미메시스는 실천이다. 그것은 인간의 세계 경험을 재구성하는 형상화이다. 그래서 또한 그것은 플롯의 구성(mythos)이며, 이야기 만들기이다.

『시학』에서 조사(lexis)의 일부로 소개된 은유는 이야기의 구성에 참여한다. "은유적인 것은 조사의 특징일 뿐 아니라, 뮈토스 자체의 특징이기도 하다. 그리고 이 은유적인 것은 모델처럼, 덜 알려진 영역인 인간적인 것을, 허구적이며 더 잘 알려진 영역인 비극적 이야기의 영역과의 관계를 통해 기술하고, 이 이야기에 포함되어 있는 '체계적 확장 가능성'이라는 모든 가능성을 활용하는 데에서 생겨난다."[10] 그리고 미메시스는 여기서 더 이상 모사가 아닌 새로운 기술로 이해된다. 리쾨르에 따르면 모든 시작은 플롯과 미메시스의 결합에서 생겨나기 때문에, 시적 언어는 또한 인간 행동의 기술로부터 활성화된다. 은유는 현실세계와 직접적인 연관을 가질 수는 없지만, 미메시스적 연관을 가질 수는 있다. 은유의 시적 기능은 인간 경험을 새롭게 묘사하고 다르게 기술하는 데에서 나타난다.

### 은유적 진리

은유를 통해 언어는 현실의 직접적 기술이라는 한정된 기능에서 해방된다. 은유적 진리는 지시와 상징, 기술과 재기술, 언어와 비언어의 경

---

9) *Ibid.*, p.235.
10) *Ibid.*, p.235.

계 위에 놓인다. 리쾨르는 은유적 진리에 대한 물음은 긴장 이론의 관점에서 밝혀져야 한다고 지적한다. 은유가 함축하는 발화 내재적 차원에서의 긴장을 리쾨르는 다음의 세 층위로 이야기한다. "ⓐ 취지(tenor)와 매체(Vehicle), 초점(focus)과 틀(frame), 중심 주어와 주변부 주어 사이의 긴장, 즉 발화 내부에서의 긴장, ⓑ 의미론적 부적합성에 의해 파괴되는 문자 그대로의 의미 해석과 무의미를 의미로 만드는 은유적 해석 사이의 긴장, ⓒ 유사성의 운동 영역 안에서 동일성과 차이 사이의 긴장, 즉 계사의 연결 기능 안에서의 긴장"이 그것이다. 이제까지 긴장은 발화 내재적 뜻의 차원에서 의미론적 혁신과 연관해서만 다루어졌다. 리쾨르는 이제 이 '긴장'을 존재의 차원에서 새롭게 사유해 보자고 제안한다. "긴장은 은유적으로 주장된 존재 안으로 옮겨져야만 한다." 은유적 발화의 계사는 술어를 주어와 의미론적으로 연결하는 기능만을 갖는 것이 아니다. "시인이 '자연은 살아 있는 기둥 위의 사원이다'라고 말할 때, '이다'라는 동사는 술어인 '사원'을 주어인 '자연'과 위에 언급된 세 차원의 긴장이라는 의미에서 연결하는 것에 한정되지 않는다. 계사는 단지 연결의 기능만을 갖는 것이 아니다."[11] 그것은 그렇게 존재한다. 이 은유의 발화 이후, 이 시구가 자연을 그렇게 묘사하고 난 이후, 자연은 사원'으로' 존재한다. 그렇다고 은유적 발화를 문자 그대로 받아들인다는 것은 아니다. 자연은 사원이 아니라는 것은 확실하다. 그러나 자연은 (어떠한 의미에서) 사원이다.

"문법 안에서는 어떠한 것도 은유적 속성을 문자 그대로의 속성과 구분할 수 없다."[12] 상상력은 진정한 인식과 구분되지 않는다. 은유적

---

11) Ricœur, *Die lebendige Metapher*, p.239.

언어에서는 문자 그대로의 진리를 묘사하고 사태가 실제로 어떠한지를 말하는 것은 가능하지 않다. 그러나 은유가 현실을 서술하지 못하는 것은 아니다. 리쾨르는 은유와 일상어의 경계를 해체하는 주장들이 논리실증주의의 견해를 반대하는 것처럼 보이지만, 실제로는 논리실증주의의 전제를 공유하는 것이라고 본다. 왜냐하면 이 견해의 바탕이 되는 것은 '은유는 현실을 서술하지 못한다'는 생각이기 때문이다. 그러나 이러한 생각은 시적 경험의 고유성을 묵살한다. 리쾨르는 시인은 현실을 언어화한다는 간단한 사실을 지적함으로써, 이 논리실증주의적 전제를 극복하고자 한다. 시인은 현실에 대해 다른 어떤 것을 말한다. 일상어나 과학적 언어가 하는 것과는 다른 방식이지만, 시인은 자신의 언어로 실제를 언어화한다. 그것이 문자적 의미대로의 묘사가 아니라 할지라도, 그것이 세계에 대한 묘사가 아니라고 말할 수는 없다.

이 비판을 통해 리쾨르는 은유의 계사 '이다'가 의미론적 영역뿐 아니라 해석학의 영역에서도 긴장을 유지한다는 사실을 드러낸다. 리쾨르에 따르면 은유적 진리 개념은 해소되지 않는 역설에 연결되어 있다. "이 역설은 (문자적) '아니다'를 (은유적) '이다'의 존재론적 격렬함 안에 가두는 것 외에는, 은유적 진리 개념을 정당하게 평가할 어떤 가능성도 없다는 데서 발생한다."[13] 은유적 '이다' 안에 유지되는 긴장은, 동일자와 타자 사이의 긴장이기도 하다. 해석의 실천이 아니고서는, 그리고 독서의 구체적인 재활성화 과정이 아니고서는, 은유적 발화에 담긴 긴장은 역할하지 못한다. 그 은유적 담화의 순간에, 동일성이나 타자성의 어

---

12) *Ibid.*, p.246.
13) *Ibid.*, p.251.

느 한쪽으로 기울어지지 않은, 두 요소를 모두 함축하는 '긴장'이 발생하고 활성화되며 되살아난다. 그리고 세계는 그렇게 묘사된다.

은유의 긴장은 해석들의 갈등이라는 차원에서 고찰되어야 한다. 해석은 은유의 결정할 수 없는, 그러나 또한 피할 수도 없는 연쇄 안에 놓여 있다. 그것은 동일성만으로도, 그리고 차이만으로도 해석되지 않고, 오로지 동일성과 차이가 동시에 해석되어야 하는 것이다. 긴장이 있어야 은유는 산다. 긴장이 살아 있기 위해서, 동일성과 차이가 동시에 함축되어야 한다. 은유에는 '이다'와 '아니다'가 공존한다. 그러나 이 공존은 병행이 아니다. 그것이 정말 존재적으로 '이면서 아닌' 것이다. 그렇게 존재하는 것이다.

## 3) 경험의 이야기 구조

### 리쾨르의 서사 이론

리쾨르의 서사 이론은 은유 이론과 마찬가지로 의미론적 혁신이라는 현상에 대한 철학적 관심에서부터 시작된다. "『살아 있는 은유』와 『시간과 이야기』는 공속되어 있다. 그것들은 차례로 출판되었지만, 같은 시간에 계획되었다. 비록 은유는 '비유'(또는 담화 문채) 이론의 전통적인 대상이고, 이야기는 문학적 '장르' 이론의 대상이지만, 이 양자에 의해 야기되는 의미작용은 의미론적 혁신이라는 동일한 핵심 현상에 닿아 있다."[14] 의미론적 규칙을 파괴함으로써 새로운 뜻을 얻으면서, 개념의 모순을 쉽게 지양하지 않고 지속적으로 보유하면서, 그리고 문자 그대로의 해석과 은유적 해석을 동시에 허용하면서, 은유는 언어의 혁신적 특성을 보여 준다. 리쾨르는 이야기의 종합적 특징에 주의를 환기시키면서, 이야기를 은유에 접근시킨다. 이야기도 언어의 혁신성과 세계 경험의 재기술이라는 발견론적 기능을 공유한다. 이야기는 서로 다른 단위들, 파편적인 요소들을 하나의 통일적인 구조로 모은다. 생산적 상상력 덕분에 이야기는 하나의 전체성, 하나의 작품이 된다. "이러한 **이질성의 종합**이 이야기를 은유 가까이로 가져간다."[15] 이야기와 은유는 언어에 새로운 어떤 것을 가져온다.

리쾨르의 서사 이론은 인간의 시간 경험과 이야기 사이의 미메시스적 관계를 탐구한다. 인간의 시간 경험은 그것이 이야기로 구성될 때에만 이해될 수 있다고 리쾨르는 주장한다. 시간 경험은 분산적이고 파편적이며 일시적이고 다발적이다. 그와 같은 경험은 이야기되어야만 이해될 수 있다. 파편화된 경험은 이야기를 통해 하나의 전체로 구조화됨으로써만 의미를 획득할 수 있다. 리쾨르에 따르면 인간 실존의 의미 자체는 서사성 안에 있다. 리처드 커니와의 인터뷰에서 리쾨르는 다음과 같이 말한 바 있다. "나는 비트겐슈타인의 개념을 차용하여, 서사의 '언어 게임'은, 궁극적으로 인간 실존의 의미는 그 자체가 서사적이라는 것을 드러낸다고 말하고자 한다. …… 한나 아렌트가 강조한 것처럼, 인간 실존의 의미는 세계를 변화시키거나 지배하는 힘일 뿐 아니라, 또한 서사 담론 안에서 기록되고 회상될 가능성, 그것을 통해 기억될 수 있는 가능성이다."[16]

---

14) Paul Ricœur, *Zeit und Erzählung I: Zeit und historische Erzählung*, München: Welhelm Fink Verlag, 1988, p.8 [『시간과 이야기 1: 줄거리와 역사 이야기』, 김한식·이경래 옮김, 문학과지성사, 1999].

15) *Ibid.*, p.7.

16) Richard Kearney, *Dialogues with Contemporary Continental Thinkers: The Phenomenological Heritage*, Manchester: Manchester University Press, 1986, p.17 [『현대 사상가들과

리쾨르는 서사적 기능과 인간의 시간 경험 사이의 관계를 서술하면서, 그것을 통해 문학언어 안에서의 규칙의 준수와 이탈을 둘러싼 의미론적 혁신이라는 문제, 그리고 존재론적으로 '이다'와 '아니다'가 공존하는 이중화된 지시관계의 문제를 해결하고자 한다. 리쾨르에 따르면 인간의 경험은 이미 이야기에 의해 각인되어 있으며, 이야기 또는 은유는 이미 인간의 행위와 매개되어 있다.

### 텍스트 이전의 이야기: 행위의 전 형상화

리쾨르에 따르면 줄거리 구성은 미메시스적 능력을 필요로 한다. 리쾨르는 이것을 세 단계의 미메시스로 구분했다. 리쾨르는 경험이 이야기로 형상화되려면, 그보다 앞선 단계에서도 어떤 미메시스적 능력이 필요하다고 보았다. 말하자면 행위를 언어로 구조화하기 위해서, 먼저 행위나 경험 자체를 구조로 이해할 수 있는 일차적인 미메시스적 능력이 필요하다는 것이다.

리쾨르에 의하면 인간의 경험은 이미 이야기이다. 인간 경험은 언어로 묘사되기 이전에도 이미 이야기처럼 구조화되어 있다. 이 구조를 리쾨르는 이야기의 전 형상화(préfiguration)라고 부른다. 이러한 형상화 이전의 형상화가 경험들에 대해 이야기하는 것을 가능하게 한다. 뿐 아니라 이러한 전 형상화의 의미 구조 덕분에 인간은 '의미로 가득한 세계'에 산다.

리쾨르는 이 언어적 형상화 이전 단계의 미메시스적 능력을 우선 '행위의 의미론'이라고 부른다. 리쾨르에 따르면 이 능력은 구조적으

---

의 대화』, 김재인 외 옮김, 한나래, 1998].

로 인간 행위를 물리적 움직임과 구별할 수 있게 하는 '개념망'에 의거한 것이다. 행위들의 개념망은 각 행위의 목적, 동기, 행위하는 주체, 배경적 상황, 상호작용 그리고 행위의 결말 등을 포함한다. 그리고 이 요소들은 상호적인 의미관계 안에 있다. 이 요소들의 상호적 의미관계 안에서 우리는 하나의 행위가 어떤 의미를 갖는지를 이해할 수 있게 된다. 리쾨르는 이 행위를 이해하는 능력을 '실천적 이해'라고 부른다. 이 실천적 이해는 서사적 이해와 쌍방향적으로 관계 맺는다.

실천적 이해와 서사적 이해의 상호관계는 이중적이다. 그것은 전제조건인 동시에 변형의 관계이다. 개념망과 관련된 행위의 실천적 이해는 이야기의 전제조건이다. 동시에 이야기는 구조화를 통한 행위의 변형이다. 리쾨르에 따르면 서사를 이해하기 위해서는, 먼저 이 '행위의 의미론'이 기반하고 있는 개념망에 익숙해야 할 뿐 아니라, 이야기의 구성 규칙에 익숙해야 한다. 이야기의 구성 규칙은 개별 인간이 의미를 추구하는 존재로서 살아가는 세계, 이야기를 듣고 배우는 문화 전통, 그것을 통해 판단하는 가치체계 의존적이다.[17] 따라서 리쾨르에 따르면 하나의 이야기를 이해한다는 것은 "줄거리 유형(Typologie)을 낳는 문화적 전통과 함께 '행동'의 언어를 이해하는 것이다".[18]

실천적 이해의 두번째 근거는 "실천 영역의 상징적 요소들"이다. 리쾨르에 의하면 인간 행위는 이미 상징적으로 매개되어 있다. "행위가 이야기될 만하다는 것은, 그것이 이미 기호, 규칙, 규범 안에 활성화되

---

17) 막심 고리키의 『세상 속으로』에서 할머니가 전해 주는 성모 마리아 이야기는 이와 같은 실천적 이해와 서사 유형의 관계를 잘 드러내 준다.
18) Ricœur, *Zeit und Erzählung I*, p.93.

어 있다는 것과 연관된다. 그것은 이미 늘 **상징적으로 매개되어 있다.**"[19] 행위에 내재하는 상징론은 의미를 활성화하는 개방적인 특질을 가지고 있다. 여기서 리쾨르는 상징적 매개가 관례로서의 특징을 가지고 있음을 지적한다. 한 공동체의 상징론은 그것을 나누어 갖고 있는 개인들에게 그 공동체 내에서의 역할을 할당한다. 또한 리쾨르에 따르면 상징적 매개는 텍스트가 되기 이전의 구성조직(Textur)이다. 하나의 상징체계는 하나의 맥락을 제공한다. 그 맥락과 더불어 개별적인 행위들은 서술된다. "하나의 구체적인 행동 형식은 그것이 상징 질서의 '배경 앞에' 또는 '기능으로' 이것 또는 저것을 의미하는 방식으로 고찰될 수 있다." 이러한 의미에서 리쾨르에게 상징은 그 자체로 하나의 해석 규칙이다. "상징들 자체가 하나의 해석 대상이 되기 전에, 그것은 또한 …… 문화 내재적인 '해석자'이기도 하다."[20] 리쾨르에 따르면 행위의 상징론은 텍스트의 독해 가능성에 선(先)형식을 제공한다. 상징체계를 통해서 우리는 행위를 유사 텍스트(Quasi-Text)로 볼 수 있게 된다.

　리쾨르는 상징론이 단순히 행위의 해석 규칙을 제공할 뿐 아니라, 규범의 의미도 지니고 있음을 지적한다. 상징체계 덕분에 우리는 문화의 규범과 관련하여 하나의 행동을 평가할 수 있게 된다. 가치평가로부터 자유로운 행위는 없다. 인간의 행위가 독해 가능하기 위해서는, 상징 구조뿐 아니라 사회적 가치평가의 면에서도 한 문화에 유효한 해석이 작용해야만 한다.

　행위의 선이해의 세번째 특질로 리쾨르는 '인간 경험의 시간적 특

---

19) Ricœur, *Zeit und Erzählung I*, p.94.
20) *Ibid.*, p.15.

성'을 제시한다. 인간의 행위는 시간 안에서의 행위이다. 인간 행위의 시간적 특성은 미메시스적 행위를 위한 전제조건이다. 리쾨르는 이 관계를 해명하기 위해 하이데거의 시간 분석을 도입한다.[21] 하이데거의 분석 중에서 이야기 구성과 매개될 수 있는 시간 구조는, 전치사 'in'(안에)을 통해 표현된 '내시간성'(Innerzeitigkeit)이다. 이 구조에 따르면 현존재는 '시간-안에-있음'(In-der-Zeit-sein)이다. 그런데 이 "시간 안에 있다"라고 할 때, 그 시간은 추상적이고 균질적인 선적인 시간이 아니다. "시간 안에 있다고 하는 것은 이미 개별적인 시간 간격들 사이의 거리를 재는 것 이상의 어떠한 것이다."[22] 그 시간의 단위는 "우리의 마음 씀(Sorge)과 우리가 던져져 있는 이 세계에 의존하고 있는 단위이다."[23] 이러한 시간 규정에서 내시간성은 실존론적 의미를 획득한다.

하이데거적인 의미의 내시간성은 시간에 대한 인간의 관계를, 시간 안에서 인간이 일상적으로 행위하는 것으로서 보여 준다. 인간 행위는 시간적으로 이해된다. 따라서, 리쾨르에 따르면, 이야기하는 행위는 바로 이 하이데거의 내시간성에 조응한다. 즉 서사는 시간 '안'의 특질에 매인다. 내시간적 실존의 경험으로 인해, 시간을 묘사하는 '이제', '그러면', '지금' 등과 같은 부사들은 서사에서 그 의미를 획득하며 행위들을 시간적으로 정돈할 수 있다. 따라서 "내시간성의 주춧대 위에 서사적 형성물과 그것에 상응하는 시간성의 발전된 형식들이 쌓인다".[24]

---

21) 리쾨르의 하이데거 시간 개념 분석은 하이데거의 『존재와 시간』(Sein und Zeit)의 2편 '현존재와 시간성'(Dasein und Zeitlichkeit)에 한정된다.

22) Paul Ricœur, "Narrative Funktion und menschliche zeiterfahrung", ed. Volker Bohn, *Romantik: Literatur und Philosophie: Internationale Beiträge zur Poetik*, F/M: Suhrkamp, 1987. p.49.

23) Ibid., p.50.

이처럼 전 형상화의 구조는 인간 행위의 선이해의 가능성을 보증한다. 리쾨르는 행위를 묘사하고 재현한다는 것은 우선 인간 행위가 이미 이야기로 이해될 구조, 즉 행위의 의미론, 행위의 상징론, 그리고 행위의 시간성을 가지고 있기 때문이라고 본다. 리쾨르의 미메시스 이론에 따르면 인간 행위는 이미 형태 지워져 있다. 그것은 언어화되기 이전에도 이미 이야기적이다.

## 텍스트 만들기: 이야기의 형상화

미메시스 I (전 형상화)의 가능성은 형상화 활동을 통해 텍스트의 세계로 들어간다. 리쾨르는 미메시스 II (형상화)를 형상화 이전과 이후를 매개하는 기능으로 이해한다. 형상화를 통해 경험은 이야기가 된다. 이 활동이 경험과 텍스트라는 두 세계의 회전축을 구성한다.

미메시스 II의 단계에서 서사 텍스트 구성은 리쾨르에 따르면 세 가지 매개 기능을 한다. 첫째, 형상화는 개별적인 사건들의 다양성을 하나의 스토리로 만든다. 다시 말해 사건들은 하나의 스토리로 변형된다. 따라서 개별 사건은 그저 하나의 특수한 경우에 머물지 않고, 스토리의 전개에 기여하는 일부분이 된다. 그리고 텍스트화된 이야기가 스토리를 갖는다는 것은 단순한 사건들의 열거 이상의 의미를 지닌다. 둘째로 형상화는 행위자, 목적, 수단, 상호작용, 배경, 의외의 결과 등과 같은 이질적인 요소들을 하나의 통일성으로 정돈한다. 이야기가 텍스트로 구성된다는 것은 분산적인 요소들을 하나의 통일적인 이야기로 종합하는 것을 의미한다. 이것을 리쾨르는 '불협화음을 포함하는 화음'(부조화의

---

24) Ricœur, *Zeit und Erzählung I*, p.103.

조화, die dissonante Konsonanz)이라고 불렀다. 마지막으로 형상화는 에피소드적인 시간을 형상화된 시간적 전체성의 차원으로 연결한다. 형상화를 통해 이야기는 시작과 중간 그리고 끝을 갖는 완결된 시간 통일체를 구성하게 된다. 시간의 연쇄는 끝이 없지만, 이야기는 줄거리 구성을 통해 종결된 통일성을 갖게 된다. 결국 언어를 매개로 하는 형상화는 개별 사건들을 스토리로, 이질적 요소들을 통일성으로, 에피소드적인 시간을 통합된 시간으로 정돈하고 질서 지워 주제화하는 활동이다. 이 주제화를 통해 사건과 경험은 이해할 수 있는 것이 된다.

### 4) 은유와 이야기

리쾨르의 미메시스 이론을 은유 이론의 주제와 연결해 보자. 창조적 언어의 문제는, 리쾨르에게 의미론적 혁신과 발견론적 기능이라는 두 주제로 분석되었다. 언어의 창조적 새로움와 발견론적 관점의 제시, 이 두 가지 주제는 은유가 하나의 새로운 이야기를 만들어 낸다는 사실을 통해서만 해명될 수 있다. 은유는 단지 명사 차원의 기호학적 문제도 아니고, 문장 차원의 의미론적 문제도 아니다. 은유는 하나의 이야기를 만들어 낼 수 있을 때에만, 의미론적 혁신으로 자리매김하고, 발견론적 관점으로 기능할 수 있다.

은유는 의미론적 부적절성, 의미론적 역설, 그리고 계사 내부의 긴장과 이중성을 유지한다. 이 부적절성, 역설, 긴장이 유지되는 한, 그 은유는 살아 있다. 그 긴장이 사라지게 되면, 그 은유는 죽은 은유가 되고, 다의성의 목록으로 사전에 포함된다. 진정한 살아 있는 은유는 긴장과 부적절성을 유지하면서 새로운 의미론적 상황을 낳는다. 진정한 은유는 번역 불가능하다. 긴장은 번역될 수 없기 때문이다. 그리고 은유적 발화의 새로운 의미는 오직 긴장을 통해서만 달성된다. 긴장을 유지하는 한 은유는 단순한 수사적 장식이 아니다. 그것은 정서적 기능을 갖지만, 그것은 단순한 느낌이 아니라 새로운 정보와 경이로운 경험 때문에 생기는 것이다. 은유는 현실에 대해 새로운 어떤 것을 말해 준다.

은유를 말하는 것은 하나의 새로운 경험을 언어화하면서 다른 사람과 나누는 것이다. 리쾨르는 의미론적 혁신을 의미론적 규칙 안에서 파악하는 것은 가능하지 않다고 보았다. 의미론적 혁신은 오직 경험세계와의 관계 안에서만 파악 가능하다. 리쾨르는 언어는 세계 그 자체가 아니며, 언어는 결코 세계가 아니라고 강조한다. 물론 세계의 경험은 언어적이며, 언어가 없이 경험은 있을 수 없다. 그러나 세계는 언어의 타자이다. "우리가 세계 안에 있고, 상황에 처해지기 때문에, 우리는 그 안에서 이해의 방식을 향하고자 노력한다. 그리고 우리는 말하고, 경험을 언어화하고, 서로서로 나눌 어떤 것을 가지고 있다."[25] 새로운 은유의 이해는 언어와 세계 사이의 관계를 이해할 때에만 가능하다. 살아 있는 은유는 새로운 방식으로 언어의 타자를 언어에게로 가져온다.

은유 이론에서 떠오르는 이중화된 지시 연관의 문제도 이야기 분석을 통해 해명되어야 한다. 은유 이론 안에서 볼 수 있는 바대로, 은유의 지시 연관은 기술적 언어를 통해서는 충분히 논구되지 않는다. 은유는 고유한 지시 양태, 즉 이중화된 지시 연관을 갖는다. 은유는 이중화된 지시 연관과 더불어 세계와 관계 맺는다. 따라서 은유는 기술(記述)의 방식은 아니지만, 세계에 대해서 말한다고 할 수 있다.[26] 은유는

---

25) Ricœur, *Zeit und Erzählung I*, p. 123.

세계에 대해서 말한다. 하나의 이야기를 건넨다. 그렇게 세계를 개시(Öffnung der Welt)한다. 은유를 구축해 주는 이야기를 통해, 그 안에 살고 있는 우리가 우리의 가장 고유한 가능성들을 기획할 수 있는 세계를 제안할 수 있다. 세계의 개시는 곧 세계의 기투(Entwurf)이다. 이렇게 기투되는 세계는 시적 언어의 대상이다.

우리는 은유를 읽음으로써 단지 세계를 기술하는 새로운 하나의 관점을 획득하는 것에 머물지 않고, 그를 통해 우리 자신의 세계를 변화시킨다. 은유를 통해 우리는 세계를 확장한다. 발견론적 기능의 가장 적극적인 실천은 바로 여기, 새로운 세계와의 만남과 그를 통한 세계의 확장으로 연결된다.

---

26) *Ibid.*, p.125.

## · 3장 ·
# 철학과 이야기

그래서 나는 이제 진리의 원천인 전능한 신이 아니라, 유능하고 교활한 악령(genium aliquem malignum)이 온 힘을 다해 나를 속이려 하고 있다고 가정하겠다. 또 하늘, 공기, 땅, 빛깔, 소리 및 모든 외적인 것은 섣불리 믿어 버리는 내 마음을 농락하기 위해 악마가 사용하는 꿈의 환상(ludificationes somniorum)일 뿐이라고 가정하겠다. 나는 또 손, 눈, 살, 피, 어떠한 감관도 없으며, 단지 이런 것을 갖고 있다고 잘못 믿고 있을 뿐이라고 생각하겠다. 나는 집요하게 이런 성찰을 견지하겠다. 이렇게 하면 비록 어떤 참된 것을 인식할 수는 없을지라도, 거짓된 것에 동의하지 않는 것, 또 저 기만자가 아무리 유능하고 교활하더라도 내가 속임을 당하지 않도록 조심하는 것은 적어도 내가 확실히 할 수 있는 일이다.[1]

---

1) 르네 데카르트, 『성찰: 자연의 빛에 의한 진리탐구 프로그램에 대한 주석』, 이현복 옮김, 문예출판사, 1997, 40~41쪽.

철학자는 지금 겨울외투를 입고 난롯가에 앉아, 종이를 손에 쥐고 글을 쓰고 있다. 그는 "아주 확실하지 않은 것 그리고 의심할 수 없는 것이 아닌 것"을 모두 명백한 거짓인 것처럼 엄격하게 거부하려는 의지를 불태우며 생각에 잠겨 있다.[2] 오로지 명석하고 판명한 것만을 참다운 인식의 자리에 올려 두려고 한다. 그가 자신에게 주어진 모든 인식적 자료들을 의심하는 방식은 하나의 가설을 설정하는 것이다. 이제까지 그저 별다른 생각이나 의심 없이 믿어 왔던 모든 것들이 과연 확실하고 의심의 여지가 없는 것인지 알아보기 위해, 그는 이야기를 만든다.

데카르트의 '방법적 회의'에서 더욱 재미있는 부분은 위의 인용문에 이어지는 부분이다.

그러나 이런 일은 아주 힘이 드는 것이므로 조금만 나태해도 나는 일상적인 생활태도로 다시 돌아가게 된다. 이는 마치 꿈속에서 공상적인 자유를 만끽하고 있던 죄수가 이것이 꿈이 아닐까 하고 의심하게 되었을 때 잠에서 깨어나는 것을 두려워하며 그 달콤한 환상 속으로 더 빠져들려고 하는 것처럼, 나도 저절로 과거의 의견 속으로 다시 잠겨 들어가고, 또 이 안락한 휴식 다음에 오는 저 고통스런 각성이 나를 빛으로 인도하는 것이 아니라, 오히려 이때 나는 앞에서 언급한 풀리지 않는 난국의 암흑 속에서 지내는 것은 아닐까 하고 두려워하면서 말이다.[3]

---

2) 같은 책, 34~35쪽.
3) 같은 책, 41쪽.

모든 의심의 끝에서 데카르트는 "최초의 절대적 진리", "모든 것을 거기서 나오게 하는 최초의 명증성"[4]인, "나는 생각한다. 그러므로 존재한다"(cogito ergo sum)에 도달한다. 데카르트는 철저한 의심의 끝에서 하나의 결론에 도달한다. 전능하고 교활한 기만자가 온 힘을 다해 나를 속이고 있다고 치자. "그러나 나는 내가 어떤 것(aliquid)이라고 생각하는 동안, 그는 결코 내가 아무것(nihil)도 아니게끔은 할 수 없을 것이다. 이렇게 이 모든 것을 세심히 고찰해 본 결과, 나는 있다, 나는 현존한다(ego sum, ego existo)는 명제는 내가 이렇게 발언할 때마다 혹은 마음속에 품을 때마다 필연적으로 참이라는 결론에 이르게 된다."[5] 데카르트가 제시하는 이 이야기는 이 결론보다 더 오랫동안 지속될 것이다.

데카르트와 그의 지지자들은 궁극적이고 철저한 회의를 통해 사물이 현상하는 바대로 존재한다고 믿을 수 없게 하는, 많은 가능성이 있다는 사실을 인정한다. 그렇지만 그들은 '의식'이 그 스스로 현상하는 바와 같이 존재한다는 사실에 대해서는 의심하지 않았다. 그러나 극단의 철학자, "마르크스, 니체 그리고 프로이트 이래로 우리는 그것에 대해 회의한다. 어떠한 사태에 대한 의심 이후 우리는 이제 의식에 대한 회의로 넘어간다."[6] 이 '회의의 대가들'은 데카르트가 멈춘 곳에서 다시 시작한다. 이들에게 회의를 가르친 것은 데카르트의 이야기이다. 가능한 모든 가설적 상황들을 포함하여, 그 모든 것을 의심하라!

이 마지막 장이 담고 있는 질문은 다음과 같다. 철학은 이야기와 어

---

4) 올리비에 푸리올, 『스튜디오 필로, 철학이 젊음에 답하다』, 윤미연 옮김, 푸른숲, 2010, 84쪽.
5) 데카르트, 『성찰』, 43~44쪽.
6) Paul Ricœur, *Die Interpretation: Ein Versuch über Freud*, F/M: Suhrkamp, 1969, p.46.

떤 관계를 맺는가? 철학은 이야기를 어떻게 활용하는가? 철학을 이야기로 읽는 일이 가능한가? 우리는 이야기를 사랑하면서도, 가장 극렬하게 그것을 의식하며 그것과 대결해 온 플라톤으로부터 위의 물음들에 대해 숙고할 가능성을 찾아볼 것이다.

## 1) 시인의 추방

### 플라톤의 시인 추방론

플라톤은 『국가』 10권에서 신랄하고 격렬하게 시작(詩作)을 공격한다. 플라톤은 이상적인 나라에서는 "시 가운데서도 모방적인 것은 어떤 식으로든 받아들여지지 않는다"라고 선언한다. 그것은 "그런 모든 것은 듣는 이들의 마음을 버려 놓는 것인 것만 같아 보이기" 때문이다.[7] 그 자리에서 "시는 정신에 가해지는 일종의 독약이자 진리의 적"으로 규정된다.[8] 따라서 시의 매혹에 맞서 싸우는 투쟁은 실로 중대한 것이다.

모방적인 시가 거부되어야 하는 이유를 플라톤은 몇 가지로 제시한다. 첫번째 이유는 시적 모방의 존재론적 지위와 관련된다. 모방적 시는 본질로부터 세번째인 산물이다. 목수는 침상의 형상('침상인 것')을 모방하여 하나의 침상을 만든다. 침상을 만드는 목수는 "'실재'(to on)를 만드는 것이 아니라, '실재'와 같은 '그런 것'(toiouton)이되, 실재는 아닌 어떤 것을 만드는 것"이다.[9] 그 만들어진 하나의 침상을 보고 그리

---

7) 플라톤, 『국가』, 611쪽.
8) 에릭 A. 해블록, 『플라톤 서설: 구송에서 기록으로, 고대 그리스의 미디어 혁명』, 이명훈 옮김, 글항아리, 2011, 19쪽.
9) 플라톤, 『국가』, 615쪽.

는 모방자 화가는 세번째의 침상을 만든다. 비극작가도 화가와 같은 그런 자이다.[10]

　모방자인 비극작가는 실재를 그대로, 즉 진실(alētheia)을 모방하는 것이 아니라 '보이는 현상'(phantasma)을 모방한다. "따라서 모방술(hē mimētikē)은 진실된 것에서 어쩌면 멀리 떨어져 있으며, 또한 이 때문에 모든 걸 만들어 내게도 되는 것"이다.[11] 뿐 아니라 모방자는 아는 자가 아니다. 모방자는 자기가 모방하는 것에 대한 훌륭함이나 나쁨을 알지 못하고 또 판단하지도 못하면서, "아무것도 모르는 많은 사람들한테 아름다워 보이는 그런 것"을 모방한다. "모방자는 자기가 모방하는 것들에 대해 언급할 가치가 있는 것은 아무것도 알지 못한다는 것, 이 모방은 일종의 놀이이지, 진지한 것이 못 된다는 것"을 기억해야 한다.[12]

　이상적인 국가에서 시의 매혹에 맞서 싸워야 하는 또 다른 이유는 바로 시가 절제되지 않은 감정의 폭발을 야기하고, 그로 인해 기꺼이 어떤 감상에 빠져들어 그것을 즐기게 한다는 점이다. 플라톤에 따르면 비극작가들은 비탄과 괴로움에 대응하는 방식에 있어 심각하게 잘못되어 있다. 플라톤은 비극에 있어서의 비탄의 묘사가 관객에게 발휘하는 강력한 영향력을 염려한다. 감정을 일깨워 키우고 강화함으로써 이성적으로 헤아리는 부분(to logistikon)을 파멸시킬 수 있기 때문이다.[13] 비극을 보면서 관객들은 비탄을 갈망하는 욕구를 충족하면서 즐거워한다. 비극 속의 영웅의 고통을 보며, 관객은 울부짖고 눈물 흘리고 싶은

---

10) 플라톤, 『국가』, 617쪽.
11) 같은 책, 618쪽.
12) 같은 책, 627쪽.
13) 같은 책, 634쪽.

자신의 욕망을 만족시킬 기회를 만나 즐거워하는 것이다.

　시작은 격정을 강화한다. "아들을 잃는다거나 또는 가장 귀중히 여기는 것들 중에서 다른 어떤 걸 잃는 그런 불행을 당하게 되어" 비탄에 빠지는 것은 누구에게나 불가피하다. 그러나 "훌륭한 사람"은 "여느 사람들보다는 월등히 수월하게 [그 비탄을] 견뎌 낼 것"이다.[14] 그것은 그가 그걸 이성적으로 잘 제어하고, 괴로움에 대해서도 절도를 지킬 수 있기 때문이다. 그러나 시가 강화하는 그 격정은 "마치 넘어진 아이들이 상처를 붙잡고 우는 데 시간을 보내듯", 비탄에 빠져 그 괴로움을 즐기려고 한다. 더욱이 비극작가들은 관객들에게 즐거움이나 달콤쌉쌀한 고통을 어떻게 창조해야 하는지 잘 알고 있다. 그러나 그들은 인간의 삶에 있어서 즐거움과 고통이 갖는 진정한 역할과, 비탄의 적절한 양을 어떻게 잴 수 있는지 알지 못한다.[15] 따라서 철학자는 이렇게 경고한다. "만약 자네가 서정시에서든 서사시에서든 즐겁게 하는 시가(詩歌)를 받아들인다면, 자네 나라에서는 법과 모두가 언제나 최선의 것으로 여기는 이성 대신에 즐거움과 괴로움이 왕 노릇을 하게 될 걸세."[16]

### 시인 추방론에 대한 해석

플라톤은 "철학과 시 사이에는 오래된 일종의 불화(diaphora)가 있다"라고 단언한다.[17] 철학과 시의 불화, 철학의 시에 대한 투쟁, 그리고 철

---

14) 같은 책, 631쪽.
15) Elizabeth V. Spelman, "Good Grief, It's Plato!", ed. Diana Tietjens Meyers, *Feminists Rethink the Self*, Boulder, Colo. : Westview Press, 1997, p.166.
16) 플라톤, 『국가』, 637쪽.
17) 같은 책, 637쪽.

학이 지배할 이상적인 나라에서의 시의 추방은 플라톤의 글쓰기 방식과 충돌하는 듯이 보인다. 그는 그 누구보다도 위대한 시적 언어를 구사하는 철학자이며, 철학적 극작가라고 할 수 있기 때문이다. "플라톤 자신이 위대한 시인이며, 그 스스로 필요하다면 추상적인 논의를 그만두고 생생한 인물묘사나 상징적 신화를 통해 온갖 상상력의 원천에서 도움을 얻을 만한 문체를 마음껏 구사할 수 있지 않았을까? 그토록 섬세한 산문작가가 시적 문체의 비밀이 담긴 운율상의 배열이나 언어의 비유적 표현을 보고도 대수롭지 않게 여기거나 적대적으로 대할 수 있었을까?"[18] 그는 왜 시를 공격하고 시인을 추방하려고 한 것일까?

플라톤의 '시인 추방론'에 대한 해석은 다양하다. 플라톤을 변호하는 비평은 플라톤의 공격 표적은 시 자체가 아니라, 연극, 그것도 "특히 당시 유행하던 극단적 사실주의에 입각한 연극의 한 형식에 한정되어 있다"고 주장한다.[19] 즉 플라톤이 우려한 것은 격정을 불러일으키는 모방적 공연이었다는 것이다. 물론 플라톤이 말하는, 그리고 공격의 대상으로 삼는 '시'는 오늘날의 문학과는 다르다. 그러나 간과할 수 없는 것은 철학자 플라톤의 시에 대한 공격은 그의 저작 『국가』에서 일관되며, 진지하고, 열정적이라는 사실이다.

플라톤은 시를 비판할 때 그 표현양식에 주목했다. 플라톤은 특히 연극적 감정이입에 대해 의구심과 혐오를 드러낸다. 플라톤이 갖는 시적 문체에 대한 거부감을 해블록은 교육적 의미를 갖는 것이라고 해석한다. 플라톤이 이상적인 국가에서 시인을 추방해야 한다고 주장한 것

---

18) 해블록, 『플라톤 서설』, 22~23쪽.
19) 같은 책, 25쪽.

은, "그가 교육을 위해 설정한 규범과 관련되어 있다"는 것이다. "시는 정치적 부당성에 대해서가 아니라 지적인 부당성에 대해 책임이 있다. 따라서 시가 끼칠 영향에 맞서서 보호되어야 할 조직체는 다시금 '영혼 속의 국가'(608b1)라고 정의할 수 있다."[20]

플라톤의 시인 추방론을 이성의 교육에 있어서의 시의 부정적인 역할에 대한 경고로 읽는 해석은 확실히 어떤 설명력을 갖는다. 플라톤 당대에 시는 대표적인 교육의 도구였고, 시민 교육에서 완전한 독점권을 행사하고 있었다.[21] 이것이 문제이다. 플라톤이 보기에 모방적 시인들은 인간의 삶에서 즐거움과 고통이 갖는 진정한 역할에 대해서는 아무것도 모르면서, 마치 신들이 인간적인 비참의 원인인 것처럼 생각하게끔 잘못 이끈다. 시인들이 비탄을 다루는 방식은 시민들을 종교적·윤리적·인식론적으로 호도한다.[22] 모방하는 시인들은 정의와 비참을 그릇되게 연결하여 재현한다. 비극은 가장 정의로운 사람을 가장 불쌍한 사람이 되도록 허락할 뿐 아니라, 요구하기까지 한다.[23] 진리와 정의를 호도하는 시가 차지하는 시민 교육의 역할에 대한 플라톤의 비판이, 철학이 지배하는 이상적 사회에서 비극을 추방하고자 하는 의지와 연결된다. 진리의 견지에서 시는 공격받는다.

### 플라톤 철학과 신화

그러나 플라톤의 철학은 많은 신화들을 예시하고, 그것으로부터 사유

---

20) 같은 책, 22~24쪽.
21) 같은 책, 63쪽.
22) Spelman, "Good Grief, It's Plato!", p.167.
23) Ibid., p.170.

를 시작한다. 신화는 플라톤 철학의 불가결한 요소이다. 신화는 철학적 질문을 가시화할 수 있도록 하는 좋은 예들을 제공한다. 플라톤이 사용하는 신화들은 플라톤에게 이성적 사유의 보충 역할을 한다. "플라톤은 이것들 가운데 철학저 로고스가 정해져 있는 인식의 경계를 넘어섰다." 또한 플라톤은 "신화가 영혼의 저승 심판이 이승에서의 올바른 삶을 영위하도록 타이르는 도덕적 훈계를 담고 있다고 종종 강조한다".[24] 플라톤은 자신의 철학적 저술에 신화를 포함함으로써 자신의 철학적 사유의 내용을 비유적으로 제시한다. 뿐 아니라 플라톤은 신화에 로고스가 담겨 있음을 부정하지 않는다. 신화는 철학적 논증과는 다르므로 위험하기는 하지만, 그럼에도 불구하고 수용된다. "예를 들어 『고르기아스』(523a)에서 이 점은 다음과 같다. '내가 생각하기에, 네가 신화로 간주하게 되는 매우 아름다운 이야기(logos)를 들어 보게. 나는 그것을 로고스로 보네. 왜냐하면 내가 막 말하려고 한 것을 나는 자네에게 진실한 것으로 말하고 싶기 때문이라네.' 플라톤은 모든 유희적이며 반어적인 경솔함에도 불구하고 진리에 대한 선언, 즉 종교적 이야기를 절박한 어조로 추구한다."[25] 따라서 플라톤의 시에 대한 거부와 공격은, 결코 그가 시적인 언어로 사유를 풍성하게 만들 수 있는 가능성을 모두 부정한 것은 아니라고 생각할 수 있다.

　　결국 플라톤이 당대의 모방적 시작에 대해 강하게 공격한 것은, 그것이 격정적으로 매혹하면서 우리를 진리로부터 멀어지게 하고, 이성

---

24) 헤르비히 괴르게만스, 『플라톤 철학을 위한 첫 걸음』, 임성철 옮김, 한양대학교출판부, 2006, 86~87쪽.
25) 같은 책, 88쪽.

적 사유와 절제를 마비시킨다고 생각했기 때문이다. 플라톤의 세계에서 "진리의 점에서 예술은 열등하다. 이 사실은 명백하다".[26] 플라톤에게 예술은 격정에의 호소라는 형식을 통해 진리를 희생시킨다. 예술을 통해 지성은 마취되고 회유된다. 그러한 이유에서 모방적 시의 표현양식과 수용방식은 비판받아 마땅하다.

그러나 만일 시작이 진리에의 추구에 기여할 수 있다면 어떨까? 플라톤의 체계에서 예술이 진리에의 추구에 기여할 수는 없을까? 플라톤 자신은 이야기를 통해 진리에의 추구라는 힘겨운 과정을 하나의 인물로 형상화하지 않았던가? 애지자(愛智者, philosopher)의 알레고리, 소크라테스는 바로 그러한 이야기의 산물이 아니던가?

## 2) 철학함의 이야기, 『향연』

### 『향연』의 이야기 구조

플라톤의 『향연』은 그의 대화편 중에서도 가장 아름다운 것들 중 하나로 꼽힌다. 완결적인 서사구조와 풍부한 이야기가 이 대화편이 담고 있는 사상과 더불어 빛난다. 하나의 훌륭한 극작으로 꼽아도 손색이 없을 이 대화편의 주제는 '사랑'이다. 담고 있는 대화의 내용에서뿐 아니라, 그 대화들을 하나의 완결적 이야기로 구성하는 플롯에 있어서도, 이 대화편은 '철학함'의 알레고리로 읽힌다. 완결된 구조로 구성된 이야기는 그 자체가 완전성의 '진리'와 '아름다움'에 대한 사랑으로서 철학함이 의미하는 바를 구현한다.

---

26) 존 깁슨 워리, 『그리스 미학: 플라톤과 아리스토텔레스』, 김진성 옮김, 그린비, 2012, 79쪽.

『향연』은 한 연회에서 있었던 일을 전하는 것으로 시작한다. 이 대화편은 아폴로도로스가 친구에게 "아주 오래전, 아가톤이 첫번째 비극으로 상을 타던 해", 아마도 이 대화가 있기 약 16년 전[27]에 있었던 이 모임에 대한 이야기를 진달하는 형식으로 되어 있다. 아폴로도로스는 그 자리에 참석했던 열렬한 소크라테스 추종자 아리스토데모스로부터 이 이야기를 들었다고 전한다. 따라서 이 대화편은 시차를 갖는 '액자형'의 이야기 구조로 되어 있다. 그리고 이 대화편의 화자 아폴로도로스는 이 이야기를 이미 다른 친구에게 전한 바 있다고 말한다. 따라서 이 대화편이 시작되는 자리가 이 이야기를 하는 첫번째 자리는 아니다. 플라톤이 이 대화편을 이와 같은 형식으로 구조화한 이유는 무엇일까? 오래전에 일어났던 일, 전달된 이야기, 그리고 그 이야기를 되풀이해 전하는 화자, 그것은 이 대화편이 담고 있는 이야기가 이미 하나의 독립적이고 지속적인 생명력을 갖는 '이야기'가 되었다는 것을 보여 주는 것이 아닐까?

아폴로도로스가 전하는 아리스토데모스의 이야기에 따르면, 그 자리는 비극 대회에서 상을 받은 아가톤을 축하하기 위해 마련된 축하 파티이다. 우연히 만난 아리스토데모스를 자신이 초대받은 아가톤의 연회에 함께 데려가기로 한 소크라테스는 가는 길에 어떤 생각에 빠져 한 자리에 머물러 서 버린다. 한참을 기다리다 할 수 없이 아리스토데모스는 불청객의 모양으로 향연 자리에 먼저 도착하게 된다. 그는 아가톤의 이해심 깊은 환대를 받는다. 그리고 불청객, 내지는 우연한 참석자였던 그는 이 자리에서 있었던 일의 관찰자 내지는 기록자가 되어 그날의 일을 전달하게 된다.

---

27) 워리, 『그리스 미학』, 34쪽.

아가톤의 연회 자리에는 소피스트 히피아스의 제자 파이드로스, 아가톤의 친구인 파우사니아스, 의사 에리크시마코스, 희극작가인 아리스토파네스가 참석했다. 아가톤의 수상이 전날 있었고 그에 이어진 축하연에서의 숙취가 아직 사라지지 않았던 터라 참석자들은 술을 마시기보다는 하나의 주제로 대화를 나누기로 한다. 그리고 각자 사랑의 신 에로스를 찬미하는 연설을 하기로 한다. 그리고 앉은 자리에 따라 파이드로스, 파우사니아스, 에리크시마코스, 아리스토파네스, 아가톤, 소크라테스의 순서로 연설이 이어진다. 다른 모든 이들의 에로스 찬미가 있고 난 후에, 소크라테스는 다른 연설자들과는 달리 에로스를 찬미하기보다는 분석하겠다고 선언한다. 그리고 소크라테스가 연설을 마칠 즈음 술에 취한 요란스런 무리를 이끌고 알키비아데스가 등장한다. 에로스를 찬미하는 연설을 하라는 좌중의 요구에 그는 소크라테스 앞에서 다른 누군가를 찬미하기를 거부하면서, 자신이 소크라테스를 유혹했으나 실패했던 사건을 이야기한다. 대화가 끝나고 술자리가 거나하게 이어진다. 사람들이 모두 취해 가고 잠들어 가는 동안 소크라테스는 아가톤과 아리스토파네스와 함께 비극과 희극의 창작에 대해 이야기를 나누었다고 아리스토데모스는 기억한다. 그 두 극작가가 잠든 새벽 소크라테스는 아리스토데모스와 조용히 그 집을 떠나 씻고 여느 날과 같은 하루를 보냈다고 한다.

### 열정의 승화, 상승의 이야기 구조

이 이야기의 유기적인 통일성은 그 자체로 아름답다. 잘 짜인 이야기는 그 전체가 도입부, 점진적인 시작, 클라이맥스로의 상승 그리고 적당한 마무리와 종결이라는 알맞은 플롯을 가지고 있다. 사이사이 적절하고

유머러스한 에피소드들이 들어가고, 각각의 인물은 입체적으로 묘사된다. 그러나 이 플롯의 구조를 더욱더 아름답게 만드는 것은 모든 연설들이 하나의 전체적인 이야기를 구성하면서 누적적인 효과를 만들어 낸다는 점이다. "한 연설은 또 다른 연설을 위해 출발점 또는 논쟁점을 제공한다."[28]

에로스는 육체적인 사랑에서 정신적인 사랑으로, 그리고 육체와 정신의 조화와 절제로 점차 승화된다. 파이드로스의 첫번째 연설은 소년과 그의 훌륭한 애인 사이의 바람직한 관계가 주는 아름다움과 이점을 설명한다. 그에 이은 파우사니아스의 연설은 '세속의 에로스'와 '하늘의 에로스'를 구분하면서, "자기가 사랑하는 사람을 위하여 덕을 쌓는 어려움을 견뎌 내는"[29] 정신적인 사랑을 찬미한다. 물론 사랑에 절대적으로 옳거나 그른 것은 없다. 그러나 "나쁜 사람은 보통의 또는 저속한 애인, 곧 영혼보다는 오히려 육체를 사랑하는 애인"이라는 점은 분명하다. 고상한 정신적 에로스는 육체를 향한 감각적 에로스보다 높은 것이다. 그리고 그에 이은 의사 에리크시마코스의 연설은 이 둘을 종합한다. 에로스에 더욱 중요한 것은 조화와 절제이다. 그는 충돌하는 요소들 사이의 조화가 에로스의 원리라고 강변한다. "보다 큰 힘을 가진 것은 하늘에서든 땅에서든 선(善)을 목적으로 삼고 절제와 덕을 실현시키는 사랑"이다.[30]

『향연』에서 현재 가장 잘 알려져 있는 아리스토파네스의 연설은 인

---

28) 워리, 『그리스 미학』, 37쪽.
29) 플라톤, 「향연」, 『소크라테스의 변명·크리톤·파이돈·향연』, 황문수 옮김, 문예출판사, 1999, 218쪽.
30) 같은 글, 225쪽.

간의 기원에 대한 신화로 시작된다. 그 신화에 따르면, 원래 인간은 세 가지 성(性)이었는데, 여성과 남성 그리고 제3의 성이다. 그리고 이 제3의 성은 남녀의 성을 모두 가지고 있었다. 이때의 사람들은 둥근 모양을 한, 두 사람이 하나로 붙어 있는 형상을 가지고 있었다. 빠르고 강한 이들 인간을 두려워했던 신들이 이들을 둘로 쪼개어 지금과 같은 인간이 탄생하게 되었다. 그래서 인간은 갈라진 반쪽을 그리워하고 만나면 떨어지고 싶어 하지 않는다는 것이다. 아리스토파네스가 들려준 신화는 에로스의 힘을 보여 준다. 에로스는 합일하고자 하는 힘이며 열망이다. "자기가 사랑하는 사람과 한 몸이 되어 앞으로는 두 몸이 아니라 한 몸으로 살아가고 싶다는 욕망", 그것이 에로스의 열정을 설명해 준다는 것이다.

아리스토파네스의 연설을 지나 『향연』은 아가톤의 연설을 디딤대 삼아 소크라테스의 연설이라는 클라이맥스로 상승해 간다. 아가톤의 연설은 에로스에 대한 찬미의 완결처럼 보인다. 아가톤은 자신의 연설은, 다른 연설자들이 에로스가 인류에게 주는 축복과 행복에 대해 말한 것과는 달리 "에로스가 어떠한 존재인가"를 말하고자 한다고 시작한다. 그는 "에로스는 아름다움과 선 자체에서 최고이고 다른 사물에 있는 이런 성질을 원인"이라고 말한다.[31] 완전성으로서의 에로스의 존재에 대한 아가톤의 찬미가 바로 소크라테스의 질문이 시작되는 자리이다. 그리고 완결된 것처럼 보였던 에로스에 대한 찬미는 소크라테스의 몇 차례의 질문을 통해 곧 부정되고, 다시 생각해 보아야 할 불확실성으로 떨어진다.

---

31) 같은 글, 241쪽.

## 소크라테스의 연설: 애지자의 위치

소크라테스는 아가톤에게 몇 차례의 질문을 통해 "사랑은 ……에 대한 사랑이라는 점"을 동의하게 한다.[32] 나아가 사랑이 욕구하는 바의 것은 사랑하는 사람에게 결여되어 있는 것, 즉 소유하시 못하고 있는 것이라는 사실을 인정하게 한다. 결국 에로스는 완전성으로서의 아름다움과 선 자체가 아니라는 것이 합의된다. 그들은 에로스는 아름다움과 선의 결여로서 그것을 욕망하는 자라는 것을 동의하게 된다. 그리고 그 지점에서 소크라테스는 자신의 연설을 시작한다.

소크라테스의 연설은 자신과 "만티네이아에서 온 디오티마"[33]라는 지혜로운 여인과의 사이에 있었던 과거 몇 차례의 대화를 소개하는 형식으로 진행된다. 소크라테스의 말에 따르면, 그 자신도 이전에는 에로스를 아름다움 그 자체라고 생각했다. 그러나 이런 자신의 그릇된 확신은 디오티마와의 대화 과정에서 깨어지게 되고 자신의 무지를 알게 되었다는 것이다. 디오티마는 "에로스는 선과 악, 아름다움과 추함의 중간에 있다"고 알려 준다.[34] 그녀가 들려주는 신화에 따르면, 아프로디테가 탄생하던 날, 신들의 잔치에서 에로스는 풍요의 신 포로스와 궁핍의 여신 페니아 사이에서 잉태되었다. 궁핍과 풍요 사이에서, 에로스는 강한 갈망의 소유자이다. 디오티마의 설명에 따르면 "그는 지혜를 갈망하며 지혜를 얻는 수단도 충분히 갖고 있고 평생을 통해 애지자이고 능란한

---

32) 플라톤, 「향연」, 247쪽.
33) "만티네이아는 펠로폰네소스 북부의 마을이었다. 그러나 그가 그 지역을 선택한 것은 '예언'을 의미하는 그리스어[manteia]에 대한 익살스런 지시로서 설명될 수 있다"(워리, 『그리스 미학』, 38쪽).
34) 플라톤, 「향연」, 252쪽.

마술사, 능란한 연금술사, 그리고 참된 소피스트"이다. 애지자, 철학자는 현명하지도 무지하지도 않은 "현명한 자와 무지한 자의 중간에 있는 자들"이다.[35] 에로스는 바로 애지자, 철학자의 알레고리이다.

이 중간자는 끊임없이 변화하는 존재이다. 그는 가능한 한 영속적 존재가 되고자 열망한다. 그리고 이 같은 열망의 표현으로 육체적이든 정신적이든 "아름다움 속에서 잉태하고 출산"하고자 한다. 생식은 영원성과 불사성에 접근하는 것이기 때문이다.[36] 이 중간자는 육체적으로나 정신적으로 변화를 피하지 못한다. 그러나 그는 변화하는 가운데 동일성을 유지한다. 그는 동일한 것 같지만, 언제나 새로운 존재가 되고, 언제나 없어지고 생기는 과정에 놓여 있다. 영혼의 성격이나 습관이나 의견이나 쾌락이나 고통이나 두려움도 변치 않고 동일한 것으로 남지 않는다. 새로운 것이 나타나고 낡은 것은 사라진다. 지식의 경우도 마찬가지이다.

우리가 상기(想起)라는 말을 사용할 때 우리는 이 말을 사용해서 지식이 사라져 간다는 것을 나타내고 있습니다. 망각이란 지식이 사라져 버리는 것을 말하고, 상기란 그 지식이 사라져 버린 자리에 새로운 인상을 심어 줌으로써 그 지식을 보존하는 것이고, 그래서 마치 중단 없이 동일성을 유지하고 있는 것처럼 보이게 하는 것입니다. 이러한 방법으로 모든 가사적인 것이 보존되는 것입니다. 언제나 동일한 것으로 남아 있는 것이 아니라 ── 언제나 동일한 것으로 남아 있는 것은 신의

---

35) 같은 글, 255쪽.
36) 같은 글, 261쪽.

특권입니다 ── 동일한 것을 새로 얻어 낡아서 없어진 것을 보충하는 과정을 겪으면서 보존되는 것입니다.[37]

디오티마가 말하는 사랑의 제계는,『향연』에 포함된 연설들의 연결처럼 하나의 전체적인 상승의 과정을 묘사한다. 처음의 출발은 "육체적 아름다움"이다. 하나의 아름다운 육체에서 시작하여, 모든 육체에 나타난 아름다움의 동일성을 인정하는 데로 나아가게 되면, "모든 육체적 아름다움을 사랑하게 될 것이고, 한 특정한 사람에 대한 강렬한 정열에서 해방될 것"이다. 한 육체의 아름다움에 대한 추구가 보다 낮고 사소한 것임을 깨닫게 될 것이기 때문이다. 그리고 "다음 단계는 그가 육체의 아름다움보다도 영혼의 아름다움을 더 가치 있다고 생각하게 되는 것"이다.[38] 그 결과 육체의 아름다움보다 영혼의 유덕함을 사랑하게 되고, 육체적 아름다움이 비교적 보잘것없다고 생각하게 될 것이다. 그러면서 그는 품행으로부터 학문으로 나아가게 되고, 학문의 아름다움을 보게 되고, 더 넓은 의미의 아름다움에 눈뜨게 된다. "학문의 대상은 아름다움"이다.[39]

디오티마는 이 사랑의 단계의 마지막 지점으로의 상승을 다음과 같이 들려준다. "사랑의 신비에 이 정도까지 접근하고 올바른 순서로 아름다움의 예들을 생각해 온 사람들은 그의 순례의 마지막에 이르러서 갑자기 정말로 신기한 아름다움이 드러나는 것을 보게 될 것"이다. 모든

---

37) 플라톤,「향연」, 263쪽.
38) 같은 글, 267쪽.
39) 같은 글, 268쪽.

노력은 마지막 목표, 영원히 빛나는 아름다움, 새로 생기지도 없어지지도 늘어나거나 줄어들지도 않는, 절대적인 아름다움 그 자체, 아름다움의 이데아를 향한다. "이 아름다움은 절대적이고 그 자체로서만 존재하고 독특하며 영원하고 모든 다른 아름다운 것은 이 아름다움을 분유(分有)하고 있지만, 이 아름다운 것들이 생멸(生滅)하더라도 이 아름다움에는 결코 증감이 없고 어떠한 변화도 일으키지 않는다."[40] 이것이 인간이 생애를 바쳐야 할 것이다. "곧 절대적 아름다움을 관조하면서 살아야 하는 것"이다. "그 방향으로 시선을 고정시키고 적절한 능력을 갖고 절대적 아름다움을 관조하고 절대적 아름다움과 일체가 되는 삶을 사는 사람의 생활", 그것이 애지자의 삶이다. 그는 "그것을 볼 수 있는 능력을 갖고 아름다움을 보는 곳에서만 진리의 반영이 아니라 진리 자체와 접촉하기 때문에, 선의 영상(映像)이 아니라 참된 선을 알게 되리라는 것"이다.[41]

### 소크라테스라는 인격과 철학자의 알레고리

디오티마가 들려주는 에로스의 상승과정은 감각에서 정신으로, 개별에서 보편으로 나아간다. 그리고 시민적 삶에서 관조적 삶으로 상승한다. "열렬하게 시민적인 삶의 활동들과 법률들에 몰두"하던 열정은 다음 단계에서 "관조가 본래적인 사유와 산출에 밀접하게 연결되어 있는 곳인 연구와 철학"으로 승화된다. "플라톤의 사다리에서 마지막 걸음은 불멸을 열망하는 사람이 '미'를 첫째, 모든 창조물에 스며드는 보편적 성질

---

40) 같은 글, 268쪽.
41) 같은 글, 269~270쪽.

로서, 둘째, 그것으로부터 분리될 수 있는 영원한 이데아로서 지각할 때 이루어진다."[42]

에로스는 완전성을 향한 상승에의 열망이다. 그것은 아름다움과 신리에 대한 사랑이다. 에로스는 개별적인 아름다운 것들에 대한 사랑에서 아름다움 그 자체에 대한 사랑으로의 상승과정을 밟는다. 아름다운 것들에서 아름다움 자체로의 전환과 상승. 그러나 에로스의 추구는 이미 완결된 것이 아니라, 여전히 과정 중의 것이다. 그 완전성의 아름다움을 사랑하는 자, 그가 곧 철학자, 애지자이다.

소크라테스의 연설은 이중 삼중의 목소리를 담고 있다. 이 이야기는 디오티마와의 대화를 소크라테스가 전달한 것을, 아리스토데모스가 전한 것을, 아폴로도로스가 듣고 다시 전하는 것으로 플라톤이 적는다. 플라톤이 몇 겹의 가상적 전달자와 기록자들의 목소리를 경유하는 형태로 플롯을 구성한 이유는 무엇일까?

『향연』은 소크라테스의 연설을 절정으로, 플롯의 마무리를 향해 간다. 소크라테스의 연설이 끝나 갈 무렵에 술에 취한 알키비아데스가 출현한다. "마지막의 알키비아데스 출현은 소크라테스가 단순한 소피스트가 아니라, 그가 조금 전에 유창하게 표현한 원칙들을 실천에 옮길 완벽한 능력을 지니고 있다는 점을 보여 주도록 짜여 있다."[43] 소크라테스는 디오티마가 들려준 "아름다움 그 자체를 관조하며 추구하고 사랑하는 애지자"의 인격화된 형상이다. 애지자의 알레고리인 에로스는 소크라테스로 현상한다. 소크라테스는 "자신의 무지를 아는" 중간자이다.

---

42) 워리, 『그리스 미학』, 40쪽.
43) 같은 책, 37쪽.

무지와 지 사이에서, 더 높은 절대적 아름다움의 이데아를 관조하는 소크라테스는, 그것을 실천하는 인격이다. 플라톤의 다양한 대화편에서 소크라테스는 늘 묻고 답하며 확실성을 의심으로, 상식을 무지로 바꾸는 질문자로 등장한다. 소크라테스의 말은 철학자의 말이다. 소크라테스가 말한다. 그것은 곧 아름다움과 진리의 이데아를 향해 나아가는 철학자의 말이다. 철학함이라는 추상적인 과정은 구체적인 한 인격인 소크라테스를 통해 형상화된다. 그가 곧 철학자 일반의 현신이다.

『향연』의 이야기 구조는 그 자체가 철학자의 길을 형상화한다. 상승의 과정을 보여 주는 플롯은 그 자체가 철학자의 추구를 드러낸다. 내용은 문체와 분리되지 않고, 문체 자체가 그것이 전달하고자 하는 바 그 사상을 구현한다. 글쓰기에 대한 자신의 열정을 부정해야 했던 철학자는 모든 가능한 문체적 힘을 쏟아 철학의 이야기를 구성한다. 플라톤은 이 대화편을 통해 그 이후 서양철학을 오랫동안 지배해 온 하나의 이야기를 완성한다. 철학이란 무엇인가? 지혜에 대한 사랑, 그것은 언제나 도상에 있다. 완전성은 소유되는 것이 아니라 열망되는 것이다. 이 상승의 전 과정이 철학의 은유, 철학의 이야기이다.

## 맺는 말

은유는 언어 사용에서 언어의 창조적 힘을 보여 주는 대표적인 예이다. 언어의 창조적 힘과 발견론적 기능은 은유 안에서 표현된다. 이제까지 우리는 다양한 은유 이론을 살펴보았고, 은유를 경쟁하는 다른 문채들과 비교해 보았으며, 철학과 은유 사이의 갈등도 들여다보았다. 그 결과 은유라는 현상은 설명되거나 분석될 수 없음을 보았다. 다양한 설명의 시도들은 은유의 역동성을 파악할 수 없다는 한계를 분명히 드러냈다. 환유나 알레고리와 같은 경쟁하는 문채들과의 비교를 통해서, 이 문채들 또한 '은유화의 작용'이라는 포괄적인 능력 없이는 설명될 수 없다는 사실도 확인되었다. 은유는 언어에 내재하는 언어의 본질 그 자체이다.

은유는 통찰이다. 그것은 문자 그대로의 의미로는 모두 풀어지지 않는, 세계를 보는 풍부한 관점과 해석을 제공한다. 은유는 사유와 창조의 '능력'이다. 그러나 그것은 아리스토텔레스가 말한 것처럼 단지 유사성을 간파하는 능력이 아니다. 오히려 은유는 두 개념 내지는 관념들 사이의 연관성을 설명할 수 있는 능력이다. 아리스토텔레스가 『시학』에서 기술한 것처럼, 은유는 미메시스와 뮈토스와의 관계 안에서 만들어지고 이해될 수 있다. 은유를 미메시스와의 관계 안에서 살피는 일은, 곧 언어와 경험세계 사이의 관계를 살피는 일이다. 언어가 경험을 매개하고, 경험이 언어에 각인되는 것처럼, 은유도 경험세계와 관계 맺는다. 은유는 세계를 직접 지시하지는 않지만, 은유도 세계에 대해 말한다.

직접적 지시 연관을 갖지 않는 은유가 세계에 대해 무언가 말할 수 있기 위해서, 뮈토스가 필요하다. 세계 경험은 뮈토스를 통해서만 이해 가능한 단위가 된다. 이야기는 경험의 다양한 요소들을 모아 하나의 전체를 구성한다. 이야기가 우리의 경험을 이해할 수 있는 것, 전달할 수 있는 것으로 만든다. 따라서 은유가 말하는 세계는 줄거리 구성을 통해 이해되고 구조화된 전체로서의 이야기가 담고 있는 세계이다. 은유 문장이 만들어지고 이해될 수 있는 가능성은 그것이 담고 있는 이야기의 세계가 펼쳐질 때이다.

철학자들의 은유도 이야기에서 유래한다. 철학이 오랫동안 은유나 수사적 문채를 엄밀한 사유의 방해물로 경계해 왔지만, 철학에는 풍부한 은유들이 넘쳐난다. 그리고 그 은유들이 더욱 풍부하게 철학적 사유를 드러내고 가시화해 주었다. 그 은유들은 각기 이야기를 품고 있다.

*　　　*　　　*

하이데거는 「예술작품의 근원」(Der Ursprung des Kunstwerkes)에서 예술작품의 본질을 밝히기 위해, 일상적인 도구 중 하나인 구두를 선택한다. 그리고 구두를 그린 "반 고흐의 잘 알려진 유화 한 폭"을 택해 설명함으로써, 그의 철학적 사유 작업을 구체적인 모양으로 우리 눈앞에 가져온다.

반 고흐의 그림을 보고서는, 심지어 이 신발이 어디에 있는지조차 우리는 확인할 수 없다. 한 켤레의 농부의 신발을 휘둘러본들, 이 신발의 둘레에는 그것이 어디에 쓰이는지 또 그것이 무엇에 귀속하는지가 전혀 알려지지 않은 채 단지 무규정적 공간이 존재하고 있을 뿐이다. 거기에는 이 구두의 용도를 암시해 주는 최소한의 밭 흙이나 길바닥의 흙조차 묻어 있지 않다. 단지 한 켤레의 농부의 신발이 있을 뿐, 더 이상은 아무것도 없다. 그러나 그럼에도 불구하고 …….

너무 오래 신어서 가죽이 늘어나 버린 신발이라는 이 도구의 안쪽 어두운 틈새로부터 밭일을 나선 고단한 발걸음이 엿보인다. 신발이라는 이 도구의 수수하고도 질긴 무게 속에는 거친 바람이 부는 드넓게 펼쳐진 평탄한 밭고랑 사이로 천천히 걸어가는 강인함이 배어 있고, 신발 가죽 위에는 기름진 땅의 습기와 풍요로움이 깃들어 있으며, 신발 바닥으로는 저물어 가는 들길의 고독함이 밀려온다. 신발이라는 이 도구 가운데에는 대지의 말 없는 부름이 외쳐 오는 듯하고, 잘 익은 곡식을 조용히 선사해 주는 대지의 베풂이 느껴지기도 하며, 또 겨울 들녘의 쓸쓸한 휴경지를 감도는 해명할 수 없는 대지의 거절이 느껴지기도 한다. 더 나아가 이 도구에서는, 빵을 확보하기 위한 불평 없는 근심과, 고난을 이겨 낸 후에 오는 말 없는 기쁨과, 출산이 임박해서 겪어야 했던 [산모의] 아픔과 죽음의 위협 앞에서 떨리는 전율이 느껴진다. 이 도구는 **대지(Erde)**에 속해 있으며, 농촌 아낙네의 **세계(Welt)** 속에 포근히 감싸인 채 존재한다. 이렇듯 포근히 감싸인 채 귀속함(das behüte Zugehören)으로써 그 결과 도구 자체는 자기 안에 [고요히] 머무르게 (Insichruhen) 된다.

그러나 우리는 아마도 그림 속에 있는 신발을 가만히 살펴만 보아도 이 모두를 알게 될 것이다.[1]

하이데거는 이 이야기를 통해, 예술의 본질은 '존재자의 진리가 작품 속에서 스스로를 정립하고 있음'이라고 결론 맺는다. 예술은 진리의 작용이고, 진리란 존재 안에서 존재자가 밝혀지는 것(Eröffnung)이다. 작품 안에서 진리가 일어난다. 예술작품은 존재자의 존재를 열어 놓는다. 우리는 반 고흐의 구두 그림에서 그것을 볼 수 있다.

미술사학자 메이어 샤피로는 하이데거의 이 그림 해석을 비판했다.[2] 그는 다양한 사실적 근거들을 가져와, 하이데거가 분석한 그림이 그가 추정하는 그림과 같다면, 그것은 하이데거가 말하듯 "농촌 아낙네"의 구두가 아니라, 화가 자신의 구두를 그린 것이라고 밝혀낸다. 샤피로는 하이데거의 이 이야기가 순수한 허구이자 철학자의 투사(projection)의 결과물이라고 지적한다. "가만히 살펴만 보아도 이 모두를 알게 될 것"이라고? 그것은 철학자의 환상일 뿐이다. 샤피로에 따르면, 하이데거가 말한 예술작품의 근원에 대한 이론은 결국 '예술의 형이상학적 힘에 대한 이론적인 아이디어'일 뿐이다.

그러나 샤피로는 하이데거의 이야기를 잘못 읽고 있다. 하이데거가 말하고 싶었던 것은 '그 구두, 그 그림, 그 그림 속의 그 구두'가 아니다. 하이데거는 도구 존재를 설명하기 위한 하나의 예시로 '구두'를, 그리고 '구두'라는 도구 존재가 드러나는 예술작품의 예로 고흐의 그림을 선택한 것이다. 그것은 그저 하나의 예시이며, 하이데거는 자신의 사유를 보여 주기 위한 하나의 '이야기'를 선택했을 뿐이다. 그러한 사실을

---

1) 마르틴 하이데거, 「예술작품의 근원」, 『숲길』, 신상희 옮김, 나남, 2008, 42~43쪽.

2) Meyer Shapiro, "The Still Life as a Personal Object: A Note on Heidegger and van Gogh", *Theory and Philosophy of Art: Style, Artist, and Society*, New York: George Braziller, 1994.

샤피로는 이해하지 못했다.[3] 하이데거는 이 이야기를 통해 농부 아낙네와 그녀의 구두, 그녀의 삶과 노동, 그녀가 살아가는 세계와 대지를 묘사하고자 한다. 하이데거는 '이야기'를 통해 하나의 세계를 구축한다. 그리고 그 세계에 내해 심광과도 깊은 통찰을 제시히는, 즉 진리를 열어주는 예술의 힘을 이야기하고 싶어 한다. '예술작품 안에서 진리가 일어난다'라는 은유는 이 이야기를 통해서만 이해할 수 있다.

\*　　　\*　　　\*

은유의 거대한 도서관은 이야기로 가득 차 있다. "오늘날 은유와 더불어 무슨 일이 벌어지는가?" 우리를 실어 나르는 은유를 타고, 그리고 우리가 실어 나르는 은유를 가지고, 우리는 도시 구석구석을 가로질러 새로운 의미의 길을 닦고 건축물을 쌓는다. 은유와 더불어 우리는 한정된 언어의 규칙으로부터 새로운 의미들과 표현들을 만들어 낸다. 그러면서 우리의 거대한 은유의 도서관은 무한히 확장되고, 거기에 새로운 책들이 쌓여 갈 것이다. 그러면서 그 공간은 닫혀 있지만 열려 있는, 같은 책은 단 두 권도 갖지 않는 창조적인 언어의 세계를 구성할 것이다.

---

3) 데리다는 이 주제에 대해 길고 깊은 분석을 내놓는다. Jacques Derrida, "Restitutionen von der Wahrheit nach Maß", *Die Wahrheit in der Malerei*, Wien: Passagen Verlag, 1992.

# 참고문헌

Aristoteles, *Rhetorik*, München: Wilhelm Fink Verlag, 1980.

Beardsley, Monroe C., *Aesthetics: Problems in the Philosophy of Criticism*, New York: Hackett Publishing, 1958.

_____, "Die metaphorische Verdrehung", ed. Anselm Haverkamp, *Theorie der Metapher*, Darmstadt: Wissenschaftliche Buchgesellschaft, 1983, pp.120~141 ["The Metaphorical Twist", *Philosophy and phenomenological Research*, Vol.22, No.3, 1962, pp.293~307].

Black, Max, "How Metaphors Work: A Reply to Donald Davidson", ed. Sheldon Sacks, *On Metaphor*, Chicago; London: The University of Chicago Press, 1980, pp.181~192.

_____, *Models and Metaphors: Studies in Language and Philosophy*, Ithaca: Cornell University Press, 1962.

Bohrer, Karl Heinz, "Vorwort", ed. Karl Heinz Bohrer, *Ästhetik und Rhetorik: Lektüren zu Paul de Man*, F/M: Suhrkamp, 1993.

Cooper, David E., *Metaphor*, London: Balckwell, 1989.

Cope, Edward Merdith, *An Introduction to Aristotle's Rhetoric: With Analysis Notes and Appendices*, Hildesheim: Olms Verlag, 1970.

Davidson, Donald, "What Metaphors Mean", ed. Sheldon Sacks, *On Metaphor*, Chicago; London: The University of Chicago Press, 1980, pp.29~46.

de Man, Paul, *Die Ideologie des Ästhetischen*, ed. Christoph Menke, F/M: Suhrkamp, 1993.

_____, "The Epistemology of Metaphor", *Critical Inquiry*, Vol.5, No.1, Chicago: The University of Chicago Press, 1978, pp.13~30.

Derrida, Jacques, "Der Entzug der Metapher", ed. Volker Bohn, *Romantik: Literatur und Philosophie: Internationale Beiträge zur Poetik*, F/M: Suhrkamp, 1987.

_____, "Die weiße Mythologie: Die Metapher im philosophischen Text", *Randgänge der Philosophie*, Wien: Passagen Verlag, 1988, pp.205~258 [「백색 신화」, 김보현 편역, 『해체』, 문예출판사, 1996, 163~249쪽].

Fohrmann, Jürgen, "Misreading revisited. Eine Kritik des Konzepts von Paul de Man", ed. Karl Heinz Bohrer, *Ästhetik und Rhetorik: Lektüren zu Paul de Man*, F/M: Suhrkamp, 1993, pp.79~97.

Goodman, Nelson, "Metaphor as Moonlighting", ed. Sheldon Sacks, *On Metaphor*, Chicago; London: The University of Chicago Press, 1980, pp.175~180.

_____, *Weisen der Welterzeugung*, trans. Max Looser, F/M: Suhrkamp, 1984 [*Ways of Worldmaking*, Indianapolis: Hackett, 1978].

Helne, Paul, "Die Metapher", ed. Anselm Haverkamp, *Theorie der Metapher*, Darmstadt: Wissenschaftliche Buchgesellschaft, 1983, pp.80~105 ["Metaphor", *Language, Thought, and Culture*, Michigan: University of Michigan Press, 1958, pp.173~195].

Jakobson, Roman and Krysyna Pomorska, "Die Zeit als Faktor in Sprache und Literatur", *Poesie und Grammatik. Dialogue*, F/M: Suhrkamp, 1982, pp.53~71.

Kant, Immanuel, *Kritik der reinen Vernunft*, Hamburg: Meiner, 1993.

Kearney, Richard, *Dialogues with Contemporary Continental Thinkers: The Phenomenological Heritage*, Manchester: Manchester University Press, 1986 [『현대 사상가들과의 대화』, 김재인 외 옮김, 한나래, 1998].

Kim, Ae-Ryung, *Metapher und Mimesis: über das hermeneutische Lesen des geschriebenen Textes*, Berlin: Dietrich Reimer Verlag, 2002.

Kurz, Gerhard, *Metapher, Allegorie, Symbol*, Göttingen: Vandenhoeck & Ruprecht, 1993.

Levin, Samuel R., "Allegorical Language", *Allegory, Myth, and Symbol*, Cambridge: Havard University Press, 1981, pp.23~38.

Martyn, David, "Die Autorität des Unlesbaren: Zum Stellenswert des Kanons in der Philologie Paul de Mans", ed. Karl Heinz Bohrer, *Ästhetik und Rhetorik: Lektüren zu Paul de Man*, F/M: Suhrkamp, 1993.

McCall, Marsch H., *Ancient Rhetorical Theories of Simile and Comparison*, ed. Morton W. Bloomfield, Cambridge: Harvard University Press, 1969.

Nietzsche, Friedrich, *Kritische Studienausgabe*, eds. Giorgio Colli and Mazzino Montiari, Berlin: de Gruyter, 1980.

_____, "Rhetorik-Vorlesung", *Gesammelte Werke*, Bd.5, München: Musarion Verlag, 1922.

Ogden, Charles Kay and Ivor Armstrong Richards, *The Meaning of Meaning*, London: Routledge & Kegan Paul Ltd., 1946.

Ortony, Andrew, *Metaphor and Thought*, Cambridge: Cambridge University Press, 1979.

Ricœur, Paul, *Die Interpretation: Ein Versuch über Freud*, F/M: Suhrkamp, 1969.

_____, *Die lebendige Metapher*, München: Wilhelm Fink Verlag, 1986.

_____, *Interpretation Theory: Discourse and the Surplus of Meaning*, Fort Worth: Texas Christion University Press, 1976 [『해석 이론』, 김윤성 옮김, 서광사, 1998].

_____, "Narrative Funktion und menschliche Zeiterfahrung", ed. Volker Bohn, *Romantik. Literatur und Philosophie: Internationale Beiträge zur Poetik*, F/M: Suhrkamp, 1987, pp.45~79.

_____, "Poetik und Symbolik", ed. Hans Peter Duerr, *Die Mitte der Welt: Aufsätze zu Mircea Eliade*, F/M: Suhrkamp, 1984, pp.11~34.

_____, "The Metaphorical Process as Cognition, Imagination, and Feeling", ed. Sheldon Sacks, *On Metaphor*, Chicago; London: The University of Chicago Press, 1980, pp.141~158.

_____, *Zeit und Erzählung I: Zeit und historische Erzählung*, München: Welhelm Fink Verlag, 1988 [『시간과 이야기 1: 줄거리와 역사 이야기』, 김한식·이경래 옮김, 문학과지성사, 1999].

Rorty, Richard, "Unfamiliar Noises: Hesse and Davidson on Metaphor", *Proceedings of the Aristotelian Society, Supplement volumes*, Vol.61, 1987, pp.283~296.

Shapiro, Meyer, "The Still Life as a Personal Object: A Note on Heidegger and van Gogh", *Theory and Philosophy of Art: Style, Artist, and Society*, New York: George Braziller, 1994.

Spelman, Elizabeth V., "Good Grief, It's Plato!", ed. Diana Tietjens Meyers, *Feminists rethink the Self*, Boulder, Colo. : Westview Press, 1997.

Wittgenstein, Ludwig, *Tractatus logico-philosophicus: Tagebücher 1914-1916. Philosophische Untersuchungen* (*Werkausgabe*, Bd.1), F/M: Suhrkamp, 1984.


고리키, 막심, 『세상 속으로』, 이강은 옮김, 이론과실천, 1987.

괴르게만스, 헤르비히, 『플라톤 철학을 위한 첫 걸음』, 임성철 옮김, 한양대학교출판부, 2006.

굿맨, 넬슨, 『예술의 언어들: 기호 이론을 향하여』, 김혜숙·김혜련 옮김, 이화여자대학교출판부, 2002.

권영민 엮음, 『한국현대문학대사전』, 서울대학교출판부, 2004.

김상환, 『해체론 시대의 철학』, 문학과지성사, 1996.

김욱동, 「은유와 환유의 언어학적 기초」, 한국기호학회 엮음, 『은유와 환유』, 문학과지성
사, 1999, 97~115쪽.

데카르트, 르네, 『성찰: 자연의 빛에 의한 진리탐구 프로그램에 대한 주석』, 이현복 옮김,
문예출판사, 1997.

뒤부아, 자크 외, 『일반수사학』, 용경식 옮김, 한길사, 1989.

드 만, 폴, 『독서의 알레고리』, 이창남 옮김, 문학과지성사, 2010.

_____, 『이론에 대한 저항』, 황성필 옮김, 동문선, 2008.

레이코프, 조지, 마크 존슨, 『삶으로서의 은유』, 조양진·나익주 옮김, 서광사, 1995.

렌트리키아, 프랭크, 『신비평 이후의 비평이론』, 이태동·신경원 옮김, 문예출판사, 1994.

리처드, I. A., 『수사학의 철학』, 박우수 옮김, 고려대학교출판부, 2001.

맥퀸, 존, 『알레고리』, 송낙헌 옮김, 서울대학교출판부, 1980.

바르트, 롤랑, 김성택 옮김, 「옛날의 수사학」, 김현 엮음, 『수사학』, 문학과지성사, 1992.

벤베니스트, 에밀, 『일반언어학의 제문제』, 황경자 옮김, 민음사, 1992.

보르헤스, 호르헤 루이스, 「바벨의 도서관」, 『픽션들』, 황병하 옮김, 민음사, 1997.

불핀치, 토마스, 『그리이스 로마 신화』, 이상옥 옮김, 육문사, 2002.

소쉬르, 페르디낭 드, 『일반언어학 강의』, 최승언 옮김, 민음사, 1990.

아리스토텔레스, 『시학』, 천병희 옮김, 문예출판사, 1996.

야콥슨, 로만, 『문학 속의 언어학』, 신문수 편역, 문학과지성사, 1989.

에드먼드슨, 마크, 『문학과 철학의 논쟁: 플라톤에서 데리다까지』, 윤호병 옮김, 문예출
판사, 2000.

에코, 움베르토, 『궁극의 리스트: 문학과 예술 속의 목록사』, 오숙은 옮김, 열린책들,
2010.

_____, 『기호학과 언어철학』, 서우석·전지호 옮김, 청하, 1987.

_____, 『해석의 한계』, 김광현 옮김, 열린책들, 1995.

워리, 존 깁슨, 『그리스 미학: 플라톤과 아리스토텔레스』, 김진성 옮김, 그린비, 2012.

윤일환, 「데리다의 은유론: 명사중심주의와 태양중심주의의 해체」, 『비평과이론』, 12권
2호, 2007, 57~83쪽.

쟈라, 트리스탕, 앙드레 브르통, 『다다/쉬르레알리슴 선언』, 송재영 옮김, 문학과지성사,
1987.

코베체쉬, 졸탄, 『은유: 실용 입문서』, 이정화 외 옮김, 한국문화사, 2003.

파묵, 오르한, 『소설과 소설가』, 이난아 옮김, 민음사, 2012.

푸리올, 올리비에, 『스뉴디오 필로, 철학이 젊음에 답하다』, 윤미연 옮김, 푸른숲, 2010.

푸코, 미셸, 『이것은 파이프가 아니다』, 김현 옮김, 고려대학교출판부, 2010.

플라톤, 『국가』, 박종현 옮김, 서광사, 1997.

_____ , 『소크라테스의 변명·크리톤·파이돈·향연』, 황문수 옮김, 문예출판사, 1999.

하이데거, 마르틴, 「예술작품의 근원」, 『숲길』, 신상희 옮김, 나남, 2008.

한국문학평론가협회 엮음, 『문학비평용어사전』, 국학자료원, 2006.

해블록, 에릭 A., 『플라톤 서설: 구송에서 기록으로, 고대 그리스의 미디어 혁명』, 이명훈 옮김, 글항아리, 2011.

혹스, 테렌스, 『은유』, 심명호 옮김, 서울대학교출판부, 1986.

# 찾아보기